Intellectual Property Strategy of State owned Enterprises: Compliance System, Operation System, and Layout System

国有企业知识产权战略
——合规体系、运营体系与布局体系

张鹏 周德东 著

知识产权出版社
全国百佳图书出版单位
——北京——

图书在版编目(CIP)数据

国有企业知识产权战略：合规体系、运营体系与布局体系/张鹏，周德东著. — 北京：知识产权出版社，2024.9（2025.7重印）. — ISBN 978-7-5130-9551-8

Ⅰ. D923.404

中国国家版本馆CIP数据核字第202477VC07号

内容提要：

本书从知识产权的基本含义入手，在分析知识产权所具备的民事权利、竞争工具、无形资产三个基本属性的基础上，提出国有企业知识产权战略，包含知识产权合规体系、知识产权运营体系和知识产权布局体系三大支柱，进一步以原创技术策源地建设和现代产业链链长建设为导向提出国有企业知识产权工作的基本思路。

本书资料丰富，论述合理，分析中肯，观念透彻，研究方法得当，对国有企业管理人员、各类企业知识产权管理人员、法务人员、律师、研究人员具有重要参考作用。

责任编辑：田　姝　　　　　　　　　　　　责任印制：孙婷婷

国有企业知识产权战略——合规体系、运营体系与布局体系

GUOYOU QIYE ZHISHI CHANQUAN ZHANLÜE——HEGUI TIXI，YUNYING TIXI YU BUJU TIXI

张　鹏　周德东　著

出版发行	知识产权出版社有限责任公司	网　址	http://www.ipph.cn
电　话	010-82004826		http://www.laichushu.com
社　址	北京市海淀区气象路50号院	邮　编	100081
责编电话	010-82000860转8598	责编邮箱	laichushu@cnipr.com
发行电话	010-82000860转8101	发行传真	010-82000893
印　刷	北京中献拓方科技发展有限公司	经　销	新华书店、各大网上书店及相关专业书店
开　本	720mm×1000mm 1/16	印　张	12.5
版　次	2024年9月第1版	印　次	2025年7月第2次印刷
字　数	200千字	定　价	68.00元

ISBN 978-7-5130-9551-8

出版权专有　侵权必究

如有印装质量问题，本社负责调换。

目 录

引　言　中国式现代化建设与国有企业知识产权战略 …………………001

第一章　国有企业知识产权战略制定和实施的基本思路 ……………024
　第一节　国有企业知识产权战略实施工作面临的新要求 …………026
　第二节　国有企业知识产权战略实施工作深化的新认识 …………030
　第三节　新质生产力发展指引的国有企业知识产权战略 …………040
　第四节　国有企业知识产权战略实施工作强化的新走向 …………053
　第五节　国有企业知识产权战略实施工作实化的新要点 …………059

第二章　企业知识产权战略建设经验 …………………………………069
　第一节　IBM公司知识产权战略建设经验 …………………………069
　第二节　腾讯公司知识产权战略建设经验 …………………………071
　第三节　国家电网知识产权战略建设经验 …………………………077

第三章　国有企业知识产权合规体系建设实务 ………………………081
　第一节　企业合规体系建设总体理解 ………………………………081
　第二节　知识产权合规体系建设总体思路 …………………………103
　第三节　风险识别预警与合规风险库 ………………………………114
　第四节　跨国知识产权诉讼有效应对 ………………………………117

第四章　国有企业知识产权运营体系建设实务 ……………135
第一节　知识产权运营体系建设的政策逻辑 ……………135
第二节　知识产权运营体系建设的基本原理 ……………149
第三节　知识产权运营体系建设的操作实务 ……………154

第五章　国有企业知识产权布局体系建设实务 ……………162
第一节　国有企业知识产权布局体系概述 ………………162
第二节　人工智能创新知识产权布局策略 ………………167
第三节　医疗药品创新知识产权布局策略 ………………173

参考文献 …………………………………………………………181

引言　中国式现代化建设与国有企业知识产权战略

系统研究国有企业知识产权战略，运用知识产权核心理论与运行机理促进国有企业打造原创技术策源地和现代产业链链长，已经成为发展新质生产力、推动中国式现代化建设的关键内容。发展新质生产力是习近平总书记着眼于统筹中华民族伟大复兴战略全局和世界百年未有之大变局，着眼于推动高质量发展和全面推进中国式现代化，高瞻远瞩地提出的重大命题，是马克思主义政治经济学中国化时代化的最新理论成果，为以中国式现代化全面推进中华民族伟大复兴提供了遵循。习近平总书记多次强调，"国有企业是中国特色社会主义的重要物质基础和政治基础，是党执政兴国的重要支柱和依靠力量"，"中央企业等国有企业要勇挑重担、敢打头阵，勇当原创技术的'策源地'、现代产业链的'链长'"。坚定不移做强做优做大国有企业，充分发挥国有经济主导作用和支撑作用，是加快推进中国式现代化建设、全面建设社会主义现代化国家的关键内容，迫切需要充分发挥国有企业的原创技术策源地和现代产业链链长作用，支撑现代化产业体系建设。围绕这一目标，2022年2月28日，习近平总书记主持召开中央全面深化改革委员会第二十四次会议，审议通过了《关于加快建设世界一流企业的指导意见》《关于推进国有企业打造原创技术策源地的指导意见》等，专门部署推动国有企业完善创新体系、增强创新能力、激发创新活力，促进产业链创新链深度融合，提升国有企业原创技术需求牵引、源头供给、资源配置、转化应用能力，打造原创技术策源地。

2024年6月11日，习近平总书记主持召开中央全面深化改革委员会第五次会议，审议通过《关于完善中国特色现代企业制度的意见》等，对国有企业的企业治理工作提出了新的更高要求，"完善中国特色现代企业制度，要尊重企业经营主体地位，坚持问题导向，根据企业规模、发展阶段、所有制性质等，分类施策、加强引导。要加强党对国有企业的全面领导，完善党领导国有企业的制度机制，推动国有企业严格落实责任，完善国有企业现代公司治理，加强对国有资本监督管理"。这就要求我们,在中国式现代化建设新征程中,以新质生产力发展为导向,深入探讨国有企业知识产权战略的新思路与新举措,以知识产权为平台促进发挥国有企业的原创技术"策源地"、现代产业链"链长"的作用,为中国式现代化建设作出强有力的支撑。

一、历史方位:实现"第二个百年奋斗目标"下的知识产权强国建设道路

历史地位决定了知识产权强国建设道路的起点。党的二十大报告提出,"从现在起,中国共产党的中心任务就是团结带领全国各族人民全面建成社会主义现代化强国、实现第二个百年奋斗目标,以中国式现代化全面推进中华民族伟大复兴。""两个一百年"是中国共产党第十八次全国代表大会提出的奋斗目标,同"中国梦"相辅相成[1],既是中国共产党为国家富强和民族复兴所设定的具有统领性、战略性意义的两个阶段性奋斗目标,也是对我国经济社会发展具有全局性、穿透性影响的两个重大历史节点[2]。从历史渊源来看,党的十八大提出的"两个一百年"奋斗目标有着深厚的基础。1987年,党的十三大报告提出的社会主义现代化建设的"三步走"战略是"两个一百年"奋斗目标的雏形,其中,"第三步"就是到21世纪中叶人均国内生产总值达到中等发达国家水平,人民比较富裕,基本实现现代化。1997年,党的十五大在上述"三步走"战略的基础上,首次探讨了"两个一百年"奋斗目标,提出"到世纪中叶建国一百年时,基本实现现代化,建成富强民主文明的社会主义国家",将"基本实现现代化"作为"第二个百年奋斗目标"。之后,党的十七大、十八大、十九大报告都对"第二个百年奋斗目标"有所发展,党的二十大报告作出更加深刻的表述。可以说,"两个一百年目标历史性交替时刻",是对我们所处时代的历史诠释;"两个一百年目标历史性交替时刻",是我们中国式现代化建设新征程的国情背景;"两个一百年目标历史性交替时刻",是谋划知识产权强国建设道路的历史方位。我们需要在"两个一百年"奋斗目标总体历史方位下理解知识产权强国建设道路。

---

[1] 厉以宁. 论"两个一百年"的奋斗目标和"中国梦"的实现[J]. 理论学习与探索,2019(6):10-13.
[2] 黄文艺,强梅梅,彭小龙,等. 迈向现代化新征程的法治中国建设[M]. 北京:中国人民大学出版社,2022:3.

知识产权强国建设道路的历史方位是"两个一百年"目标历史性交替时刻。时代是思想之母,任何理论的产生都有着特定的时代背景,知识产权强国建设道路的分析也同样如此。从历史方位的角度而言,全面建成小康社会、实现第一个百年奋斗目标之后,我们要继续开启全面建设社会主义现代化国家的新征程,向第二个百年奋斗目标进军,这标志着我国进入一个新的发展时期[1]。这一新发展时期的特点可以概括为"三个根本性变化":社会主要矛盾的根本性变化、经济发展方式的根本性变化、科技创新体系的根本性变化。

首先,社会主要矛盾的根本性变化,要求知识产权强国建设道路以知识产权生态系统的平衡协同促进创新发展为关键导向。党的十九大报告指出,"我国社会主要矛盾是人民日益增长的美好生活需要和不平衡不充分的发展之间的矛盾。"党的二十大报告进一步强调了上述主要矛盾。应当说,从"人民日益增长的物质文化需要同落后的社会生产之间的矛盾"到"人民日益增长的美好生活需要和不平衡不充分的发展之间的矛盾",从面对"落后的社会生产"问题到直面"不平衡不充分的发展"的问题,充分反映出我国科技经济社会发展的阶段性特征。针对这一问题,需要从新时代知识产权法治观和知识产权发展观出发,从法治建设和创新发展两个方面分析知识产权制度的重要作用[2],逐步从"公开换取垄断"等功利主义价值观[3]转变为平衡协同的系统发展观,强调创新协同性以及创造者、传播者、使用者、社会公众等多个创新参与主体利益的平衡保护,强化知识产权运用与知识产权保护的平衡运行,加强知识产权战略、知识产权规划等公共政策与中国特色知识产权法律

---

[1] 杨其静,刘小鲁.新征程中的创新驱动发展战略[M].北京:中国人民大学出版社,2022:17.

[2] 吴汉东.新时代中国知识产权制度建设的思想纲领和行动指南:试论习近平关于知识产权的重要论述[J].法律科学,2019(4);吴汉东.试论知识产权制度建设的法治观和发展观[J].知识产权,2019(6).

[3] 知识产权功利主义价值观随着经济分析法学的兴起得到广泛认可,将知识产权作为通过权利配置激励信息生产传播的制度工具,促进创新创造者和其他知识产权主体在知识产品的传播中获得足以激励其创新创造投资的回报。参见 MERGES R P, MENELL P S, LEMLY M A. Intellectual Property in the New Technological Age[M]. 4th ed. Aspen Publishers, 2006:13; LEMLEY M A. Property, Intellectual Property, and Free Riding[J]. Texas Law Review, 2005,83:1031; LANDES W, POSNER R. An Economic Analysis of Copyright Law[J]. Legal Stud.,1989(18):325.

制度的内在协同,加大市场主体规范管理、司法机关公正司法、执法部门严格监管、行业组织自律自治、社会公众诚信守法的知识产权协同保护力度,通过知识产权生态系统的平衡协同促进创新发展。

其次,经济发展方式的根本性变化,要求知识产权强国建设道路以高质量发展为基本标准。党的二十大报告指出,"高质量发展是全面建设社会主义现代化国家的首要任务。发展是党执政兴国的第一要务。"从传统的要素驱动到效率驱动再到创新驱动,进而到以高质量创新引领高质量发展,创新在我国未来发展蓝图中占据着决胜制高点。当一个国家经济处于创新驱动阶段时,其主导产业一般进入到技术密集型阶段,经济发展不再主要依赖自然资源、劳动力和资本投入,经济发展的速度、质量和效益取决于国家创新能力以及知识(包括技术)、人才两个关键因素[1]。结合迈克尔·波特的地区经济发展四阶段理论,即生产要素导向阶段、投资导向阶段、创新导向阶段、财富导向阶段,一国经济欠发达时,其经济增长的动力主要依赖于基本生产要素;在经济初等发达阶段,投资是驱动经济增长的主要动力;经济跨越投资导向进入创新导向阶段后,即向中等发达和发达阶段迈进过程中,创新将成为经济增长的主要驱动力;财富导向阶段是经济衰退期。[2]世界经济贸易强国的历史兴衰更迭体现了波特经济发展四阶段理论。现阶段中国经济呈现出自身与众不同的显著特点,表现为生产要素、投资与创新"混成驱动",未来将依靠创新驱动前行。[3]从这一角度出发,我们探讨知识产权强国建设道路的过程中需要以高质量发展作为基本导向。

我国知识产权事业所处的历史阶段是,我国已经成为知识产权数量多、构成较好的知识产权大国,但是知识产权对经济科技社会发展的绩效尚需提高,特别是知识产权对高质量发展的支撑作用尚需加强。2021年,我国发明专利授权量是69.6万件,每万人口高价值发明专利拥有量是7.5件,2021年每万人口高价值发明专利

---

[1] 学习贯彻习近平新时代中国特色社会主义经济思想 做好"十四五"规划编制和发展改革工作系列丛书编写组.深入实施创新驱动发展战略[M].北京:中国计划出版社,2020:14.

[2] 波特.国家竞争优势[M].李明轩,邱如美,译.北京:中信出版社,2012:181.

[3] 钟山.中国外贸强国发展战略研究:国际金融危机之后的新视角[M].北京:中国商务出版社,2012:27.

拥有量比2020年提高了1.2件。中国创新主体通过《专利合作条约》(PCT)途径提交国际专利申请6.95万件,近三年来一直位居全球首位;2021年,我国核准注册商标773.9万件,收到国内商标申请人马德里国际注册申请5928件;2021年,我国新认定的地理标志保护产品99个,新核准注册的地理标志证明商标、集体商标477件;2021年,我国作品著作权登记量达到398.4万件,我国计算机软件著作权登记量达到228万件;2021年,我国植物新品种权授权量达到3979件。同时,我国距离知识产权强国还具有相当差距,这一差距主要体现在对高质量发展的支撑不足方面。以专利密集型产业为例,根据国家统计局发布《知识产权(专利)密集型产业统计分类(2019)》(国家统计局令第25号)的定义,发明专利密集度、规模达到规定的标准,依靠知识产权参与市场竞争,符合创新发展导向的产业集合,进而,我国专利密集型产业的范围包括信息通信技术制造业,信息通信技术服务业,新装备制造业,新材料制造业,医药医疗产业,环保产业,研发、设计和技术服务业等7大类188个国民经济小类。根据国家知识产权局、国家统计局发布的《2020年全国专利密集型产业增加值数据公告》,2020年全国专利密集型产业增加值达到12.13万亿元,占GDP的比重为11.97%。可见,我国专利密集型产业快速发展,已经接近《知识产权强国建设纲要(2021—2035年)》提出的"专利密集型产业增加值占GDP比重达到13%"的目标。同时,需要清醒地看到,这与欧盟知识产权局、欧盟专利局发布的《欧盟知识产权密集型产业和经济表现》[1]所描述的"欧盟发明专利密集型产业增加值达到2.35万亿欧元,发明专利密集型产业增加值占GDP的比重达到16.1%",以及美国专利商标局发布的《知识产权和美国经济(第三版)》所描述的"发明专利密集型产业和外观设计专利密集型产业各贡献了近4.5万亿美元的GDP(分别为4.43万亿美元、4.46万亿美元)",均存在较大差距。

科技创新体系的根本性变化,要求知识产权强国建设道路以双轮驱动作为

---

[1] EUIPO, EPO. IPR-intensive industries and economic performance in the European Union[EB/OL]. [2022-10-26]. https://euipo.europa.eu/tunnel-web/secure/webdav/guest/document_library/observatory/documents/IPContributionStudy/IPR-intensive_industries_and_economicin_EUWE/B_IPR_intensive_Report_2019.pdf#:~:text=In%20response%20to%20the%20clear%20need%20to%20provide,made%20to%20the%20EU%20economy%20by%20IPR-intensive%20industries.

根本要义。党的二十大报告指出,"必须坚持科技是第一生产力、人才是第一资源、创新是第一动力,深入实施科教兴国战略、人才强国战略、创新驱动发展战略,开辟发展新领域新赛道,不断塑造发展新动能新优势。"将创新作为引领发展的第一动力,丰富和发展了马克思主义生产力矛盾运行理论。马克思曾经指出,不同历史时期,生产力发展都有其特殊的生长点和主导因素,在工场手工业中以劳动力为起点,在大工业中以劳动资料为起点,在创新高度活跃的今天,科学、技术、生产工具、劳动者等生产要素组合的可能性增多,产生新组合的速度不断加快,创新本质上就是通过生产要素重新组合创造新产品、新服务、新市场、新模式、新组织等的一种经济活动,将创新作为引领发展的第一动力,将科技创新作为全面创新的核心,既符合马克思主义生产力矛盾的基本运行原理,又推动"科学技术是第一生产力"理论丰富发展,抓住了主要矛盾和矛盾的主要方面。❶新一轮科技革命和产业变革方兴未艾,以美国为首的发达国家对我国进行全面封锁,我们必须掌握关键核心技术,强化国家战略科技力量,新型举国体制是有效强化国家战略科技力量的一种方式❷。同时,我们也需要通过制度建设完善创新环境,以创新体系建设支撑企业创新能力,充分发挥市场对创新资源配置的决定性作用。这就要求我们在知识产权强国建设道路方面,坚持"科技是第一生产力、人才是第一资源、创新是第一动力"的基本观点,通过严格保护知识产权,促进完善现代产权制度,深化要素市场化改革,让市场在资源配置中起决定性作用,更好发挥政府作用❸。创新驱动发展,需要坚持政府引导和市场主导双轮驱动,但这个双轮驱动不是左右轮的平行关系,而是前后轮的关系,政府是前面的牵引轮、方向轮,市场是后面的驱动轮、动力轮。充分发挥市场驱动创新的作用,前提是运用知识产权制度充分发挥市场配置创新资源的决定性作用。

综上所述,我们在全面建成小康社会、实现第一个百年奋斗目标之后,开启全面建设社会主义现代化国家的新征程。审视"两个一百年"目标历史性交替时刻的

---

❶ 学习贯彻习近平新时代中国特色社会主义经济思想 做好"十四五"规划编制和发展改革工作系列丛书编写组.深入实施创新驱动发展战略[M].北京:中国计划出版社,2020:29.

❷ 杨其静,刘小鲁.新征程中的创新驱动发展战略[M].北京:中国人民大学出版社,2022:59.

❸ 申长雨.走好中国特色知识产权发展之路[J].求是,2021(3):66-69.

知识产权强国建设,社会主要矛盾的根本性变化,要求知识产权强国建设道路以知识产权生态系统的平衡协同促进创新发展为关键导向;经济发展方式的根本性变化,要求知识产权强国建设道路以高质量发展为基本标准;科技创新体系的根本性变化,要求知识产权强国建设道路以双轮驱动作为根本要义。这是我们认识知识产权强国建设道路的历史起点。

二、现实站位:中国式现代化新征程对知识产权强国建设的新要求

党的二十大报告提出,"中国式现代化,是中国共产党领导的社会主义现代化,既有各国现代化的共同特征,更有基于自己国情的中国特色。"可以说,"中国式现代化"是习近平新时代中国特色社会主义思想的一个原创性的科学概念,是贯穿党的二十大报告全篇的一个关键词❶。同时,"中国式现代化"又具有深厚的历史积淀和发展渊源,是对我国社会主义事业发展历程的一个科学总结与理论凝练。

"中国式现代化"概念的提出源于对中国特色社会主义实践的理论总结,也凝聚了一代又一代中国共产党人的探索。中国不仅经历了从"一化"发展到"四化"的整体探索过程,更经历了从"现代化"到社会主义现代化的探索过程❷。毛泽东主席早期著作使用"近代化"描述发展愿景❸。1949年3月,毛泽东主席在党的第七届中央委员会第二次全体会议上正式提出"现代化"的概念,亦即,"我们已经或者即将区别于古代,取得了或者即将取得使我们的农业和手工业逐步地向着现代化发展的可能性。"❹在此之后,我党对"现代化"的认识不断深入,从着重考虑农业和手工业现代化转向着重考虑工业现代化。1954年,毛泽东主席在第一届全国人大一次会议开幕词中指出,"要将我们现在这样一个经济上文化上落后的国家,建设成为一个工业化的具有高度现代文化程度的伟大的国家。"周恩来总理在第一届全国人

---

❶ 张文显.深刻把握中国式现代化的科学概念和丰富内涵[N].经济日报,2022-10-23(07).

❷ 郝立新,等.中国现代化进程中的价值选择[M].北京:中国人民大学出版社,2022:35.

❸ 例如,毛泽东同志在《论联合政府》中指出,"中国工人阶级的任务,不但是为着建立新民主主义的国家而斗争,而且是为着中国的工业化和农业近代化而斗争。"参见毛泽东选集:第3卷[M].北京:人民出版社,1991:1081.

❹ 毛泽东选集:第4卷[M].北京:人民出版社,2006:1430.

大一次会议上所作的《政府工作报告》首次提出"四个现代化",并提出20世纪末建成社会主义现代化强国的目标。1959年底,毛泽东在《读苏联〈政治经济学教科书〉的谈话》中进一步指出,"建设社会主义,原来要求是工业现代化,农业现代化,科学文化现代化,现在要加上国防现代化。"这是四个现代化目标的第一次完整表述。1964年召开的第三届全国人民代表大会第一次会议正式提出"四个现代化"的战略表述。亦即,"在不太长的历史时期内,把我国建设成为一个具有现代农业、现代工业、现代国防和现代科学技术的社会主义强国。"❶可以说,实现工业化,进一步发展到"四个现代化"乃至整个国民经济的现代化,成为经济发展的战略目标,这是新中国成立后以毛泽东同志为核心的党的第一代中央领导集体的共识❷。

"中国式现代化"概念逐步成为中国特色社会主义事业发展的关键目标。二十世纪七十年代至八九十年代,邓小平在深刻总结自近代以来中国革命和现代化建设的经验时指出,"我们的现代化建设必须从中国的实际出发……把马克思主义的普遍真理同我国的具体实际结合起来,走自己的路,就是有中国特色的社会主义,这就是我们总结长期历史经验得出的结论。"❸可以说,以小康社会作为标准的"中国式的现代化"的实质就是有中国特色的社会主义现代化,是邓小平理论的重要组成部分❹。如前所述,在这一理论体系下,党的十三大报告、十五大报告无论从"三步走"战略角度还是从"两个一百年"奋斗目标的角度,都将"基本实现现代化"作为第二个百年奋斗目标。党的十七大报告进一步丰富了"现代化建设"的内涵,将十五大报告提出的"基本实现现代化,建成富强民主文明的社会主义国家"丰富到"把我国建设成为富强民主文明和谐的社会主义现代化国家",将"现代化建设"的内涵从"富强民主文明"进一步丰富到"富强民主文明和谐"。党的十八大报告提出"五

---

❶ 国务院总理周恩来在第三届全国人民代表大会第一次会议上的政府工作报告[J]. 中华人民共和国国务院公报,1964(18).

❷ 乔惠波. 探索符合中国国情的社会主义经济建设规律:再读毛泽东《读苏联〈政治经济学教科书〉的谈话》[J]. 毛泽东研究,2022(2):101-111.

❸ 邓小平文选:第三卷[M]. 北京:人民出版社,1983:2-3.

❹ 叶楠,范仁庆. 中国式的现代化:缘起内涵意义:兼论现代化视角下邓小平理论历史地位的再认识[J]. 政法论丛,2004(3):94-96.

位一体"总体布局,将经济建设、政治建设、文化建设、社会建设、生态文明建设进一步纳入"现代化建设"的内涵中。党的十九大报告对实现第二个百年奋斗目标提出了两个阶段的战略推进安排。

党的二十大报告将"中国式现代化"提升到新的理论层次和战略高度。党的十八大以来,特别是党的十九大以来,进一步深化和凝练了"中国式现代化"基本理论。习近平总书记在《在庆祝中国共产党成立100周年大会上的讲话》首次系统提出"中国式现代化"这个概念,党的十九届六中全会审议通过的《中共中央关于党的百年奋斗重大成就和历史经验的决议》将"以中国式现代化推进中华民族伟大复兴"作为习近平新时代中国特色社会主义思想的重要组成部分。党的二十大报告从"中国式现代化"的5个主要特征、9项本质要求和8个核心设计等角度深入阐述了"中国式现代化"的含义,从而使得"中国式现代化"内涵更加丰富、体系更加完整、标准更加具体。亦即,"中国式现代化"具备人口规模巨大、全体人民共同富裕、物质文明和精神文明协调发展、人与自然和谐共生、走和平发展道路5个主要特征。"中国式现代化"的9项本质要求包括,坚持党的领导和中国特色社会主义,实现高质量发展和全体人民共同富裕,发展全过程人民民主、丰富人民精神世界,促进人与自然和谐共生、推动构建人类命运共同体、创造人类文明新形态。党的二十大报告还对"中国式现代化"的核心设计作出谋划:高质量发展是中国式现代化的首要任务,教育、科技、人才是中国式现代化的基础性、战略性支撑,人民民主是中国式现代化的应有之义,全面依法治国是中国式现代化的运行轨道,中国特色社会主义文化建设是中国式现代化的重要内容,绿色发展是中国式现代化的内在要求,国防和军队现代化是中国式现代化的战略要求,党的领导和党的建设是中国式现代化的关键。

面向我国发展的未来要求,中国式现代化新征程对知识产权强国建设道路提出新的部署。特别是,知识产权制度是罗马法以来"财产非物质化革命"的制度创新成果和西方国家三百多年来不断发展成长的"制度文明典范"。然而,知识产权对于我国而言是制度"舶来品",制度带动型、规则导入型地先构建制度再推进形成制度实践,而不是从制度实践凝练形成制度的自然演进过程,需要我们根据中国式现代化总体方向要求构建知识产权制度。我们需要从"中国式现代化"的5个主要特征、9项本质要求和8个核心设计等角度出发,分析知识产权强国建设道路的基本站位。

首先,以平衡协同的系统发展观构建知识产权强国建设道路。中国式现代化具有两大突出特点:人口规模巨大的现代化、全体人民共同富裕的现代化,这就要求我们以实现人民美好生活为价值目标,实现全体人民共同富裕。对知识产权强国建设道路而言,既需要考虑充分激发广大创新创造者的创新热情,将人口规模巨大转变为创新规模巨大,也需要考虑到平衡保护广大使用者、传播者的利益,以使得知识产权收益能够在创造者、传播者、使用者之间平衡分配,激发各方主体的积极性,通过知识产权权益分配促进创新创造成果产生的收益惠及到创新链条的各方主体。创新发展到今天已经形成包括制度创新和知识创新两大部分的科学体系,❶传统意义上,知识产权制度以功利主义、工具主义价值观为基础,通过创新成果的产权化、产品化与产业化实现创新回报。中国式现代化的战略目标要求我们进一步反思西方知识产权强国建设道路上的功利主义、工具主义价值观,逐步形成平衡协同的系统发展观,强调创新创造者、创新传播者、创新成果使用者、社会公众等多方利益的平衡保护,并以平衡协同的系统发展观为基础分析知识产权强国建设的现实方向。

其次,以协调和谐的共生发展观构建知识产权强国建设道路。中国式现代化是物质文明和精神文明协调发展、人与自然和谐共生的现代化。对知识产权强国建设道路而言,既需要考虑以物质手段激励创新创造,同时需要加强精神性权利的体系性优化,积极引导形成更多优秀作品,丰富人民的精神世界。此外,需要根据环境危机的出现和生态文明的倡导所赋予知识产权法律制度的生态环境保护责任,对知识产权法律制度进行生态化改造,将可持续发展的环境伦理、生态经济的科技观与人学观、环境正义和环境公平理念作为知识产权法生态化的理论基础❷,

---

❶ 熊彼特.经济发展理论:对利润、资本、信贷、利息和经济周期的探究[M].叶华,译.北京:中国社会科学出版社,2009:17.

❷ 黄莎.论我国知识产权法生态化的正当性[J].法学评论,2013(6):94-99.

让知识产权制度成为绿色技术创新与传播的催化剂[1]，甚至进一步讨论，基于知识产权与环境权基本属性的契合、价值功能的耦合和逻辑结构的吻合，以及民法权利体系的开放性和知识产权法规范基础的完备性，分析环境权知识产权法保护的可行性[2]，促进人与自然和谐共生。

再次，以文明共通的共存发展观构建知识产权强国建设道路。中国式现代化是推动构建人类命运共同体、创造人类文明新形态的现代化，是全球化背景下的现代化，是民族性与世界性辩证统一的现代化。世界百年未有之大变局加速演进，新一轮科技革命和产业变革正处于实现重大突破的历史关口，目前已经进入知识产权全球治理新结构初步形成的时期，亦即世界知识产权组织、世界贸易组织、"超TRIPs"复边、多边和双边机制共存，也被称为后TRIPs时代。在这一时代背景下，知识产权全球治理新结构雏形初现，知识产权国际规则脆弱多变，知识产权国际合作频发深化。这就需要我们在谋划知识产权强国建设道路的过程中统筹考虑国际国内，推动国内战略与国际战略的统筹规划和有机结合，基于人类命运共同体的宏大理论，向世界提出开放、包容、平衡、普惠的知识产权治理"中国理念"，应当以增强制度性话语权为核心构建知识产权治理"中国策略"，从国际、区域和双边多元维度实施知识产权治理"中国方案"，把握时代契机，构建"中国之治"与"世界之治"紧密相连的人类命运共同体和全球治理共同体。[3]特别是，倡导"严格保护"与"促进发展"双向互动的国际知识产权规则方向，向世界贡献运用知识产权促进创新发展的"中国模式"。例如，我们针对创新发展中的市场失灵问题，认识到专利制度不仅具有保护创新、从而形成创新投入回报的激励功能，而且具有公开创新、从而形成创新决策支持的工具功能，并根据上述"工具功能"形成了专利导航、知识产权运营等一系列知识产权强国建设道路上的制度创新和政策创新，从而促进专利制度在严格保护专利权激励创新的同时，发挥创新决策支持的工具功能促进发展，这一制度文明的总结和完善可以为其他国家创新发展提供参照系，以文明共通的共存发

---

[1] 郑友德，王活涛，郭玉新.论应对气候变化的绿色知识产权策略[J].华中科技大学学报(社会科学版),2016(6):61-67.

[2] 侯志强.环境权知识产权法保护的理论证成与规范构造[J].法学,2022(8):177-192.

[3] 马一德.全球治理大局下的知识产权强国建设[J].知识产权,2021(10):41-54.

展观构建知识产权强国建设道路。

三、发展定位：面向知识产权强国建设道路的理论谋划与系统部署

当今世界主要知识产权强国的建设道路各异，总体上都以符合国家整体战略目标作为基础。从知识产权强国建设道路来看，可分为五种模式：第一种模式是美国模式，涵盖知识产权创造、运用、保护、管理、服务等多个方面的综合实力较强，并力争全面领先。根据1800年以来美国经济增长的统计数据，美国经济在20世纪的发展很大程度上依赖于以知识为基础的经济发展和生产分配方式的优化❶，尤其是美国近期发展知识产权密集型产业，在知识产权的创造、运用、保护、管理和服务方面全面加强，知识产权对于经济增长起到的作用日益加强。第二种是瑞典模式，具有较高的知识产权管理能力并且通过知识产权管理效能推动创造、运用、保护和服务水平的提升。瑞典等国家的政府在经济发展上扮演着明显可见的角色，对支持性产业具有非常强的产业促进政策，推动其产业高度集群化，引导国家在制造业等产业的生产率持续提升，使得瑞典的企业在很多产业中维持它们的竞争地位❷。芬兰也属于这种模式。第三种模式是日本模式，具有多样化的知识产权运用模式和复合性的知识产权运用能力，通过知识产权运用效益的提升促进创造水平的提高，以及保护、管理和服务效能的提升。"二战"之后的日本，很成功地由生产要素导向阶段，长驱直入创新导向阶段，其通过对于知识产权运用的全面推动，促进经济发展方式成功转型。韩国在这一方面亦有类似经验。第四种模式是瑞士模式，具有较高的知识产权保护水平并对创新发展、贸易环境起到了很大的促进作用，从而带动创造、运用、管理和服务水平的不断提高。瑞士很早进入了创新导向阶段，也因此繁荣了数十年。瑞士产业的出口主力横跨消费性和工业性产品，同时包含各类型的机械和设备，宝石、钱币和金属品等产业名列其中，主要原因在于瑞士在这些产业的贸易方面具有重要地位。可以说，就瑞士的国家竞争优势而言贸易是重点。新加坡同样如此。这样的经济形态决定了其采取较高的知识产权保护水平，推动知识产权综合实力的提升。第五种模式是英德模式，知识产权创造能力强，并以此

---

❶ 恩格尔曼,高尔曼.剑桥美国经济史:第三卷[M].北京:中国人民大学出版社,2010:19.

❷ 波特.国家竞争优势[M].李明轩,邱如美,译.北京:中信出版社,2012:71.

为驱动力带动运用效益、保护水平和管理服务能力的不断提高。英国是第一次工业革命的发源地,德国是第二次工业革命的中心。因此,英国和德国的特点均在于具有较强的科技创新能力,通过知识产权创造能力的提升推动知识产权综合实力的提高。以英国为例,作为第一次工业革命的中心和现代知识产权制度的发源地,英国在其发展历程中具有较高的知识产权创造能力。即使在第二次世界大战之前英国的产业竞争能力和创新能力已经出现问题,但是其在某些产业领域还是具有一定的竞争优势[1]。

处于"两个一百年"目标历史性交替的时刻,立足中国式现代化新征程对知识产权强国建设提出的新要求,兼顾综合性、复杂性、发展性并借鉴有关知识产权强国的建设道路经验。知识产权强国建设路径具有一定的综合性,各个方面的发展具有内在联系,各个方面的优势随着时间有所变化。例如,法国在知识产权创造效率、经济绩效等方面均有不俗的表现。同时,知识产权强国建设道路具有复杂性,知识产权强国建设是漫长而复杂的过程,建设知识产权强国是一项系统性的工程,需要分阶段、分步骤,运用复合路径的协同配合加以实现。还有,知识产权强国建设道路具有发展性,既要不断提升知识产权综合实力,亦要通过知识产权综合实力的提升促进科技经济社会的发展。

区域发展不平衡和产业发展不均衡使得我国知识产权强国建设道路的综合性、复杂性、发展性更加突出。根据《全国知识产权发展状况报告》的统计数据,我国知识产权综合实力的区域分布不均衡,因此,我国的知识产权强国建设方向是一个复合的路径选择,不可能抄袭或者完全模仿任何一个知识产权强国的发展道路。虽然我国知识产权强国建设道路具综合性、复杂性、发展性,但是总体模式可以借鉴知识产权大而强的国家的部分经验。同时,鉴于德国英国模式充分运用了知识产权创造对于知识产权实力提升的推动作用,在第一、二次工业革命中充分发挥技术优势,确立知识产权优势地位。我国要在2050年建成科技强国,科技能力的提升仍然需要持之以恒的长期投入。综合上述国情背景和我国知识产权事业发展阶段,建议以知识产权运用为切入点,严格知识产权保护,带动知识产权管理和服务

---

[1] 波特.国家竞争优势[M].李明轩,邱如美,译.北京:中信出版社,2012:78.

能力的提升,推动知识产权创造高质量发展,提升知识产权综合实力。

在上述分析的基础上,就面向中国式现代化的知识产权强国建设道路的总体方向而言,建议实现下述"六个转变":

第一,知识产权发展模式要从创造为主转向运用为主。从历史维度考量,从专利实施到知识产权运用再到知识产权运营,体现了知识产权高质量发展的核心理念,反映了从知识产权大国向知识产权强国演进的基本路径。从知识产权运用方面的理论发展历程看,我国"知识产权运用"经历了从"使用实施"到"综合运用"再到"价值运营"的过程。"使用实施",主要是法律术语的现实表述,更多强调权利人基于法律属性本身的自行的、基础的使用或实施行为,例如,专利技术的实施及实施许可、注册商标的使用和专用权许可。"综合运用"是政策术语的升级表达,更加强调由权利人自行实施转向对外扩散使用的外部性和综合性,包括知识产权的转让、许可、金融等。"价值运营"是战略术语的集成表达,更加强调通过构建集平台、机构、资本、产业"四位一体"的知识产权运营体系,充分激发市场活力,有效运用知识产权制度、经营知识产权权利,实现知识产权价值的最大化。

第二,知识产权创造要从知识产权数量为主转向知识产权质量为主,从随机的"散点式"创新转向重点领域战略布局,从独立创造运用转向加强以知识产权所有权、使用权、收益权、处分权的合理配置为基础的产业创新合作,将知识产权作为产业链、供应链、价值链的利益分配机制。以专利制度为例,在充分发挥专利制度保护创新、实现创新竞争控制工具的功能的同时,积极发挥专利制度公开创新、实现创新发展决策工具的功能,将专利信息的分析嵌入到知识图谱绘制、技术路线追踪、技术空白点分析、技术路径可行性论证等多个进程,发挥专利信息的"靶向"作用,改变"散点式"创新的系统性不足、前瞻性有限问题,形成具有针对性的、高集约化的、开放式协同创新,从而构建重点领域知识产权的战略性布局。

第三,知识产权保护从被动保护转向主动保护,从个别保护转向系统保护。知识产权保护是运用知识产权制度、保护权利人合法权益的系统性工程,影响知识产权保护效能的因素包括:知识产权保护制度政策的公共供给水平(包括法律法规的健全程度、公共政策的有效性与针对性等)、知识产权保护基础设施的健全程度(包括司法保护的可及性、行政保护的便利性等)、企业的知识产权保护能力(主要体现为熟练运用知识产权国际国内规则、有效保护知识产权权利权能的水平)。我国知识产权保护需要转向主动保护,提升企业的知识产权保护能力以实现主动保护,引导企业构建知识产权合规体系和知识产权保护体系,促进企业及时有效地防控知识产权侵权风险、积极主动地保护自身创新。我国知识产权保护需要转向系统保护,建立司法、行政、仲裁、调解、行业自治等多元主体参与、协同保护的知识产权保护格局,加快建成"平衡高效、双轮驱动、多元保护、灵活可及"的知识产权保护体系。

第四,知识产权管理从政府行政管理为主转向各方协力的公共治理,从部门独立管理转向部门协同管理,从知识产权补助转向知识产权的激励服务。处理好充分发挥市场对创新资源配置的决定性作用和更好发挥政府在知识产权领域的作用二者之间的关系,关键在于明确政府在知识产权领域的具体职能,积极发挥政府作用弥补创新调节的市场失灵问题,通过行业协会等多种渠道实现政府、企业、社会的知识产权协同共治,加快实现知识产权治理体系和治理能力的现代化。

第五,知识产权运用要从企业和区域自用转向区域分工合作,以专利引领地区为重点,通过专利技术转移,建立基于知识产权的产业创新链;从创新集成转向知识产权集成,以基本专利为核心,通过专利联盟、专利池等,促进知识产权集成运用,提高知识产权综合竞争力和知识产权协同运用能力。从转化应用知识产权转向经营知识产权,以知识产权经营为目标,综合策划部署知识产权创造、保护与运用。特别是,运用制度工具与经营权利相互促进,运用知识产权制度规则、经营知识产权权利价值,并以此促进经济、科技、社会等综合效益最大化。

第六,知识产权服务要从政府直接服务转向政府搭建平台,由市场主体提供市场化服务,大力发展专业化知识产权服务组织,从一般性服务转向增值性、战略性服务。一方面,知识产权服务业以知识产权公共服务的高效供给为基础,只有知识产权公共服务供给充分,知识产权服务业才能在知识产权公共服务的基础上进一步加工,提供更具针对性的服务,知识产权服务业才能得到全面发展。另一方面,知识产权服务业为知识产权公共服务的全面提升提供引领。在处理二者关系的时候,需要更加突出市场化服务机制的创新。

四、实践本位:以中国式现代化为导向设计知识产权强国建设道路

如前所述,党的二十大报告将"中国式现代化"提升到新的理论层次和战略高度,中国式现代化新征程对知识产权强国建设提出新的要求,我们需要以平衡协同的系统发展观、协调和谐的共生发展观、文明共通的共存发展观"三大基本观点"构建知识产权强国建设道路,以"六个转变"为总体方向开启面向中国式现代化的知识产权强国建设道路。就未来实践走向而言,以中国式现代化为导向设计知识产权强国建设道路,可以概括为从大到强的、以中国式现代化为导向的知识产权强国建设道路的"九大驱动力"。

第一,社会主义基本经济制度的环境驱动力。党的二十大报告指出,坚持和完善社会主义基本经济制度,毫不动摇巩固和发展公有制经济,毫不动摇鼓励、支持、引导非公有制经济发展,充分发挥市场在资源配置中的决定性作用,更好发挥政府作用。知识产权制度基本理论建构在产权激励理论和利益平衡理论的基础之上,传统知识产权制度是以私有制为基础建构起来的,通过制度安排将知识信息这一公共产品通过产权化的方式"私有化",并且通过这一产权设计激励创新,同时实现权利人与使用者、传播者、社会公众之间的利益平衡。与之对比的是,我国毫不动摇巩固和发展公有制经济,毫不动摇鼓励、支持、引导非公有制经济发展,需要立足公有制经济和非公有制经济共同发展的经济制度环境下的知识产权强国建设道路,既要发挥知识产权制度的产权激励作用,也要通过知识产权制度的利益平衡作用强化产业链治理中的公有制经济和非公有制经济平等发展、共同发展、协同发展。也就是说,社会主义基本经济制度的环境驱动力,决定了知识产权强国建设道路方面的各类主体知识产权综合实力提升的协同性与系统性。

第二,现代产权制度的内在驱动力。党的二十大报告指出,要完善产权保护、市场准入、公平竞争、社会信用等市场经济基础制度,优化营商环境。现代产权保护制度是社会主义市场经济的基础性制度。哈佛大学安守廉教授曾经指出,中国文化中存在着"窃书为雅罪"的观念,而中国古代禁止图书复制的规定,主要目的在

于通过防止私自印刷异端材料来巩固皇权控制。[1]由此可见,在我国古人的普遍认知中,知识与文化属于公共产品,不应被据为己有,这种主流的认知,事实上延续到了计划经济时代[2]。以专利制度为例,在新中国成立之初的1950年8月,中央人民政府政务院公布施行的《保障发明权与专利权暂行条例》建立了发明人证书和专利并行的混合制度,综合运用政府奖励、财政补助、荣誉奖金、财产权益、刑事保护等手段,来实现促进发明创造和鼓励发明创造实施、促进国家经济建设的目的。在1954年政务院颁布了《有关生产的发明、技术改进及合理化建议的奖励暂行条例》,这一奖励制度在后来实际上代替了上述混合制度中的专利制度部分。在此之后的二十余年时间里,对于科技创新的激励主要依靠国家行政部门的各类奖励制度,以及通过这些奖励制度促进知识与文化更大程度上成为公共产品。直到1978年中国启动改革开放的进程,包括专利制度在内的知识产权制度建设才被重新提上议事日程,私权至上的理念逐渐深入人心,以私权为基础构建的知识产权制度才逐步完善。现代产权制度是社会主义市场经济的基础性制度。沿着现代产权制度建设方向,知识产权强国建设道路需要以现代产权制度作为内在驱动力,在构建中国特色知识产权制度过程中突出现代产权制度导向,建立起知识产权的所有权、使用权、收益权、处分权各个权能归属清晰、权责明确的权利体系,有效降低知识产权交易成本,积极维护知识产权交易安全。

第三,现代化产业体系建设的动态驱动力。党的二十大报告指出,坚持把发展经济的着力点放在实体经济上,推进新型工业化,加快建设制造强国、质量强国、航天强国、交通强国、网络强国、数字中国。产业是经济之本、发展之基、财富之源,知识产权是产业创新发展之本、产业协同协作之基,产业利润获取之源。首先,知识产权促进产业创新发展,支撑现代化产业体系建设。以专利制度为例,其制度价值包含两个方面,其中一个方面是公开创新,实现创新发展的决策工具的功能。亦即,创新创造者为了获得合法垄断权需要将其专利信息公开,使得所属领域普通技

---

[1] 安守廉,梁治平.知识产权还是思想控制:对中国古代法对文化透视[J].中国发明与专利,2010(7):57-58.
[2] 易继明.中美关系背景下的国家知识产权战略[J].知识产权,2020(9):3-20.

术人员不经过创造性劳动即可实现的程度。通过公开创新,让全社会的创新创造在更高的基础上进行,降低创新的时间成本和经济成本。基于上述功能,专利导航的基本思路得以提出,并逐渐成为促进产业创新发展,支撑现代化产业体系建设的重要抓手。其次,知识产权促进产业协同协作,支撑现代化产业体系建设。这就要求,发挥知识产权在产业链协同中的利益分配作用,因此,在知识产权强国建设道路的设计上,积极将知识产权作为现代产业链"链长工程"的重要内容,强化国有企业与非国有企业在知识产权储备方面的协同效应,国有企业积极填补产业共性技术缺口❶并完善产业整体性协同的知识产权布局,非国有企业加强"卡脖子"技术瓶颈的研发创新和知识产权运用,协同提升产业链知识产权综合水平。还有,知识产权促进产业利润合理分配,支撑现代化产业体系建设。各个产业部门之间基于一定的技术经济关联并依据特定的逻辑关系形成链条式关联关系形态,这就是我们常说的"产业链"。产业链从供需链内部的需求链与技术链的对接开始,然后引入企业链作为载体以实现价值链,其中,价值链的利益分配是产业空间布局的关键,也是实现产业集群的重点。以知识产权为纽带构建利益分配机制,并以此作为产业链上下游协同发展的纽带,可以有效耦合需求链与技术链,并通过价值链的安排促进产业链的协同发展。

第四,高质量发展的系统驱动力。我国现代知识产权制度特别是现代专利制度以科技创新作为主要导向。如前所述,知识产权制度基本理论建构在产权激励理论和利益平衡理论的基础之上,传统知识产权制度是以私有制为基础建构起来的,通过制度安排将知识信息这一公共产品通过产权化的方式"私有化",并且通过这一产权设计激励创新,同时实现权利人与使用者、传播者、社会公众之间的利益平衡。通过这种方式,进一步激励创新。也正是基于这样的理论理解,我国的国家知识产权战略的早期推动力量是原国家科学技术委员会(现科学技术部),由此导致在"研发投入—成果产生—专利申请—市场运用"的链条中,知识产权主要在前端发挥作用,以推动科技发展为己任❷。然而,仅仅从科技创新角度探讨知识产权

---

❶ 曲永义.产业链链长的理论内涵及其功能实现[J].中国工业经济,2022(7):7-26.

❷ 易继明.中美关系背景下的国家知识产权战略[J].知识产权,2020(9):3-20.

战略实施是有弊端的,产生的知识产权与产业发展的断层与脱钩问题显而易见。我国学者对此进行了反思,吴汉东教授指出,知识产权制度是创新发展的基本保障,具"创新之法"和"产业之法"的重要功能。推行经济发展新方式,需要进行经济结构改革,着力产业创新和调整产业结构,而知识产权密集型产业则是实现上述创新发展、经济结构改革的内在要求和外在表现❶。易继明教授提出,知识产权中心在于产业经济和商业贸易:与产业互为支撑、与商贸互相交融,这才是从产权角度解决知识产权发展的真正转型❷。张平教授亦认为,在各国知识产权的制度设计以及实践上,无不体现出强烈的产业政策立场,纵观各国在不同技术领域的司法判例上贸易保护主义倾向、在同一技术领域中探戈舞般的左右摇摆,以及市场主体自相矛盾的知识产权保护观点,尽管都以捍卫智慧、保护创新为借口,但却决然掩盖不住背后针锋相对的产业利益之争❸。党的二十大报告指出,高质量发展是全面建设社会主义现代化国家的首要任务。发展是党执政兴国的第一要务。知识产权强国建设道路需要以"高质量发展"作为系统驱动力,深入分析知识产权制度对高质量发展的作用机理,从产业促进角度和创新发展角度两个维度发挥知识产权制度价值。

第五,高水平对外开放的发展驱动力。党的二十大报告指出,必须完整、准确、全面贯彻新发展理念,坚持社会主义市场经济改革方向,坚持高水平对外开放,加快构建以国内大循环为主体、国内国际双循环相互促进的新发展格局。同时,党的二十大报告部署"加快建设贸易强国"。知识产权强国建设与贸易强国建设相互支撑。在改革开放以后的中国对外贸易经历了破冰启程阶段(1979—1991年)、稳步成长阶段(1992—2001年)、快速发展阶段(2001年加入世界贸易组织以来),对外贸易体制从计划经济到市场经济全面转变,在科教兴国战略背景下提出了科技兴贸战略。随着2000年底中央经济工作会议明确提出科技兴贸战略,积极推动促进高新技术产品出口和利用高新技术改造传统出口产业、提高出口产品的技术含量

---

❶ 吴汉东.经济新常态下知识产权的创新、驱动与发展[J].法学,2016(7):31-35.
❷ 易继明.中美关系背景下的国家知识产权战略[J].知识产权,2020(9):3-20.
❸ 张平.论知识产权制度的"产业政策原则"[J].北京大学学报(哲学社会科学版),2012(3):123-134.

和附加值,在此背景下成立了原外经贸部、科技部、原经贸委、国家知识产权局等参与的科技兴贸工作机制。并且进一步出台了《关于进一步实施科技兴贸战略的若干意见》《关于鼓励科技型企业"走出去"的若干意见》《关于鼓励企业应对国外技术壁垒的指导意见》《关于鼓励技术引进和创新,促进转变外贸增长方式的若干意见》《支持软件出口和鼓励信息服务外包的若干意见》等一系列政策,随着科技兴贸战略的实施,我国已经构建了较为完整的科技兴贸体系,包括科技兴贸的组织领导体系、政策支持体系、出口促进体系、出口服务体系、对外宣传体系和技术性贸易措施体系,初步形成了以电子信息产品为主体的出口产品增长集群,以科技兴贸重点城市和出口创新基地为载体的出口区域增长集群,以及一批具有较强自主创新能力的出口企业集群,从而促进了我国外贸增长方式的转变。❶正是在这样的背景下,我们提出了"贸易强国"的战略目标,并且将创高新作为新时期中国对外贸易战略的重要支点。贸易强国意味着某一国家对外贸易具有强大的国际竞争力,具有可持续发展的能力,贸易强国是经济强国的有机组成部分和重要支撑,是综合国力和硬实力的具体体现,在贸易规模、进出口结构、贸易模式、产品质量(标准)、品牌国际化、技术国际化、货币国际化、国际投资等方面达到世界领先水平❷。应当说,贸易强国是对外贸易数量规模与质量效益相匹配的国家,上述进出口结构、贸易模式、产品质量(标准)、品牌国际化、技术国际化等均与知识产权具有紧密关系。未来我国要实现从贸易大国向贸易强国转变的重大战略目标,就要推动我国出口商品结构层次从以低端要素集成品向高端要素集成品转型,着力提高我国在国际产业分工中的地位和获得利益的比重,延长我国企业在全球供应体系中的链条,从"微笑曲线"的底部向"微笑曲线"的两端延伸和发展❸。欧盟知识产权局、欧盟专利局2019年9月发布的《欧盟知识产权密集型产业和经济表现》(IPR-intensive industries and economic performance in the European Union)报告亦能体现这一点,欧盟2016年出口总额达到25908.89亿欧元,其中知识产权密集型产业出口额达到

---

❶ 陈文敬,赵玉敏.贸易强国战略[M].北京:学习出版社,2012:23-80.

❷ 钟山.中国外贸强国发展战略研究:国际金融危机之后的新视角[M].北京:中国商务出版社,2012:83.

❸ 吴敬琏,俞可平,福格尔,等.中国未来30年[M].北京:中央编译出版社,2012:151-153.

21224.65亿欧元。❶对于知识产权强国而言,知识产权密集型商品发挥着引领贸易优化升级的关键作用,其作为出口商品的主要部分具有较强竞争力。可见,贸易强国应当由知识产权强国作为强有力的内在支撑,知识产权强国建设道路以高水平对外开放作为发展驱动力。

第六,知识产权战略规划与公共政策的外在驱动力。虽然知识产权本身是私权,但是知识产权制度具有重要的公共政策价值,在一国的法律体系中独具保护智力创造成果、促进创意产业发展、规制知识经济和市场秩序的政策功能❷。需要指出的是,承认知识产权的战略规划与公共政策的外在驱动力,并非否定知识产权的私权属性,而是在知识产权的私权观念基础上对知识产权制度价值的深层次认识。世界主要知识产权强国也高度重视知识产权战略规划与公共政策的外在驱动力。与美国创新战略❸相配合,美国专利商标局先后出台《21世纪战略计划》《2010—2015年战略计划》《2014—2018年战略计划》《2018—2022年战略规划》❹,致力于优化专利商标质量和审查的时效性,促进提升全球知识产权政策和执法力度,从而在全球发挥领导作用。日本通过深入推进知识产权立国战略,不断强化知识产权政策和科技政策。欧盟一直致力于推进《欧盟创新2020战略》,通过《欧盟经济中的知识产权报告》等方式推动知识产权政策不断完善。对我国而言,自2008年《国家

---

❶ EUIPO, EPO. IPR-intensive industries and economic performance in the European Union[EB/OL]. [2022-04-22]. https://euipo.europa.eu/tunnel-web/secure/webdav/guest/document_library/observatory/documents/IPContributionStudy/IPR-intensive_industries_and_economicin_EU/WEB_IPR_intensive_Report_2019.pdf#:~:text=In%20response%20to%20the%20clear%20need%20to%20provide,made%20to%20the%20EU%20economy%20by%20IPR-intensive%20industries.

❷ 吴汉东.试论知识产权制度建设的法治观和发展观[J].知识产权,2019(6):3-6.

❸ NATIONAL ECONOMIC COUNCIL, COUNCIL OF ECONOMIC ADVISERS, OFFICE OF SCIENCE AND TECHNOLOGY POLICY. A Strategy for American Innovation: Securing Our Economic Growth and Prosperity[EB/OL]. (2011)[2022-04-22]. https://www.whitehouse.gov/innovation/strategy; Also see NATIONAL ECONOMIC COUNCIL, OFFICE OF SCIENCE AND TECHNOLOGY POLICY. A Strategy for American Innovation[EB/OL]. (2015-10)[2022-04-22]. https://www.whitehouse.gov/innovation/strategy.

❹ U.S. Patent and Trademark Office releases 2018-2022 Strategic Plan[EB/OL]. [2022-04-22]. https://www.uspto.gov/about-us/news-updates/us-patent-and-trademark-office-releases-2018-2022-strategic-plan.

知识产权战略纲要》颁布开始,高度重视知识产权战略规划与公共政策的外在驱动力,强调建立以知识产权为导向的产业政策、贸易政策、企业促进政策、金融财税政策等公共政策体系❶。目前,通过知识产权战略规划、公共政策的安排与部署,促进知识产权成为企业的核心竞争力和产业发展的战略性资源,已成为知识产权强国建设的重点。

第七,企业主导与政府支持的复合驱动力。党的二十大报告指出,加强企业主导的产学研深度融合,强化目标导向,提高科技成果转化和产业化水平。长期以来,我国知识产权制度建设、知识产权战略实施以政府自顶向下的政策设计与强有力的政策引导为主要驱动力。这也是我国作为知识产权规则导入型国家的重要经验,不断加强政府的公共服务供给,政府积极构建知识产权法律制度、完善知识产权文化环境、提升企业知识产权能力,不断提高知识产权保护制度政策的公共供给水平以及知识产权保护基础设施的健全程度,促进知识产权综合实力快速提升。我国知识产权综合实力的提升从自上而下的拉动,逐步转入企业自下而上的诉求,已经呈现上下协同、共同拉动的态势。在这样的背景下,我国的知识产权强国建设道路将凸显出企业主导与政府支持的复合驱动力。

第八,国家知识产权治理体系和治理能力现代化的导向驱动力。党的二十大报告将"基本实现国家治理体系和治理能力现代化"作为到2035年我国发展的总体目标之一。知识产权治理是一项系统工程,处理好政府与市场、社会的关系并且明晰政府、市场、社会在知识产权治理中的基本定位,仍然是知识产权治理体系现代化的关键。政府应更多关注在创新资源配置中的市场失灵环节,定位于经济调节、市场监管、社会治理、公共服务等方面,充分发挥其领导规划、指导创新、引导投资和疏导矛盾的作用。

第九,人类命运共同体和全球治理共同体的综合驱动力。党的二十大报告指出"构建人类命运共同体是世界各国人民前途所在",并强调"推动构建人类命运共同体,创造人类文明新形态"。引导知识产权国际规则服务对外贸易,是世界主要

---

❶ 张鹏. 知识产权公共政策体系的理论框架、构成要素和建设方向研究[J]. 知识产权,2019(12):69-73.

知识产权强国的通常做法。以 Trips 协议为例,其就是在创新药企、好莱坞电影业等利益集团的推动下产生的,这些企业组成的知识产权委员会发动了广泛的游说活动,督促国会认识到"美国的货物贸易和服务贸易依赖于世界范围内的知识产权保护",最终在全球范围内实现利益最大化。❶目前来看,我国未能将具有一定优势的知识产权资源(例如民间文艺、地理标志等)形成有效的国际知识产权议题,同时未能作为发展中国家的代表将知识产权与发展的主题全面提出。在构建人类命运共同体的总体战略方向上,我们应当倡导"严格保护"与"促进发展"双向互动的国际知识产权规则方向,将我国运用知识产权制度形成国家知识产权战略促进科技经济社会发展的经验加以凝练,提出运用知识产权促进共同发展、协同发展与共享发展的"中国方案",充分发挥人类命运共同体和全球治理共同体的综合驱动力。

今天的中国,比历史上任何时候都更接近世界舞台的中心。在"两个一百年"目标历史性交替的关键时刻,我们需要以习近平新时代中国特色社会主义思想为指引,根据知识产权制度这一制度文明的内在逻辑,立足中国式现代化新征程对知识产权强国建设的新要求,结合知识产权制度这一调整人类社会智力成果的行为规范与产权配置机制的内在逻辑,开辟和拓展知识产权强国建设道路。其中的重要支点是或者"实施例"是国有企业知识产权战略。我们需要加强国有企业知识产权战略研究实施,积极推动打造现代产业链链长和原创技术策源地,将国有企业打造成为新质生产力发展的重要原动力,有力支撑"中国号"知识产权巨轮向着知识产权强国的方向乘风破浪、砥砺前行。

---

❶ 塞尔.私权、公法:知识产权的全球化[M].董刚,周超,译.北京:中国人民大学出版社,2008:46.

第一章　国有企业知识产权战略制定和实施的基本思路

中央高度重视国有企业知识产权工作,将其提升到前所未有的高度加以部署。中共中央、国务院印发《知识产权强国建设纲要(2021—2035年)》,国务院印发《"十四五"国家知识产权保护和运用规划》,对知识产权工作作出顶层设计,同时对国有企业知识产权管理体系建设提出更高要求。应当说,《知识产权强国建设纲要(2021—2035年)》是以习近平同志为核心的党中央面向知识产权事业未来十五年发展作出的重大顶层设计,标志着新时代建设知识产权强国的宏伟蓝图形成,在我国知识产权事业发展史上具有重大里程碑意义。❶《"十四五"国家知识产权保护和运用规划》是贯彻落实习近平总书记关于知识产权工作重要指示和党中央、国务院决策部署的重大举措,是更好支撑国家经济社会发展的重大举措,是在更高起点上推动知识产权事业高质量发展的重大举措。❷《知识产权强国建设纲要(2021—2035年)》明确要求,"在对党政领导干部和国有企业领导班子考核中,注重考核知识产权相关工作成效",同时部署,"推动企业健全知识产权管理体系、培育一批知识产权竞争力强的世界一流企业",显然建设"知识产权竞争力强的世界一流企业"应当成为国有企业知识产权管理体系建设的基本目标。国务院《"十四五"国家知识产权保护和运用规划》进一步指出,"推动中央企业建立完善知识产权工作体系,打造一批具备国际竞争优势的知识产权强企。"可见,《知识产权强国建设纲要(2021—2035年)》和《"十四五"国家知识产权保护和运用规划》对国有企业知识产权合规体系建设的新部署,将成为我国国有企业知识产权工作的基本指引。

新时代中国式现代化建设对国有企业知识产权战略实施提出新的更高要求。提高国有企业核心竞争力迫切需要对国有企业知识产权战略实施作出新的系统部

---

❶ 申长雨.新时代知识产权强国建设的宏伟蓝图[N].人民日报,2021-09-23(10).

❷ 申长雨.奋力开创"十四五"知识产权事业发展新局面[N].人民日报,2021-10-29.

署,打造原创技术策源地、深入实施"链长工程",对国有企业知识产权战略实施明确新的战略导引。为了做好国有企业知识产权战略实施工作,我们需要立足知识产权制度本质加以分析。知识产权包含民事权利、无形资产、竞争工具三个方面的含义,不仅是一种民事权利,同时是国有企业的重要无形资产,也是开展竞争的重要工具。正是因为这一点,国有企业知识产权战略日趋成为企业总体经营战略的核心。

对于国有企业知识产权战略实施、国有企业知识产权管理而言,主要包含资产管理、风险管理、基础管理三个方面。立足上述国有企业知识产权战略实施的基本背景,以及国有企业知识产权战略实施工作的新认识,深入实施国有企业知识产权战略已经成为高质量发展的迫切需要、国有经济结构调整的迫切需要和保障经济安全的迫切需要。进一步,国有企业知识产权战略实施工作推进的新目标在于,高质量创造、高效益运营、高价值导向、高标准改革。为此,结合国有企业维护产业创新生态、保障产业安全的责任,探讨原创技术策源地建设对国有企业知识产权战略的基本要求,分析现代产业链链长建设对国有企业知识产权工作的总体任务,建议围绕"一个目标、两个支撑、三个关系、四大机制、五大保障"形成深入实施国有企业知识产权战略、加快推进国有企业知识产权运营的工作思路。

在这一工作思路指引下,需要研究形成具有前瞻性、实操性与全面性的国有企业知识产权战略实施指引,引导围绕国有企业知识产权战略目标和运营、布局、合规等,提出企业知识产权工作方案,全面提升国有企业知识产权运用能力,有效发挥知识产权在国有企业产业链、创新链、价值链中的重要作用。具体而言,国有企业知识产权战略任务举措包括,建立立体化、系统化、国际化的知识产权规划布局工作机制,建立高效率、高质量、高效益的知识产权权益激励工作机制,建设市场化、产业化、集成化的知识产权综合运营工作机制,建设协调协作、共通共享的知识产权协同运用工作机制。进而,充分发挥知识产权权益分配的制度功能,建立以知识产权为中心的创新生态,凝聚各方创新资源、形成创新协作机制,实现知识产权协同运用。

第一节　国有企业知识产权战略实施工作面临的新要求

党的二十大报告全面设计了以中国式现代化全面推进中华民族伟大复兴的宏伟蓝图,标志着我国进入全面建设社会主义现代化的新阶段。党的二十大报告指出,"从现在起,中国共产党的中心任务就是团结带领全国各族人民全面建成社会主义现代化强国、实现第二个百年奋斗目标,以中国式现代化全面推进中华民族伟大复兴。"这为国有企业知识产权战略实施工作指明了方向。中共中央、国务院印发的《知识产权强国建设纲要(2021—2035年)》明确提出,"深入开展知识产权试点示范工作,推动企业、高校、科研机构健全知识产权管理体系,鼓励高校、科研机构建立专业化知识产权转移转化机构。""完善以企业为主体、市场为导向的高质量创造机制。以质量和价值为标准,改革完善知识产权考核评价机制。引导市场主体发挥专利、商标、版权等多种类型知识产权组合效应,培育一批知识产权竞争力强的世界一流企业。深化实施中小企业知识产权战略推进工程。优化国家科技计划项目的知识产权管理。围绕生物育种前沿技术和重点领域,加快培育一批具有知识产权的优良植物新品种,提高授权品种质量。""推进商标品牌建设,加强驰名商标保护,发展传承好传统品牌和老字号,大力培育具有国际影响力的知名商标品牌。"

针对国有企业知识产权战略,《知识产权强国建设纲要(2021—2035年)》进一步加以部署,明确要求,"在对党政领导干部和国有企业领导班子考核中,注重考核知识产权相关工作成效",同时部署,"推动企业健全知识产权管理体系、培育一批知识产权竞争力强的世界一流企业",显然建设"知识产权竞争力强的世界一流企业"应当成为国有企业知识产权管理体系建设的基本目标。《知识产权强国建设纲要(2021—2035年)》明确提出,"改革国有知识产权归属和权益分配机制,扩大科研机构和高校知识产权处置自主权。建立完善财政资助科研项目形成知识产权的声明制度。建立知识产权交易价格统计发布机制。"《"十四五"国家知识产权保护和运用规划》进一步指出,"推动中央企业建立完善知识产权工作体系,打造一批具备国际竞争优势的知识产权强企。"

一、新时代中国式现代化建设的新要求

国有企业是中国特色社会主义经济的顶梁柱,在建设现代化产业体系、构建新发展格局、推动高质量发展、推进中国式现代化建设中肩负重要使命。党的二十大报告明确要求,"深化国资国企改革,加快国有经济布局优化和结构调整,推动国有资本和国有企业做强做优做大,提升企业核心竞争力。"高质量发展是全面建设社会主义现代化国家的首要任务。发展是党执政兴国的第一要务。新时代加快推进中国式现代化建设,迫切要求通过深入实施国有企业知识产权战略,系统谋划、全面部署、跨越提升国有企业的核心竞争力,将国有企业知识产权战略实施作为核心竞争力提升的关键要素。

2024年1月31日,中共中央政治局进行第十一次集体学习,此次集体学习以"扎实推进高质量发展"为主题,习近平总书记进一步论述,"概括地说,新质生产力是创新起主导作用,摆脱传统经济增长方式、生产力发展路径,具有高科技、高效能、高质量特征,符合新发展理念的先进生产力质态。它由技术革命性突破、生产要素创新性配置、产业深度转型升级而催生,以劳动者、劳动资料、劳动对象及其优化组合的跃升为基本内涵,以全要素生产率大幅提升为核心标志,特点是创新,关键在质优,本质是先进生产力。"并且特别强调,"发展新质生产力是推动高质量发展的内在要求和重要着力点,必须继续做好创新这篇大文章,推动新质生产力加快发展。"同时指出,"高质量发展需要新的生产力理论来指导,而新质生产力已经在实践中形成并展示出对高质量发展的强劲推动力、支撑力,需要我们从理论上进行总结、概括,用以指导新的发展路径",就新质生产力的具体内涵、鲜明特点、重大意义、发展路径等作出深入而系统的阐释❶。

作为马克思主义中国化的最新理论成果,"新质生产力"的提出继承和发展了马克思主义生产力理论,丰富和完善了习近平经济思想的内涵与理论体系,具有重大理论意义和实践意义。自提出"新质生产力"概念并将"新质生产力"作为高质量发展的指导理论以来,站在中国经济的新环境和全球竞争发展的新趋势维度理解

---

❶ 习近平在中共中央政治局第十一次集体学习时强调 加快发展新质生产力 扎实推进高质量发展[N].人民日报,2024-02-02.

"新质生产力",并以"新质生产力"为导向思考知识产权制度的未来走向,成为知识产权学术研究的重要方面。科技创新引领现代化产业体系建设是新质生产力发展的基本路径❶,这为国有企业知识产权战略实施指明了方向。迫切需要我们以新质生产力的基本理论为线索,分析国有企业知识产权战略在建设现代化产业体系中的基本定位,进而探讨以建设现代化产业体系、促进新质生产力发展为导向的国有企业知识产权战略制定实施思路。

二、提高国有企业核心竞争力的新部署

2022年12月15日,习近平总书记在中央经济工作会议中进一步指出,"深化国资国企改革,提高国企核心竞争力。国企改革三年行动已见成效,要根据形势变化,以提高核心竞争力和增强核心功能为重点,谋划新一轮深化国有企业改革行动方案。我国经营性国有资产规模大,一些企业资产收益率不高、创新能力不足,同国有资本和国有企业做强做优做大、发挥国有经济战略支撑作用的要求不相适应。要坚持分类改革方向,处理好国企经济责任和社会责任关系,健全以管资本为主的国资管理体制,发挥国有资本投资运营公司作用,以市场化方式推进国企整合重组,打造一批创新型国有企业。要完善中国特色国有企业现代公司治理,真正按市场化机制运营,加快建设世界一流企业。"

在新中国工业化历史进程中,国有企业一直是中坚力量,为我国经济社会发展、科技进步、国防建设、民生改善提供重要支撑。建设现代化产业体系是当前我国现代化建设的核心任务之一,国有企业的发展始终聚焦提高企业核心竞争力和增强核心功能"两个途径",更好发挥支撑引领作用。因此,提升国有企业的竞争力、加快建设世界一流企业已经成为国有企业发展的战略目标,这也对国有企业知识产权战略实施提出了新的系统部署。

三、打造原创技术策源地、深入实施"链长工程"的新指引

习近平总书记在省部级主要领导干部学习贯彻党的十九届五中全会精神专题研讨班上的讲话强调,"中央企业等国有企业要勇挑重担、敢打头阵,勇当原创技术

---

❶ 黄群慧. 读懂新质生产力[M]. 北京:中信出版集团,2024:Ⅷ.

的'策源地'、现代产业链的'链长'。"在新中国工业化历史进程中,国有企业一直是中坚力量,为我国经济社会发展、科技进步、国防建设、民生改善提供重要支撑。建设现代化产业体系是当前我国现代化建设的核心任务之一,国有企业应当强化自身历史责任与使命,更好发挥支撑引领作用。

一方面,打造原创技术策源地为国有企业知识产权战略实施明确新的战略导引。2023年2月28日,习近平总书记主持召开中央全面深化改革委员会第二十四次会议,审议通过了《关于加快建设世界一流企业的指导意见》和《关于推进国有企业打造原创技术策源地的指导意见》。会议要求,推进国有企业打造原创技术策源地,要把准战略方向,围绕事关国家安全、产业核心竞争力、民生改善的重大战略任务,加强原创技术供给,超前布局前沿技术和颠覆性技术,在集聚创新要素、深化创新协同、促进成果转化、优化创新生态上下功夫,全方位培养、引进、用好人才。"推进国有企业打造原创技术策源地",迫切需要发挥专利制度通过推动创新信息共享提高创新效能、实现创新发展的决策工具功能,促进激励攀登科技创新的"珠穆朗玛峰",有效跨越科技创新的"死亡之谷",解决创新发展中的市场失灵问题。

另一方面,深入实施"链长工程"对国有企业知识产权战略实施明确新的战略导引。2022年5月19日,国务院国有资产管理委员会召开中央企业现代产业链链长建设工作推进会,深入学习贯彻习近平总书记关于维护产业链供应链安全稳定、构建现代产业体系,特别是中央企业等国有企业要勇当现代产业链链长的重要指示,强调"遵循市场经济规律和产业发展规律'开门'办链长,围绕产业链部署创新链、围绕创新链布局产业链,集聚了上下游联动的工作合力;坚持创新管理,立足中央企业产业基础和优势特色,构建重点突出、协同联动的产业链组织管理模式,聚焦关键核心技术合力攻坚,提升了产业基础能力和产业链现代化水平。"

深入实施"链长工程",要求国有企业充分发挥产业发展引领作用,加大新一代信息技术、人工智能、新能源、新材料、生物技术、绿色环保等产业投资力度,在集成电路、工业母机等领域加快补短锻长,增强标准、品牌、商业模式、产业生态塑造能力,加快高端化智能化绿色化转型,优化全球产业链布局,更好支撑带动产业链循环畅通。这就需要深入实施国有企业知识产权战略,充分发挥知识产权在产业链中的价值分配作用。

四、知识产权强国建设的新举措

《知识产权强国建设纲要(2021—2035年)》明确部署,"推动企业健全知识产权管理体系、培育一批知识产权竞争力强的世界一流企业",同时要求,"在对党政领导干部和国有企业领导班子考核中,注重考核知识产权相关工作成效"。《"十四五"国家知识产权保护和运用规划》进一步指出,"推动中央企业建立完善知识产权工作体系,打造一批具备国际竞争优势的知识产权强企。"这为国有企业知识产权战略实施提出了新的任务。

近年来,国有知识产权战略实施工作取得了一定成效,知识产权运用能力不断提升,知识产权运营方式不断丰富。同时,距离"具备国际竞争优势的知识产权强企""知识产权竞争力强的世界一流企业"的战略目标尚存一定差距。深入分析知识产权强国建设背景下国有企业知识产权战略的实施思路、关键举措、核心任务与具体措施,形成国有企业知识产权战略实施指引,积极推动国有企业提升知识产权综合实力与国际竞争力,是加快推进知识产权强国建设的重要方面。

第二节 国有企业知识产权战略实施工作深化的新认识[1]

深入实施国有企业知识产权战略、提升国有企业知识产权管理效能的对象是知识产权,需要深入探讨"知识产权"对于企业尤其是国有企业而言所具有的基本含义,并以此为基础讨论国有企业知识产权战略的基本构成。

一、知识产权含义的"三个认识"

"知识产权"是一个舶来品,我们在遵守国际知识产权规则的基础上,研究、制定、实施中国特色知识产权制度的过程中,不断深化对"知识产权"的认识。我们认为,"知识产权"具有以下三个方面的复合含义。

---

[1] 部分内容参见张鹏.国有企业知识产权管理"三部曲"[J].中国发明与专利,2019(10).

(一)"知识产权"的第一重含义：民事权利

"知识产权"是一种民事权利，这是学术界和实务界公认的一种认识。学术界普遍认为，知识产权经历了从封建特权向民事权利的嬗变，知识产权的私权化是罗马法以来财产非物质化革命的结果，创造性活动是知识产权产生的"源泉"，法律规定是知识产权产生的"依据"。[1]尤其需要注意的是，知识产权这样一种民事权利，其本质属性是"禁"的权利，而非"用"的权利。

亦即，知识产权的核心在于禁止他人未经权利人许可的一定行为，例如《中华人民共和国专利法》(以下简称《专利法》)第十一条规定，"发明和实用新型专利权被授予后，除本法另有规定的以外，任何单位或者个人未经专利权人许可，都不得实施其专利，即不得为生产经营目的制造、使用、许诺销售、销售、进口其专利产品，或者使用其专利方法以及使用、许诺销售、销售、进口依照该专利方法直接获得的产品。外观设计专利权被授予后，任何单位或者个人未经专利权人许可，都不得实施其专利，即不得为生产经营目的制造、许诺销售、销售、进口其外观设计专利产品。"这一点与有形财产权存在本质差别，例如所有权的主要权能是占有、使用、收益、处分，其实质上是"用"的权利。

恰恰因为知识产权所具有的"禁"的权利的本质，所以其侵权行为主要表现为获益型侵权行为而非损害型侵权行为，侵权人实施侵权行为的目的并非给被侵权人造成损失，而是为了获得利益，救济的核心也是在于剥夺这种非法获益从而填平权利人所遭受的现实损失。[2]从实务角度而言，以信息通信技术领域(ICT领域)专利战的情况为例，苹果、谷歌、微软、HTC、诺基亚等均参与其中。在这样的集团化的专利诉讼中，作为重要组成部分的每个专利侵权诉讼都体现出知识产权作为民事权利的属性。

---

[1] PATTERSON L R, LINDBERG S W. The Nature of Copyright: A Law of User's Right[M]. The University of Georgia Press, 1991: 45. 转引自吴汉东. 知识产权精要：制度创新与知识创新[M]. 北京：法律出版社，2017: 45.

[2] 张鹏. 专利侵权损害赔偿制度研究：基本原理与法律适用[M]. 北京：知识产权出版社，2017: 14.

(二)"知识产权"的第二重含义:无形资产

"知识产权"是一种无形资产。无论是洛克、斯密的"建构在自然权利理论基础上的劳动价值论",还是萨伊的"无形产品理论",考特、尤伦的"知识产品理论",甚至是更为直接的麦克劳德、凡勃仑的"无形财产理论",均认同知识产品的财产性和资产性。亦即,近代经济学理论将财产定义为劳动的结果,智力劳动的结果就是知识产品,当然亦属于财产。智力劳动所创造的知识产品与物质产品一样,都是有价值和使用价值的商品,这是知识产品成为知识财产的经济学依据❶。从实务界的视角,同样可以验证上述理论观点。

洛克的财产拨归理论非常适合于解释知识产权的本质属性。洛克提出,资源是共有的,但是一个人拥有自己的身体进而拥有劳动,将其劳动加入到在共有状态下发现的资源,就产生了财产权的合法主张❷。像洛克所描述的、在一片共有林地采集苹果或者橡子的经典场景,实际上在今天的物质财产世界不太可能发生,而反倒更有可能发生在知识财产的世界,个人创造者可以利用公共领域信息库(stock of public domain information),这非常接近于洛克关于大块公有资源领地(vast realm of common resources)的概念,洛克所谓的自然状态与知识产权领域所谓的公共领域,这两者之间的对称性非常明显,从公共领域中主张知识产权,正如从自然状态中产生出财产权,遵循着相同的逻辑❸。洛克的财产拨归理论的两大先附件条件是,"足够的同样好的东西给其他人"的充足性附加条件(sufficiency proviso)和反糟蹋反浪费的附加条件(spoliation or waste proviso)。由此,在满足两大先附条件的前提下,知识产权构成典型的无形资产。正是知识产权的无形资产属性,罗伯特·P.莫杰思教授提出,"政府所需要监督的,不只是取得财产的初始条件;它还必须追踪这些财产权利是如何进行分配和使用的,并且这些使用在具体环境中产生了什么样的经济和社会效果。"❹

---

❶ 吴汉东.科学、经济、法律协调机制中的知识产权法[J].法学研究,2001(6):19-20.
❷ 洛克.政府论:上下篇[M].叶启芳,瞿菊农,译.北京:商务印书馆,2022:97.
❸ 莫杰思.知识产权正当性解释[M].金海军,史兆欢,寇海侠,译.北京:商务印书馆,2023:68-70.
❹ 同❸:34.

从国际层面而言,联合国等5大组织共同形成的国民经济核算体系是国内生产总值(GDP)计算的重要依据。《1993国民经济核算体系》基于研发活动必然带来产品增值的理由,并未将研发活动直接计入到国内生产总值的计算中。《2008国民经济核算体系》(SNA 2008)引入"知识产权产品"概念,其核心是"研究与开发"资本化,亦即将"研究与开发"作为一类知识产权产品生产出来,然后通过资本形成(即研发投资)累积起来,形成研发资产(代表知识存量)。[1]该调整对实施SNA 2008的国家GDP总量产生了显著的影响。从国内层面而言,《中国国民经济核算体系(2016)》将"知识产权产品"的内涵界定为研究、开发、调查或者创新等活动的成果,开发者通过销售或者在生产中使用这些成果而获得经济利益;将"知识产权产品"的外延界定为主要包括研究与开发、矿藏勘探与评估、计算机软件与数据库、娱乐及文学和艺术品原件等,并且将"知识产权产品"纳入资产中,明确了知识产权的无形资产属性。

(三)"知识产权"的第三重含义:竞争工具

知识产权是一种竞争工具。如前所述,知识产权是一种"禁"的权利,有权要求其他竞争者不得从事一定的行为,从而知识产权作为战略资源的地位日益凸显,知识产权日益成为企业核心竞争力。从实务界的视角,同样可以验证上述理论观点。从产业和贸易角度而言,2016年10月4日,美国专利商标局、经济和统计管理局发布《知识产权与美国经济2016》报告,2014年美国知识产权密集型产业增加值达到6.6万亿美元,对GDP的贡献高达38.2%;2014年知识产权密集型产业出口额达到8420亿美元,占出口总额的52%。2016年10月25日,欧盟知识产权办公室和欧洲专利局发布《欧盟知识产权密集型产业和经济绩效2016》报告,2011—2013年,欧盟知识产权密集型产业增加值达到5.7万亿欧元,对GDP的贡献达到42.3%,知识产权密集型产业已经成为欧盟对外贸易的主体,占出口份额的93%,占进口份额的86%,给欧盟带来了964亿欧元的贸易顺差。可见,知识产权是产业和贸易竞争的重要工具。

之所以知识产权具有民事权利、无形资产、竞争工具三层含义,主要是因为知

---

[1] 高敏雪.研发资本化与GDP核算调整的整体认识与建议[J].统计研究,2017(4):3-14.

识产权具有技术价值、法律价值和市场价值。其中,知识产权的技术价值是基础,因为专利技术方案所具有的技术创新性和商标标识所具有的消费者认知感,其具备了相应的技术价值,为其法律价值和市场价值奠定了基础。知识产权法律价值是知识产权技术价值的体现,是知识产权市场价值的保障。最高人民法院强调"要以市场价值为导向,加大对知识产权侵权行为的惩治力度,提升侵权人的违法成本",体现了坚持案件损害赔偿与知识产权的市场价值、创新贡献度相匹配的理念,深化了司法裁判对于知识产权定价的引领作用,突出了法律价值与技术价值、市场价值的辩证统一。知识产权的技术价值在法律价值的保障下最终表现为知识产权的市场价值,亦即知识产权作为无形资产和竞争工具的价值。

二、国有企业知识产权战略的"三大部分"[1]

建构在上述知识产权含义的"三个认识"基础上,立足知识产权所具有的技术价值、法律价值和市场价值"三个价值",对于国有企业知识产权战略实施、国有企业知识产权管理而言,主要包含基础管理、资产管理、风险管理三个方面。可以说,知识产权合规体系、知识产权运营体系和知识产权布局体系,成为国有企业知识产权战略的"三大部分"。

(一)知识产权合规体系

如前所述,"知识产权"的第一重含义是民事权利,因此,国有企业知识产权战略的第一部分是建立完善知识产权合规体系,防止侵犯他人的知识产权,有效管控知识产权侵权风险。亦即,国有企业知识产权合规体系建设的核心是"控风险",旨在按照《关于全面推进法治央企建设的意见》(国资发法规〔2015〕166号)《中央企业合规管理指引(试行)》等文件精神,有效控制企业知识产权风险,是国有企业全面合规体系建设的重要组成部分。

知识产权风险管理的含义是,对涉及知识产权的各种经营风险进行有效管控,将与知识产权有关的经营风险出现的可能性以及可能造成的不良影响降至最低的

---

[1] 部分内容参见张鹏.知识产权强国建设引领下的国有企业知识产权管理体系建设要点[J].上海法学研究(集刊),2022,12.

管理过程。知识产权风险管理的目标是,对经营活动中的知识产权风险进行评估、评价、核查、论证,对可能出现的知识产权风险进行预估,并提出对策建议,保障新产品、新技术安全有效投入运用。就知识产权风险管理的内容而言,包括预防风险的知识产权分析评议、管控风险的知识产权尽职调查、生产采购中的知识产权风险管理等。

知识产权风险管理的很重要的方面是知识产权纠纷管理,包括知识产权权属纠纷、知识产权侵权纠纷、知识产权合同纠纷、知识产权行政纠纷等。目前,随着我国知识产权保护力度的不断加大,知识产权诉讼日益呈现集群化、高端化、复杂化等特点。知识产权诉讼的集群化,亦即知识产权诉讼日益呈现多种多类诉讼交织的情况,例如,专利侵权诉讼常常伴随着专利无效宣告请求,还可能伴随着专利权属纠纷等,再如,在企业间专利战中通常会出现用一批专利提起的一系列专利侵权诉讼等。知识产权诉讼的高端化,亦即知识产权侵权损害赔偿数额不断提高,加之知识产权诉讼通常伴随着停止侵权的永久禁令,日益成为高端的重要商事诉讼。知识产权诉讼的复杂化,亦即知识产权诉讼往往技术问题与法律问题交织,各种前沿法律问题频现(如体育赛事节目转播权的认定、图形用户界面的外观设计保护、标准必要专利的FRAND许可等)。尤其是,国有企业在应对知识产权纠纷时既要充分尊重他人知识产权,也要积极抵制知识产权滥用行为,加强与外部法律服务机构的合作,分析研究维护企业合法权益的整体诉讼策略,按照整体诉讼策略需要积极协调营销部门、生产部门、研发部门等相关机构。同时,建议国有企业建立重大诉讼联席会议制度,由分管法务或者知识产权工作的集团领导统筹与重大诉讼相关事宜。

(二)知识产权运营体系

如前所述,"知识产权"的第二重含义是无形资产,因此,国有企业知识产权战略的第二部分是建立完善知识产权运营体系,促进国有企业知识产权流转(知识产权转化运用),促进国有资产保值增值。也就是说,国有企业知识产权运营体系建设的核心是"管资产",旨在通过运用知识产权制度经营权利实现效益最大化,运用制度工具与经营权利相互促进,运用知识产权制度规则、经营知识产权权利价值,涵盖知识产权布局培育、转移转化、价值评估、投融资以及作为竞争工具等各个方面，通过有效运营，达到促进知识产权价值最大化的目的，并以此促进经济、科技、社会等综合效益最大化。

知识产权资产管理，就是将知识产权作为一种重要的无形资产，按照资产管理的规律促进知识产权价值增值。这一方面符合国有资产保值增值的政策要求。就知识产权种类而言，包含专利管理、商标管理、商业秘密管理、版权管理等。就知识产权内容而言，包括知识产权创造、知识产权运用和知识产权保护。

就知识产权环节而言，包含国有企业生产活动中的知识产权管理、国有企业研发活动中的知识产权管理、国有企业营销活动中的知识产权管理、国有企业对外贸易中的知识产权管理。首先，就国有企业生产活动中的知识产权管理而言，需要立足国有资产保值增值的要求，在国有企业生产活动中，积极发现具有知识产权价值的创新成果，对于生产过程中的合理化建议、产品与工艺方法等技术改进，建立积极有效的联动机制，由生产部门将上述信息及时转送给知识产权管理部门进行评估，及时采取相应的知识产权保护措施。尤其是，需要对生产过程中不宜对外公开的实验数据、操作规程、检验记录等加强技术秘密的保护。其次，就国有企业研发活动中的知识产权管理而言，在国有企业研发活动中，充分运用中外专利信息和科技情报信息开展专利导航，全面了解所属技术领域的现有技术状况和竞争对手研发动态，深入分析所属技术领域的技术发展路线图、技术空白点，加强对研发成果申请专利的挖掘和布局。再次，就国有企业营销活动中的知识产权管理而言，积极探索知识产权分析评议机制，在产品营销活动开展之前进行针对目标市场的技术的自由实施（FTO，Freedom to Operate）尽职调查，对已公开的专利申请和已授权的专利文献进行检索，仔细将其与欲实施的技术进行对比，以评估后者是否属于前者的保护范围。最后，就国有企业对外贸易中的知识产权管理而言，需要加强对拟引进的技术或者产品的知识产权状况的调查分析，在产品"走出去"或者技术"走出去"等海外市场拓展方面注重知识产权海外布局。

在知识产权资产管理的具体方式方面，国有企业知识产权管理与其他类型的企业知识产权管理存在一定的差异。一是，国有企业的知识产权资产管理需要按照《中国共产党党组工作条例(试行)》第十条和第十五条的规定,涉及知识产权的重大经营决策、重大项目安排、大额资金使用等事项需要经过国有企业党组讨论决定。这是涉及知识产权的重大经营决策、重大项目安排、大额资金使用等事项工作流程合规性的重要要求。二是,国有企业将国有出资形成的知识产权进行转让、许可、交易等,需要按照《中华人民共和国企业国有资产法》(以下简称《企业国有资产法》)要求的程序和标准进行,切实防止国有资产流失。针对将国有出资形成的知识产权向境外投资者转让的,需要审核是否符合国家有关法律法规和政策规定,不得危害国家安全和社会公共利益。三是,国有企业的知识产权资产管理需要按照《企业国有资产监督管理暂行条例》的要求,由国有资产监督管理机构进行以管资本为主的经营性国有资产集中统一监管。同时,在涉及混合所有制国有企业、非国有资本参与的国有企业以及国有资本入股的非国有企业,亦需要按照《企业国有资产监督管理暂行条例》的要求进行相应的监督管理。

(三)知识产权布局体系

如前所述,"知识产权"的第三重含义是竞争工具,因此,国有企业知识产权战略的第三部分是建立知识产权布局体系,提前规划布局知识产权的整体构成,促进形成最大的竞争力。具体包括如下两个方面:

第一,建立立体化、系统化、国际化的知识产权规划布局工作机制。《知识产权强国建设纲要(2021—2035年)》要求,以质量和价值为标准,发挥专利、商标、版权等多种类型知识产权组合效应,大力培育具有国际影响力的知名商标品牌,培育一批知识产权竞争力强的世界一流企业。《"十四五"国家知识产权保护和运用规划》部署,健全高质量创造支持政策,加强人工智能、量子信息、集成电路、基础软件、生命健康、脑科学、生物育种、空天科技、深地深海探测等领域自主知识产权创造和储备。加强国家科技计划项目的知识产权管理,在立项和组织实施各环节强化重点项目科技成果的知识产权布局和质量管理。优化专利资助奖励等激励政策和考核评价机制,突出高质量发展导向。完善无形资产评估制度,形成激励与监管相协调的管理机制。

由此可见,需要加强国有企业知识产权规划布局工作机制建设,实现立体化、系统化、国际化，处理好知识产权数量与质量的关系，完善以企业为主体、市场为导向的高质量创造机制，加快培育高质量、高价值、高效益的知识产权组合。❶在国有企业研发活动中，充分运用中外专利信息和科技情报信息开展专利导航，全面了解所属技术领域的现有技术状况和竞争对手研发动态，深入分析所属技术领域的技术发展路线图、技术空白点，加强对研发成果申请专利的挖掘和布局。

第二，建立高效率、高质量、高效益的知识产权权益激励工作机制。《知识产权强国建设纲要（2021—2035年）》要求，改革国有知识产权归属和权益分配机制，建立完善财政资助科研项目形成知识产权声明制度，建立知识产权交易价格发布机制。《"十四五"国家知识产权保护和运用规划》部署，推进国有知识产权权益分配改革。强化国家战略科技力量，深化科技成果使用权、处置权、收益权改革，开展赋予科研人员职务科技成果所有权或长期使用权试点。充分赋予高校和科研院所知识产权处置自主权，推动建立权利义务对等的知识产权转化收益分配机制。有效落实国有企业知识产权转化奖励和报酬制度。完善国有企事业单位知识产权转移转化决策机制。

这就要求我们，将科技成果所有权与使用权、处置权、收益权适当分离，让国有企业在以知识产权为核心的科技成果转移转化中拥有自主决策权，让转移转化产生的收益能够通过奖励报酬制度回报给创新创造者，激发创新创造活力，推动国有企业打造科技攻关重地、原创技术策源地、科技人才高地、科技创新政策特区等"三地一特区"。

综上所述，建议立足知识产权是一种民事权利、重要无形财产、核心竞争工具的"三个认识"，结合知识产权所具有的技术价值、法律价值、市场价值这"三个价值"，面对知识产权保护日趋严格、知识产权工作与企业经营活动关系日趋紧密、企业知识产权战略日趋成为企业总体经营战略的核心"三个启示"，唱好国有企业知识产权的风险管理、资产管理、基础管理"三部曲"，建设完善国有企业知识产权合规体系、运营体系、布局体系，优化国有企业知识产权管理的体制机制，完善国有企业知识产权管理制度，强化国有企业知识产权战略实施工作。

---

❶ 张鹏. 知识产权强国建设思想形成、理论构成与实践证成研究[J]. 知识产权, 2021(10).

三、国有企业知识产权战略的"三大基础"

知识产权基础管理主要体现为企业知识产权管理体系建设,亦即明确知识产权部门职能并配备相应的人财物支撑。就国有企业知识产权基础管理的内容而言,包括国有企业知识产权管理制度建设、国有企业知识产权管理机构建设、国有企业知识产权人才队伍建设、国有企业知识产权文化建设以及国有企业知识产权预算管理制度建设等方面。

(一)知识产权管理制度建设

加强国有企业知识产权管理制度建设。科技部、国资委印发的《关于进一步推进中央企业创新发展的意见》(国科发资〔2018〕19号)要求,"按照'一企一策'原则制定管理、投入和知识产权分享机制,优化管理流程,提高实施效率,一体化推进基础研究、共性技术研发、应用示范和成果转化。"其中的"知识产权分享机制"涉及知识产权的使用权、收益权、处分权等各项权能的分享以及知识产权利益的分享,需要通过国有企业知识产权管理制度加以细化落实。特别是,加强国有企业知识产权预算管理制度建设。由于知识产权是一项投资大、周期长、收益慢的工作,在申请阶段需要缴纳申请费用、审查费用以及第三方服务机构的服务费用等,在授权后阶段需要缴纳登记公告费用、维持费用,并使用促进转化运用的相关费用等。因此,国有企业知识产权预算是确保国有企业知识产权的各项费用顺利支出、工作正常开展的关键。同时,由于知识产权管理工作相对于其他企业管理工作的特殊性,其预算管理需要适应企业知识产权管理工作的特点和现实需要。

(二)知识产权管理机构建设

加强国有企业知识产权管理机构建设。关于如何设置国有企业知识产权管理机构,没有固定的模式,各个国有企业可以根据自身的行业性质、经营模式、决策机制、组织形式、规模大小以及知识产权管理活动的内容、范围、层次、工作量等条件,合理选择管理模式,优化设置知识产权管理机构。通常而言,对国有企业知识产权管理机构建设需要考虑三个因素:一是可以有效开展知识产权方面的工作,具有相当的决策权和参谋权。二是可以全面开展知识产权方面的工作,便于打通专利、商标、商业秘密、著作权等各类知识产权的全链条,进行全面的知识产权创造、运用、保护等方面的管理工作。三是可以统筹推进知识产权方面的工作,具有与研发部门、产品部门、营销部门等良好的协调联动工作机制。

(三)知识产权人才文化建设

加强国有企业知识产权人才队伍建设和国有企业知识产权文化建设。国以才兴、业以才广,人才队伍建设是做好国有企业知识产权管理工作的长远保障。国有企业应当把创新人才和知识产权人才放在突出的位置,积极谋划、提前规划知识产权人才队伍建设。按照《国有企业法律顾问管理办法》的要求,积极培养知识产权方面的国有企业法律顾问,切实建立企业知识产权人才队伍。同时,对于国有企业而言,知识产权文化建设是知识产权管理体系建设的重要内容和关键支撑。国有企业应当从树立知识产权价值观、培育知识产权氛围、提升知识产权意识的角度,系统推进知识产权文化建设工作。

作为马克思主义中国化的最新理论成果,"新质生产力"的提出继承和发展了马克思主义生产力理论,丰富和完善了习近平经济思想的内涵与理论体系,具有重大理论意义和实践意义。自提出"新质生产力"概念并将"新质生产力"作为高质量发展的指导理论以来,站在中国经济的新环境和全球竞争发展的新趋势维度理解"新质生产力",并以"新质生产力"为导向思考知识产权制度的未来走向,成为知识产权学术研究的重要方面。科技创新引领现代化产业体系建设是新质生产力发展的基本路径[1],这为中国特色知识产权运营体系建设、知识产权运营能力的提升指明了方向。迫切需要我们以新质生产力的基本理论为线索,分析知识产权运营在建设现代化产业体系中的基本定位,进而探讨以建设现代化产业体系、促进新质生产力发展为导向的知识产权运营战略思路。

第三节 新质生产力发展指引的国有企业知识产权战略

"新质生产力"概念的提出是习近平经济思想的最新发展,"新质生产力"的概念一直将"现代化产业体系建设"作为核心内涵。2023年9月7日,习近平总书记

---

[1] 黄群慧.读懂新质生产力[M].北京:中信出版集团,2024:Ⅷ.

在新时代推动东北全面振兴座谈会上首次提出"新质生产力"的基本概念。他指出,"积极培育新能源、新材料、先进制造、电子信息等战略性新兴产业,积极培育未来产业,加快形成新质生产力,增强发展新动能"。在2023年12月11日至12日召开的中央经济工作会议上,习近平总书记进一步强调,"要以科技创新推动产业创新,特别是以颠覆性技术和前沿技术催生新产业、新模式、新动能,发展新质生产力。"2024年3月5日,习近平总书记参加十四届全国人大二次会议江苏代表团审议时发表重要讲话,"要牢牢把握高质量发展这个首要任务,因地制宜发展新质生产力。面对新一轮科技革命和产业变革,我们必须抢抓机遇,加大创新力度,培育壮大新兴产业,超前布局建设未来产业,完善现代化产业体系。"由此可见,"新质生产力"的概念伴随着对战略性新兴产业、未来产业等新产业的部署。我们理解,提出"新质生产力"概念的重要现实背景是我国在产业结构方面的差距。经济学家研究表明,决定产业结构的是人均国内生产总值,按照市场汇率计算,2019年美国的人均国内生产总值已经突破6.5万美元,而我国的人均国内生产总值才刚刚超过1万美元,双方的产业结构基本互补❶。为了进一步推动经济高质量发展,促进"新质生产力"的发展需要将现代化产业体系建设作为主要抓手。各地目前出台的有关"新质生产力"的政策部署亦将现代化产业体系的发展作为促进新质生产力的关键举措。

各地出台有关新质生产力的政策综述表

序号	地方	文件名称	关键内容
1	北京市	进一步推动首都高质量发展取得新突破的行动方案2024年工作要点	积极发展新质生产力,率先构建更具国际竞争力的现代化产业体系取得新进展

---

❶ 林毅夫,等.新质生产力:中国创新发展的着力点与内在逻辑[M].北京:中信出版集团,2024:8.

续表

序号	地方	文件名称	关键内容
2	陕西省	陕西省高水平推进产业创新集群建设加快形成新质生产力实施方案	健全高水平创新支撑、高效率产业链协同、专业化园区承载、全方位人才培养、多元化资金支持"五大体系",突出抓项目、促创新、强主体、优生态,探索形成"协同创新、链式整合、园区承载、集群带动"产业创新发展新路径,大幅提高全要素生产率
3	深圳市	关于加快发展新质生产力进一步推进战略性新兴产业集群和未来产业高质量发展的实施方案	到2025年战略性新兴产业增加值超过1.6万亿元,打造形成4个万亿元级、4个5000亿元级、一批千亿元级产业集群

"新质生产力"概念的不断深化凸显了科技创新在现代化产业体系中的核心位置。2024年1月31日,习近平总书记在中共中央政治局进行第十一次集体学习时指出,"新质生产力是创新起主导作用,摆脱传统经济增长方式、生产力发展路径,具有高科技、高效能、高质量特征,符合新发展理念的先进生产力质态。它由技术革命性突破、生产要素创新性配置、产业深度转型升级而催生,以劳动者、劳动资料、劳动对象及其优化组合的跃升为基本内涵,以全要素生产率大幅提升为核心标志,特点是创新,关键在质优,本质是先进生产力。"并且特别强调,"发展新质生产力是推动高质量发展的内在要求和重要着力点,必须继续做好创新这篇大文章,推动新质生产力加快发展。"同时指出,"高质量发展需要新的生产力理论来指导,而新质生产力已经在实践中形成并展示出对高质量发展的强劲推动力、支撑力,需要我们从理论上进行总结、概括,用以指导新的发展路径",就新质生产力的具体内涵、鲜明特点、重大意义、发展路径等作出深入而系统的阐释❶。

"新质生产力"发展的战略部署迫切需要研究知识产权制度与现代产业化体系

---

❶ 习近平在中共中央政治局第十一次集体学习时强调 加快发展新质生产力 扎实推进高质量发展[N]. 人民日报,2024-02-02.

建设之间的内在联系。习近平总书记在2024年两会期间对新质生产力作出进一步阐述。3月6日，习近平总书记在看望参加全国政协十四届二次会议的民革、科技界、环境资源界委员并参加联组会时强调，"科技界委员和广大科技工作者要进一步增强科教兴国强国的抱负，担当起科技创新的重任，加强基础研究和应用基础研究，打好关键核心技术攻坚战，培育发展新质生产力的新动能。"我们通常将科技创新理解为两个方面：基础科学研究和新产品开发研究，这两个方面对现代产业化体系建设都具有不可或缺的作用。2024年政府工作报告将"大力推进现代化产业体系建设，加快发展新质生产力"作为政府工作的首要任务，体现了对现代化产业体系建设、新质生产力发展的高度重视。因此，我们有必要深入探讨知识产权制度在包含基础科学研究和新产品开发研究在内的科技创新方面发挥的作用，深入分析知识产权制度与现代产业化体系建设之间的内在联系，运用知识产权运营的制度安排促进新质生产力的发展。

综上所述，与"旧质生产力"相比，"新质生产力"包含新型劳动者、新型劳动对象、新型劳动工具等相互支撑、相互作用的新型要素，并且这些新型要素全部与科技创新存在紧密关系。其中的"劳动者"并非传统的以简单重复劳动为特征的普通技术工作者，而是以其创新能力为基础、以创造性劳动为特征、以创新性成果为输出的新型劳动者。其中的"劳动对象"并非传统的原材料、零部件、标准化工艺等实体性劳动对象，而是人工智能时代的数据、信息、网络等以新型基础设施为支撑的新型劳动对象，新质生产力的劳动对象体现为非物质形态的新材质[1]。其中的"劳动工具"并非工业时代的蒸汽机等传统生产工具，也并非信息时代的计算机、互联网等信息生产工具，而是人工智能、虚拟现实、增强现实设备、物联网、机器人等新型劳动工具。可以说，作为"新质生产力"的重要标志，承担创造性劳动的新型劳动者、数据化的新型劳动对象和人工智能化的新型劳动工具，无一不具有科技创新的本质属性，无一不在凸显科技创新在现代化产业体系中的核心位置，迫切需要从知识产权制度与现代产业化体系建设之间的内在联系的角度加以分析。

---

[1] 张志鑫,郑晓明,钱晨."四链"融合赋能新质生产力：内在逻辑和时间路径[J].山东大学学报(哲学社会科学版),2024(3).

一、知识产权制度与产业创新关系的历史观察

在绵延五千多年的文化发展进程中,中华民族创造了闻名于世的科技成果;近代以来,我国由于错失了多次科技和产业革命带来的巨大发展机遇而逐渐由领先变为落后。以"四大发明"为代表,我国古代劳动人民取得了科技创新的伟大成就,然而多次科技和产业革命未起源于中国,这是我们需要从生产力发展特别是产业创新的基本原理层面加以分析的重要问题。总体而言,我国在绵长的历史中没有能够形成作为创新的约束与激励机制的制度,进而未能通过激励机制促进社会主体选择创新的经济行为,未能实现"制度→约束激励→经济行为→经济效率→竞争优势"的产业创新逻辑❶。

(一)"四大发明"等古代科技成就及取得原因

中华民族是勇于创新、善于创新的民族,我国古代科技创新活动比较发达,"四大发明"代表了我国古代科技史上最为重要、最具影响力的成就。据统计,在16世纪以前全世界最重要的300项发明和发现中,中国占173项,远远超过同时代的欧洲❷。我国古代科技水平长期居于世界领先位置,带来了我国的经济繁荣与社会昌盛。英国著名经济学家安格斯·麦迪森在其所著的《世界经济千年史》中的统计数据表明,我国古代时期长期牢牢占据世界经济文化中心的位置,直到1820年,我国的国内生产总值占全世界经济总量的比重仍然高达32.9%,当时西欧的国家经济总量占全球经济总量的比重只有23.6%,当时美国和日本的国内生产总值占全世界经济总量的比重分别只有1.8%和3%。按照自然科学大事年表的统计,中国古代重大科技项目在世界所占的比例是:公元前6世纪以前,占57%;公元前6世纪至公元前1年,占50%;公元前1年至公元400年,占62%;公元401年至1000年,占71%;公元1001年至1500年,占58%。❸正如英国著名学者李约瑟博士所述,中国

---

❶ 本部分以"中国自主的知识产权知识体系需要以本土资源为基础"的基本观点为出发点,从国情角度、从历史维度加以分析。参见吴汉东.试论中国自主的知识产权知识体系[J].知识产权,2023(1).

❷ 学习贯彻习近平新时代中国特色社会主义经济思想 做好"十四五"规划编制和发展改革工作系列丛书编写组.深入实施创新驱动发展战略[M].北京:中国计划出版社,2020:7.

❸ 参见《自然科学大事年表》编写组.自然科学大事年表[M].上海:上海人民出版社,1975:11.

是一个发明的国度,现代西方世界所应用的许多发明都来自中国,中国在3世纪到13世纪之间保持一个西方所望尘莫及的科技水平,亦即,"中国的这些发明和发现往往远超同时代的欧洲,特别是15世纪之前更是如此(关于这一点可以毫不费力地加以证明)"。

"四大发明"不仅对我国经济、军事、文化等方面产生了较大的作用,而且给全世界尤其是正在从封建社会向资本主义社会过渡的一些国家带来了巨大的影响。我国的"四大发明"传入欧洲,一方面为欧洲文艺复兴提供了坚实的物质技术基础,另一方面,对资本主义的产生和发展起到了促进作用,成为欧洲资产阶级发展的必要前提。马克思曾经高度评价中国古代文明,"火药、指南针、印刷术——这是预告资产阶级社会到来的三大发明。火药把骑士阶层炸得粉碎,指南针打开了世界市场并建立了殖民地,而印刷术则变成新教的工具,总的来说变成了科学复兴的手段,变成对精神发展创造前提的最强大的杠杆"❶。火药、指南针分别在战争、航海等方面产生了重要促进作用,改变了作战方式,促进了世界贸易的发展;造纸术则为人类提供了便利实用、经济有效的书写材料,产生了文字载体革命,印刷术加快了文化的传播,改变了只有少数人才能读书的状况,"四大发明"对世界经济、文化、科技、政治的走向产生了深远的影响。

我们需要思考的是,"四大发明"为什么会在我国出现? 特别是,"四大发明"为什么会在我国没有现代创新激励制度的背景下出现? 这很大程度上与我国人民的创新创造热情和创新创造活力有密切的关系。李约瑟博士指出,古代和中世纪的中国哲学表明,中国人对自然能做很好的推测,而且中国的很多经验性的发现(其中有很多改变了世界)表明中国人能做很好的实验。❷北京大学林毅夫教授进一步说明,工业革命以前,中国由于人口众多,在以经验为基础的技术发明方式方面占有优势,这是其经济长期领先于西方的主要原因。❸也就是说,以工匠和农民的经验为主要来源的技术发明,在工业革命发生前,是生产过程的副产品而非发明者具

---

❶ 马克思.机器:自然力和科学的应用[M].北京:人民出版社,1978:67.

❷ 梅建军."李约瑟之问"不是伪命题[J].社会科学报,2020-12-03(5).

❸ 林毅夫.李约瑟之谜、韦伯疑问和中国的奇迹:自宋以来的长期经济发展[J].北京大学学报(哲学社会科学版),2007(4):5-22.

有经济动机的、主动的、有意识的活动结果。创新主要依据经验对现有技术作小修正而产生[1]。从概率的意义上,一个国家的人口规模越大各类发明者"试错和改错"的实践经验越多,技术发明和创新的速度就越快,经济发展的水平也就越高[2]。可以说,我国人口总量自古以来远高于欧洲,这就使得以经验为基础的技术发明方式具有强烈的优势;欧洲当时人口规模相对中国较少,工匠和农民的数量和相伴随的生产实践经验也相对较少,因此在经验型技术创新中处于劣势。同时应当注意的是,以"四大发明"为代表的古代重大科技成就具有一定的法律背景,"四大发明"中有三项发明在北宋这一我国发明的高峰期成熟或者问世,究其原因,一个不容忽视的因素就是,北宋有相当完备的"科技发明奖励法"且针对科技发明采取重奖的手段,致使"吏民献器械法式者甚众"(《宋史·兵志》)[3]。

(二)"李约瑟之谜"的基本含义与原因分析

我们接着需要思考的是,为什么"四大发明"的创新没有进一步延续,为什么工业革命没有发生在中国?这个问题一定意义上集中于"李约瑟之谜"。"李约瑟之谜"又被称为"李约瑟之问",是基于制度和交易费用的新经济史论中的重大论题,是理解中国经济史和社会兴衰的重要内容。众所周知,1733年,凯伊发明了"飞梭",大大提高了织布的速度;1765年,哈格里夫斯发明了"珍妮纺纱机",揭开了第一次工业革命的序幕;1785年,瓦特制成了改良蒸汽机,人类进入蒸汽时代,开启了人类社会现代化的历程。英国恰恰是抓住了第一次科学革命和工业革命的机遇,用大机器生产代替手工生产,崛起为世界头号强国。工业革命不仅对于英国的综合国力成长具有直接影响,对全世界发展也具有重大意义,工业革命不仅让世界经济进入指数增长的阶段,也使得我们成功摆脱"马尔萨斯陷阱"。与之对比,16世纪到17世纪初,中国在世界重大科技成果中,一直占54%以上,但是到了19世纪

---

[1] EDWARD M A. Science, Technology and Economic Growth in the Eighth Century[M]. London: Methuen, 1972: 58.

[2] SIMON J L. Theory of Population and Economic Growth[M]. New York: Basil Blackwell, 1986: 12.

[3] 宋伟,苟小菊. 中国古代科技法制史刍议[J]. 科技与法律,1995(3). 转引自易继明. 技术理性社会发展与自由:科技法学导论[M]. 北京:北京大学出版社,2005:214.

就骤然降低到0.4%。应当说,16世纪中叶到17世纪末,以牛顿为代表的科学家,在天文学、物理学等领域带来了第一次科学革命,把中国科技水平远远甩在了后面。李约瑟博士在研究世界经济史过程中对中国古代辉煌的科学技术水平表达了深深的仰慕,同时也提出了一个重大问题:"尽管中国古代对人类科技发展做出了许多重要的贡献,但为什么中国历史上一直远远领先于其他文明而现在不再领先?"尤其是,"中国的技术一直非常优秀,特别是在960—1278年的宋朝时期,为什么科学革命和工业革命没有发生在近代的中国?"❶

诸多学者针对"李约瑟之谜"这一问题作出了回应。西方传统理论将科学革命的产生归结为制度原因,但是正如熊彼特所述,"所谓'资本主义的新精神'这样的东西是根本不存在的……一旦我们认识到纯粹的封建主义和纯粹的资本主义是我们头脑凭空捏造出来的东西,那么是什么把封建经济带入资本主义经济的这样的问题就不复存在了,封建社会包含着资本主义社会的所有萌芽。"❷由此可见,运用法治精神、产权精神、契约精神等资本主义发展的产物解释科学革命和科技革命的产生原因,舍本逐末。马克思·韦伯将工业革命没有发生在中国的原因归结为宗教原因,认为中国的儒家思想反对专业化,反对以营利为目的的经济训练与经济实践。李约瑟本人也提出,中国的官僚体系重农抑商、因而无法把工匠的技艺与学者发明的数学和逻辑推理方法结合是中国未能自发产生科学革命的原因❸。较有说服力的观点是,上海交通大学文一教授认为,对"李约瑟之谜"的答案已经很清楚:因为中国自秦始皇实现大一统以后,就铸剑为犁,不可能再面临春秋战国时代那种规模与对等级别的国家竞争体系了,由于科技创新的动力主要来自于战争和军备竞赛,因此在国家竞争体系的推动下才能高速发展。❹北京大学林毅夫教授则认为,科学革命没有在中国发生的原因不在于恶劣的政治环境抑制了中国知识分子

---

❶ 李约瑟.中国科学技术史:第一卷[M].袁翰青,等译.北京:科学出版社,2021:2-4.

❷ 熊彼特.经济分析史:第一卷[M].朱泱,孙鸿敞,李宏,等译.北京:商务印书馆,1996:132.

❸ NEEDHAM J. The Grand Titration: Science and Society in East and West[M]. London: George Allen & Unwin, 1969: 211.

❹ 文一.科学革命的密码:枪炮、战争与西方崛起之谜[M].北京:东方出版中心有限公司,2022:480-482.

的创造力,而在于中国的科举制度提供的特殊激励机制,使得充满好奇心、有着天赋的天才学者没有动力去学习数学、开展实验等对科学革命来讲至关重要的工作[1]。由于科举制度的阻碍而导致对自然现象的发现仅能停留在依靠偶然观察和原始科学的阶段,未能及时实现向以科学与实验为基础的现代发明方式的转变,中国和西方的技术、经济差距迅速扩大。

结合"李约瑟之谜"的基本含义与原因分析,对比"四大发明"等古代科技史的成就可以得出,从历史的角度来看,制度框架的改变带来激励结构的变化,制度变迁改变了合作行为的收益(例如契约的依法执行),提升了发明和创新的激励(专利法),改变了投资于人力资本的收益(建立制度以整合复杂经济体中分散的知识),降低了市场的交易成本(创设司法体系以降低契约的执行成本)[2]。"李约瑟之谜"的关键在于竞争背景下制度激励方向以及有效性问题,没有能够通过制度将科技创新用于驱动经济社会发展,并基于上述驱动作用进一步激励科技创新。表面上中国的落后是技术上的落后,而实质上技术进步尤其是以工业革命为代表的大规模的产业技术进步,是以约束激励机制为重要内容的社会制度为基础的。应当说,制度形成约束与激励机制,而约束与激励机制决定了社会主体的经济行为,进一步影响或者决定着全社会的经济效率。亦即,"制度→约束激励→经济行为→经济效率→竞争优势"。

二、知识产权制度与现代化产业体系原理考察

深入分析知识产权在现代化产业体系建设中的重要作用,可以结合新结构经济学的理论框架,在有效市场和有为政府的共同作用下,以要素禀赋结构为切入点,分析如何运用知识产权运营体系建设促进比较竞争优势的形成与发展。一个国家的经济可以分为要素驱动、投资驱动、创新驱动和财富驱动四个阶段,我国正处于由要素驱动发展和投资驱动发展向创新驱动发展的关键转变期。应用迈克

---

[1] 林毅夫.李约瑟之谜、韦伯疑问和中国的奇迹:自宋以来的长期经济发展[J].北京大学学报(哲学社会科学版),2007(4):5-22.

[2] 诺思.理解经济变迁的过程[M].钟 正生,邢华,等译.北京:中国人民大学出版社,2008:17.

尔·波特所提出的国家竞争力模型[1]可以发现,英国在19世纪前半叶就进入了创新驱动发展阶段;紧随其后,德国、美国、瑞典在20世纪初进入创新驱动发展阶段;接续而行,日本、意大利在20世纪70年代中后期进入创新驱动发展阶段,韩国在20世纪初迈入创新驱动发展阶段。

(一)我国产业发展的历史谱系与现实情况

分析我国产业发展的历史谱系,可大致分为如下阶段:第一,新中国成立初期:重工业优先发展建立了国防和现代工业的发展基础。我国民族工业在二十世纪二三十年代也曾从轻纺工业起步,但很快被历史进程打断。新中国成立初期,我国处于西方国家经济封锁和军事包围的冷战国际环境,不得不以重工业作为建设的重点,重工业的发展为此后的工业发展奠定了重要基础。第二,改革初期:资源、劳动力驱动发挥比较竞争优势。改革开放之后,我国以经济建设为中心,调动劳动者的积极性,充分发挥劳动力资源丰富、成本较低的竞争优势,产生了极大的经济增长效应。据统计,1978—1984年我国农业总增长中,家庭联产承包责任制的贡献率为46.89%,远高于提高农产品收购价格、降低农业生产要素价格等其他因素的贡献[2]。乡镇企业利用劳动力相对丰富的竞争优势对国内生产总值的贡献率达到53.8%[3]。第三,扩大开放:投资规模驱动发挥比较竞争优势。自1984年初邓小平同志视察经济特区和广东、福建、上海等地,之后党中央和国务院于1984年4月召开了沿海部分城市座谈会,中国对外开放政策进入全面扩展阶段[4]。在这一阶段,中国的经济流量越来越大,资本的年积累率高达国内生产总值的40%左右[5]。可见,在20世纪80年代后期至90年代,我国通过对外开放引进外资等方式,发挥了资本对经济发展的促进作用。第四,20世纪90年代以来:技术对竞争优势发挥越来越重要的作用。90年代以来,技术后发优势发挥积极作用。许多研究证明,购

---

[1] 波特.国家竞争优势[M].李明轩,邱如美,译.北京:中信出版社,2012:24.

[2] LIN J Y.Rural Reforms and Agricultural Growth in China[J]. American Economic Review,1992,82(1):34-51.

[3] 数据来自《中国统计年鉴(1993)》和《中国统计年鉴(1995)》。

[4] 陈文敬,李钢,李健.振兴之路:中国对外开放30年[M].北京:中国经济出版社,2008:17.

[5] 林毅夫.中国的奇迹:发展战略与经济改革:增订版[M].上海:格致出版社,2012:18.

买国外专利技术的成本仅有技术的研发成本的三分之一左右,同时购买的国外专利技术毋庸置疑是经过市场验证具有商业价值的成熟技术,这一技术后发优势在中国90年代以来的经济发展中发挥了积极作用。随着我国的技术运用与组合能力的提升,使得技术运用与组合在竞争优势的发挥中起到一定作用。

世界经济贸易强国的历史兴衰更迭体现了波特经济发展四阶段理论。现阶段中国经济呈现出自身与众不同的显著特点,表现为生产要素、投资与创新"混成驱动",未来将依靠创新驱动前行。[1]目前,我国自然资源、劳动力和投资规模对于经济发展的驱动作用受到制约,技术后发优势日益减弱,我国必须寻找新的产业比较竞争优势。分析我国经济发展的历程,竞争优势的发挥经历了从要素驱动到投资规模驱动的历史进程,现在急需进入"创新驱动"的发展阶段。在我国工业化从中期向中后期过渡的阶段,依靠基本生产要素投入、投资拉动、模仿等手段驱动经济增长的动能已经明显不足,我国必须寻找和建立新的产业比较竞争优势,产权化的创新将成为拉动经济增长的主导力量。

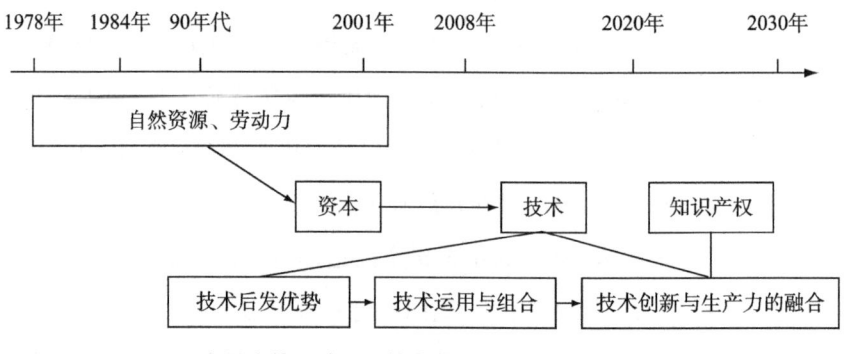

我国改革开放后比较竞争优势的演变示意图

(二)因应现代化产业体系的知识产权制度

在这样的现实背景下,为了深入分析知识产权制度与现代产业化体系建设之间的内在联系,进而运用知识产权运营的制度安排促进新质生产力的发展,非常迫切。从历史维度观察,诞生于欧洲的早期知识产权立法是市场经济发展的产物,发

---

[1] 钟山.中国外贸强国发展战略研究:国际金融危机之后的新视角[M].北京:中国商务出版社,2012:27.

展于美国的现代知识产权制度仍然是市场利益的直接驱动❶。在经济全球化的背景下,知识产权进一步演变成为国家竞争力特别是国家产业竞争力的工具。知识产权制度被称为制度文明的典范,对于激励科技创新、促进文化繁荣、推动经济发展,作出了重要的贡献。事实上,建构文明社会的法治,通过科学技术创新改进生产工具,提高生产效率、创造更多财富以满足人类不断增长的物质文化需求,是解决人类社会基本矛盾最人性、最公平、最合理的方式❷,在这一方式背景下,自知识产权作为拟制的民事权利、知识产权制度作为保护知识产权这一拟制的民事权利伊始,知识产权制度的正当性一直存在激烈的争论。

知识产权功利主义价值观随着经济分析法学的兴起得到广泛认可,将知识产权作为通过权利配置激励信息生产传播的制度工具,促进创新创造者和其他知识产权主体在知识产品的传播中获得足以激励其创新创造投资的回报❸。虽然对于知识产权制度的正当性,一直存在着智力劳动者对其劳动获得的创新性成果具有自然权利的自然权利理论、智力劳动者在创新性成果上凝聚了其个人意志的人格理论、以智力劳动者与社会公众之间的契约为基础的契约理论等解释路径,但是,从国家产业发展而不是从个人权利出发阐释知识产权的产业政策理论,更加强调知识产权是促进技术创新和产业发展的制度手段,更加强调国家经济利益和社会综合效果❹,具有更强的解释逻辑。亦即,知识产权制度是创新发展的基本保障,起着激励和保护知识创新、促进和推动创意产业发展的重要功能。所以很多学者将知识产权法称为"创新之法""产业之法"。创新发展已经成为我国知识经济时代的重要特征,知识产权制度已经成为我国创新发展的核心制度。在某种意义上讲,创新驱动就是知识产权驱动,知识产权制度本质上就是产业政策安排。

---

❶ 张平.论知识产权制度的产业政策原则[J].北京大学学报(哲学社会科学版),2012(3).

❷ 曲三强.论人工智能与知识产权[J].知识产权,2023(8).

❸ 参见 MERGES R P, MENELL P S, LEMLY M A. Intellectual Property in the New Technological Age[M]. 4th ed. Aspen Publishers, 2006: 13; LEMLEY M A. Property, Intellectual Property, and Free Riding[J]. Texas Law Review, 2005, 83: 1031; LANDES W, POSNER R. An Economic Analysis of Copyright Law[J]. Legal Stud., 1989 (18): 325.等。

❹ 同❶。

知识产权制度特别是专利制度的核心在于,构建产业竞争力的最大激励机制,解决现代化产业体系中的产业创新投入的市场失灵问题。为了促进创新驱动发展,需要有效激励创新投入,这一点需要充分考虑创新投入的市场失灵问题。创新投入的市场失灵表现为三个方面:第一,创新投入的市场外部性问题非常突出。一旦一项发明被创造出来,其他人无需投入成本就可以无偿使用这一发明,这就意味着创新者为创造发明而投入的成本无法收回,无法通过销售环节的市场回馈获取发明为其带来的利益,大大减少创新带来的回报,从而降低创新动力。有学者指出,"如果没有专利制度,由于市场失灵,竞争激烈的市场就不能为创新者提供足够的激励,推动其进行高成本和高风险的创新投资"[1]。因为个人回报比社会回报少,某些发明会因为缺乏个人回报而无法产生,而这些发明的社会回报会证实创造这些发明所需的费用是合理的[2]。第二,创新投入的不完全信息问题非常突出。如果没有专利制度或者缺少专利制度的信息公开功能,那么诸多发明处于秘密状态,与发明有关的信息难以进入公有领域,从而导致"不完全信息"的问题,全社会重复研发的成本大大增加。如果我们没有充分发挥专利制度公开创新从而实现创新发展的决策工具的功能,那么全社会的创新就面临着由于"不完全信息"的市场失灵带来的高成本、高风险。只有通过发挥专利制度公开创新从而实现创新发展的决策工具的功能,才能让全社会的创新创造在更高的基础上进行,降低创新的时间成本和经济成本。第三,创新的公共产品与不完全竞争问题非常突出。经济学家将技术和知识归入公共产品,技术和知识所具有的公共产品属性决定了存在市场失灵问题。技术和知识属于可以同时被多人使用的非竞争性公共产品和人们均能自由使用的非排他性公共产品。知识的公共产品属性意味着企业不可能独占其研究开发投入的全部回报,这种市场失灵将会导致企业研发投入低于社会最低水平[3],从

---

[1] Arrow K. Economic Welfare and the Allocation of Resources for Inventions[M]//The Rate and Direction of Inventive Activity:Economics and Social Factors. Princeton,NJ:Princeton University,1962:11.

[2] 格莱克,波特斯伯格. 欧洲专利制度经济学:创新与竞争的知识产权政策[M]. 张南,译. 北京:知识产权出版社,2016:43.

[3] BLOOM N,SCHANKERMAN M,REENEN J V. Identifying Technology Spillovers and Product Market Rivalry[J]. Econometrica,2013,81(4):1347-1393.

而降低创新效率。

专利制度的基本功能在于解决上述市场失灵问题,并激发或者恢复对知识成果的投资动力。创新对人类社会的发展而言具有极其重要的作用,然而创新需要较高的投入,同时承担较高的机会成本。如果不能充分保障创新者的创新收益,那么从理性经济人的角度出发,就不会有新的创新者投入到创新创造活动中对创新创造进行投资,从而出现社会创新创造投入不足,由此产生了创新发展中的市场失灵问题。专利制度就是通过赋予创新者禁止他人未经许可实施其专利的独占权,纠正市场失灵和创新不足。❶如前所述,从专利制度促进技术创新价值实现的逻辑链条出发,技术创新所具有的公共产品属性决定了存在市场失灵问题,包括市场外部性、不完全竞争和不完全信息等问题。也就是说,专利制度的核心就是在于构建产业竞争力的激励机制,解决产业创新发展中的市场失灵问题。

第四节 国有企业知识产权战略实施工作强化的新走向

国有企业知识产权战略实施工作面临新的要求,在这一背景下,迫切需要立足国有企业知识产权战略实施工作的新认识,进一步明确知识产权强国建设背景下国有企业知识产权战略的总体定位、关键目标与主要思路。

一、国有企业知识产权战略的发展趋势

目前,国有企业知识产权战略存在"三大趋势",具体如下。

第一,企业知识产权战略日趋成为企业总体经营战略的核心。加强企业知识产权管理是国内外知名企业能够在行业领先、享誉世界、长盛不衰的重要法宝,无论是老牌的还是新兴的跨国公司,例如美国的IBM、可口可乐、苹果、微软、高通,德国的西门子、博世、奔驰,荷兰的飞利浦,日本的松下、索尼、日立、丰田,韩国的三星、LG,中国的中兴、华为等公司,都十分重视企业知识产权管理,普遍设立专门的知识产权管理部门,建立一系列内部知识产权管理制度,配备专业的人员,使知识产权战略全面融入企业的经营战略,形成企业创新发展的不竭动力和市场竞争的

---

❶ WIPO专利法常设委员会秘书处国际专利制度报告[M].国家知识产权局条法司,组织翻译.北京:知识产权出版社,2011:1.

强大优势。[1]对于国有企业而言,由于其是壮大国家综合实力、保障人民共同利益的重要力量,在企业总体经营战略层面部署企业知识产权战略显得尤为重要。国资委《关于加强中央企业知识产权工作的指导意见》明确要求,中央企业要将企业知识产权战略的研究制定放在企业知识产权工作的首位,要结合本企业改革发展的实际,针对有关重点领域、重要产业的知识产权特点和发展趋势,抓紧制定和完善本企业的知识产权战略。因此,从整体经营战略层面思考和部署企业知识产权战略,对国有企业而言具有非常重要的意义。

第二,随着知识经济深入推进,知识产权保护日益严格。严格知识产权保护,已经成为国际国内的共识。知识产权国际保护制度一般可以分为三个时期,即巴黎联盟和伯尔尼联盟时期、世界知识产权组织时期和世界贸易组织时期[2][3],可以说上述知识产权国际保护制度的发展是一个"从双边安排到多边国际条约的形成过程"[4]。就知识产权国际保护制度的最新进展而言,世界知识产权组织秉承调节发达国家和发展中国家利益公正的理念,但现在也几经异化成为实现私人集团和发达国家知识产权标准化的工具[5],与贸易有关的知识产权执法进一步加强。应该说,在后Trips时代,多边层面知识产权国际规则进展缓慢,双边、复边层面知识产权国际规则成为焦点,"严格保护"和"促进发展"日益成为未来知识产权国际规则演进的方向。在这样的背景下,知识产权制度变革速度加快,知识产权保护热点案例频现。例如,苹果三星案一审判赔数额高达10.5亿美元,苹果唯冠iPad商标案苹果支付唯冠6000万美元。

第三,企业知识产权战略实施与经营活动关系日趋紧密。由于知识产权作为无形资产和竞争工具的作用日益凸显,知识产权工作对企业经营活动的作用和地位日益凸显。随着人们对于知识产权所具有的三重属性的认识日益深刻,知识产

---

[1] 江苏省知识产权局.企业知识产权管理实务[M].北京:知识产权出版社,2016:3.

[2] 吴汉东.知识产权基本问题研究[M].北京:中国人民大学出版社,2005:138-141.

[3] 张乃根.国际贸易的知识产权法[M].上海:复旦大学出版社,1999:54-58.

[4] 古祖雪.国际知识产权法[M].北京:法律出版社,2002:27.

[5] SELL S K. Private Power, Public Law: The Globalization of Intellectual Property Rights[M]. Cambridge University Press, 2003:19-20.

权运营的产业形态不断丰富,呈现出参与主体日趋多元、产业规模不断扩大、产业层次不断提升等特点。[1]对于国有企业而言,除了与普通企业一样的营利职能外,还承担着增强国有经济活力、放大国有资本功能、实现国有资产保值增值的重要职能,迫切需要将知识产权工作与国有企业的市场拓展、研发创新、品牌维护、保密工作等加以协调衔接,更好地发挥知识产权工作对国有企业高效经营的促进作用。

二、国有企业知识产权战略的基本定位

第一,深入实施国有企业知识产权战略是高质量发展的迫切需要。习近平总书记指出,要坚持国有企业在国家发展中的重要地位不动摇,坚持把国有企业搞好、把国有企业做大做优做强不动摇。当前,我国经济已经从高速增长阶段转向高质量发展阶段,迫切需要国有企业实现高质量发展。作为中国特色社会主义的重要物质基础和政治基础,国有企业能否在实现高质量发展上迈出实质性步伐,对于建设现代化经济体系、推动我国经济实现高质量发展、促进我国经济由大向强转变具有重要影响。可以说,推动国有企业高质量发展,已经成为一项具有战略性、全局性、时代性、现实性的紧迫任务。[2]国有企业的高质量发展重在实力而非数量和形式,可以体现为竞争力、创新力、控制力、影响力和抗风险能力等方面。[3]事实上,国有企业高质量发展的上述五个方面,都与国有企业的知识产权管理体系建设具有紧密的关系。知识产权是企业竞争力的核心要素,体现和保障企业的创新力,对企业的行业控制力和影响力具有重要支撑作用,同时关系产业安全和产业抗风险能力,因此,实现"两利四率"目标、推动国有企业高质量发展需要深入实施国有企业知识产权战略。

第二,深入实施国有企业知识产权战略是国有经济结构调整的迫切需要。2020年政府工作报告提出国企改革三年行动,重要要求之一就是围绕服务国家战略,聚焦主业主责发展实体经济,更好发挥国有企业在畅通产业循环、市场循环、经济社会循环等方面的引领带动作用,推动国有资本向重要行业和关键领域集中。

---

[1] 李昶.中国专利运营体系构建[M].北京:知识产权出版社,2018:33-34.

[2] 黄速建.推动新时代国有企业高质量发展[N].人民日报,2018-12-10.

[3] 刘瑞.国有企业实现高质量发展的标志、关键及活力[J].企业经济,2021(10).

这就需要积极引导国有企业特别是中央企业提升自主创新能力,加大研发投入,在关键核心技术攻关、科研成果转化应用等方面发挥重要作用。归根到底,需要国有企业特别是中央企业发挥行业领头羊作用,打造行业创新生态,形成行业协同创新体系。显然,行业创新形态建设需要国有企业以行业内知识产权的所有权、使用权、收益权、处分权为纽带,使得行业内各个主体充分释放创新热情,有力支撑国有经济布局优化和结构调整,更好服务国家战略。

第三,深入实施国有企业知识产权战略是保障经济安全的迫切需要。习近平总书记在中央政治局第二十五次集体学习时强调,知识产权保护工作关系国家治理体系和治理能力现代化,关系高质量发展,关系人民生活幸福,关系国家对外开放大局,关系国家安全,将知识产权工作提升到前所未有的战略高度。其中,知识产权创造运用环节面临的典型安全风险包括重大关键技术研发的技术路线选择风险、国家重大科技项目研发过程中的阶段性成果与关键数据的泄露风险、重大科技成果保护模式选择错误的风险、外国政府运用行政命令等授权强迫我国企业进行技术转让的风险等[1]。显然,上述风险对于我国国有企业而言是首当其冲的,迫切需要我们深入实施国有企业知识产权战略,防范相关风险,保障国家科技、经济和产业安全。

三、国有企业知识产权战略的总体目标

国有企业知识产权战略实施工作推进的新目标在于,高质量创造、高效益运营、高价值导向、高标准改革。具体如下。

第一,经济发展方式的根本性变化,要求国有企业知识产权战略实施工作以高质量发展为基本标准。党的二十大报告指出,"高质量发展是全面建设社会主义现代化国家的首要任务,发展是党执政兴国的第一要务。"从传统的要素驱动到效率驱动再到创新驱动,进而到以高质量创新引领高质量发展,创新在我国未来发展蓝图中占据着决胜制高点。当一个国家经济处于创新驱动阶段时,其主导产业一般进入到技术密集型阶段,经济发展不再主要依赖自然资源、劳动力和资本投入,经

---

[1] 朱雪忠.总体国家安全观下的知识产权安全治理体系研究[J].知识产权,2021(8).

济发展的速度、质量和效益取决于国家创新能力以及知识（包括技术）、人才两个关键因素❶。结合迈克尔·波特的地区经济发展四阶段理论，即生产要素导向阶段、投资导向阶段、创新导向阶段、财富导向阶段，一国经济欠发达时，其经济增长的动力主要依赖于基本生产要素；在经济初等发达阶段，投资是驱动经济增长的主要动力；经济跨越投资导向进入创新导向阶段后，即向中等发达和发达阶段迈进过程中，创新将成为经济增长的主要驱动力；财富导向阶段是经济衰退期。❷世界经济贸易强国的历史兴衰更迭体现了波特经济发展四阶段理论。现阶段中国经济呈现出自身与众不同的显著特点，表现为生产要素、投资与创新"混成驱动"，未来将依靠创新驱动前行。❸从这一角度出发，探讨国有企业知识产权战略实施的过程中需要以高质量发展作为基本导向。

第二，高质量发展要求国有企业知识产权高质量创造、高效益运营、高价值导向、高标准改革。经过40多年的国有企业改革实践，我国国有企业取得了长足的发展。2023年，中央企业全年实现营业收入39.8万亿元，实现利润总额2.6万亿元。2023年，中央企业研发经费投入达到1.1万亿元，已连续两年突破万亿元大关。❹央企战略性新兴产业投资保持高位水平，占总投资规模比重超过20%，2022年中央企业原创技术策源地建设迈出新步伐，首批29家"重点支持类"企业积极布局有关技术，中核集团新一代"人造太阳"等重大原创成果涌现。现代产业链链长建设工作见到新成效，16家链长企业完成强链补链投资近1万亿元，年度重点任务和重点举措完成率超过90%。在这一基础上，迫切需要国有企业知识产权战略实施工作以高质量发展为基本标准，促进国有企业知识产权高质量创造、高效益运营、高价值导向、高标准改革。

---

❶ 学习贯彻习近平新时代中国特色社会主义经济思想 做好"十四五"规划编制和发展改革工作系列丛书编写组.深入实施创新驱动发展战略[M].北京：中国计划出版社，2020：14.

❷ 波特.国家竞争优势[M].李明轩，邱如美，译.北京：中信出版社，2012：181.

❸ 钟山.中国外贸强国发展战略研究：国际金融危机之后的新视角[M].北京：中国商务出版社，2012：27.

❹ 新华社.2023年央企实现营收39.8万亿元[EB/OL].(2021-01-24)[2024-04-22]. https://www.gov.cn/lianbo/bumen/202401/content_6927905.htm.

四、国有企业知识产权战略的主要表征

在这一背景下,《知识产权强国建设纲要(2021—2035年)》和《"十四五"国家知识产权保护和运用规划》对国有企业知识产权工作提出了新的更高要求(如下表)。

《知识产权强国建设纲要(2021—2035年)》和
《"十四五"国家知识产权保护和运用规划》对国有企业的要求列表

《知识产权强国建设纲要(2021—2035年)》	
序号	内容
1	在对党政领导干部和国有企业领导班子考核中,注重考核知识产权相关工作成效
2	引导市场主体发挥专利、商标、版权等多种类型知识产权组合效应,培育一批知识产权竞争力强的世界一流企业
3	深入开展知识产权试点示范工作,推动企业、高校、科研机构健全知识产权管理体系
4	完善以企业为主体、市场为导向的高质量创造机制。以质量和价值为标准,改革完善知识产权考核评价机制
5	倡导创新文化,弘扬诚信理念和契约精神,大力宣传锐意创新和诚信经营的典型企业,引导企业自觉履行尊重和保护知识产权的社会责任
《"十四五"国家知识产权保护和运用规划》	
1	推动中央企业建立完善知识产权工作体系,打造一批具备国际竞争优势的知识产权强企
2	推进国有知识产权权益分配改革。强化国家战略科技力量,深化科技成果使用权、处置权、收益权改革,开展赋予科研人员职务科技成果所有权或长期使用权试点。……推动建立权利义务对等的知识产权转化收益分配机制
3	有效落实国有企业知识产权转化奖励和报酬制度
4	完善国有企事业单位知识产权转移转化决策机制
5	促进产业知识产权协同运用。推动企业、高校、科研机构知识产权深度合作,引导开展订单式研发和投放式创新。围绕关键核心技术联合攻关加强专利布局和运用
6	引导建立产业专利导航决策机制,优化战略性新兴产业发展模式,增强产业集群创新引领力。推动在数字经济、智能制造、生命健康、新材料等领域组建产业知识产权联盟,构筑产业专利池

续表

序号	内容
7	促进技术、专利与标准协同发展,研究制定标准必要专利许可指南,引导创新主体将自主知识产权转化为技术标准
8	分级分类开展企业、高校、科研院所知识产权优势培育和建设工作
9	引导创新主体建立健全知识产权资产管理制度,推动企业做好知识产权会计信息披露工作。建立健全财政资助科研项目形成知识产权的声明制度和监管机制
10	发挥龙头企业带动作用,吸引更多市场主体参与地理标志产业融合发展
11	大力宣传锐意创新和诚信经营的典型企业,引导企业自觉履行尊重和保护知识产权的社会责任

第五节 国有企业知识产权战略实施工作实化的新要点

结合国有企业维护产业创新生态、保障产业安全的责任,探讨国有企业原创技术策源地建设对国有企业知识产权战略的基本要求、关键任务与核心举措,分析现代产业链链长建设对国有企业知识产权工作的要求与任务,为深入贯彻落实《知识产权强国建设纲要(2021—2035年)》和《"十四五"国家知识产权保护和运用规划》对国有企业知识产权管理体系建设提出的新要求,建议围绕"一个目标、两个支撑、三个关系、四大机制、五大保障"形成深入实施国有企业知识产权战略、加快推进国有企业知识产权运营的工作思路如下。

一、知识产权强国建设背景下的国企知识产权战略

在知识产权强国建设背景下国有企业知识产权工作的建议思路是,以打造具备国际竞争优势的知识产权强企为目标,深入推进对标世界一流管理提升行动,提升中央企业以知识产权为核心的科技管理能力和科技管理水平,运用知识产权激发创新创造活力,打造原创技术策源地,运用知识产权提升产业链供应链支撑带动能力,充分发挥"链主"作用,有力支撑中央企业高质量发展,积极打造产业创新生态。

(一)什么是具备国际竞争优势的知识产权强企?

知识产权强企具有第一层"of"的含义、第二层"by"的含义和第三层"in"的含义。如前所述,《知识产权强国建设纲要(2021—2035年)》和《"十四五"国家知识产权保护和运用规划》明确要求培育具备国际竞争优势(也就是知识产权竞争力强)的知识产权强企。这是对中央企业知识产权战略提出的新的更高要求。

讨论"知识产权强企"的概念需要从"知识产权强国"的概念出发。有学者指出,"知识产权强国"包括了三层含义:"第一层含义,是对知识产权本身的质量要求,即要有原创技术、关键技术、核心技术和重大技术,有自己的驰名商标和品牌,有具备市场号召力的作品等;第二层含义,是通过知识产权促进国家强大,通过对知识产权进行底层控制,从而获得高附加值的回报,甚至是制约竞争对手;第三层含义,是借鉴美国通过知识产权、资本和军事实力引领世界的经验,使知识产权成为我国对外发展的软硬兼具的硬核实力,构建自身知识产权文化并融入国际保护的理念、规则和秩序,实现'内外兼修'。第三层次的知识产权与制度、规则和文化捆绑,具有深刻的政治含义,能够增强国家的软实力。"[1]这就是说,知识产权强国,除了包括第一层"of"的含义和第二层"by"的含义之外,还包括第三层面"in"的含义。[2]

知识产权强企具有强大的知识产权实力、强大的知识产权能力、强大的知识产权潜力。知识产权强企业可从三个方面理解:一是,知识产权强企有强大的知识产权实力,拥有原创技术、关键技术、核心技术和重大技术,有自己的驰名商标和知名品牌;二是,知识产权强企有强大的知识产权能力,有清晰的企业知识产权战略规划和明确的知识产权竞争优势,能够通过知识产权运营获得高附加值的回报和针对竞争对手的竞争优势,能够有效运用知识产权使得企业更强;三是,知识产权强企有强大的知识产权潜力,构建自身知识产权文化并能够形成为国际所借鉴的知识产权运营模式,促进知识产权发挥越来越大的作用。

---

[1] 易继明.中美关系背景下的国家知识产权战略[J].知识产权,2020(9):3-20.

[2] 易继明.知识产权强国建设的基本思路和主要任务[J].知识产权,2021(10):15-39.

(二)具备国际竞争优势的知识产权强企的实现路径是什么?

"三大体系、三大能力"共同构成的企业知识产权战略,是建设具备国际竞争优势的知识产权强企的实现路径。建议中央企业深入实施企业知识产权战略,从知识产权布局体系、知识产权合规体系、知识产权运营体系三个方面加强企业知识产权管理,提升央企知识产权的基础管理能力、风险管理能力、资产管理能力。从"知识产权强企是具有强大的知识产权实力、强大的知识产权能力、强大的知识产权潜力,通过知识产权实现国际竞争优势的企业"这一基本含义出发,企业知识产权战略应当包括知识产权布局体系、知识产权合规体系、知识产权运营体系三大支撑。其中,知识产权布局体系,及时申请注册知识产权成果,构建商业秘密和专利协同保护、立体保护、综合保护的创新成果保护体系,充分发挥各类知识产权的综合协同效应,让企业拥有强大的知识产权实力。知识产权合规体系,旨在从规避风险角度保障知识产权能力和知识产权潜力的获取与发挥,全面控制知识产权相关风险。知识产权运营体系是运用知识产权制度规则、经营知识产权权利价值的工作体系,涵盖知识产权转移转化、价值评估、投融资、战略运用、专利导航等作为竞争工具的各个方面,通过有效运营,达到促进知识产权价值最大化的目的,并以此促进经济、科技、社会等综合效益最大化。可以说,知识产权运营体系旨在从无形资产流转的角度保障知识产权能力和知识产权潜力的获取与发挥,系统实现知识产权价值。

二、国有企业知识产权战略实施工作实化的新思路

国有企业知识产权战略实施工作实化的新思路可以概括为,"一个目标、两个支撑、三个关系、四大机制、五大保障",具体如下。

"一个目标",就是深入实施国有企业知识产权战略,加强知识产权管理体系建设,完善国有企业知识产权管理制度,通过深化改革的方式深入实施创新发展,激励国有企业率先创新、引领创新,打造具备国际竞争优势的知识产权强企,充分发挥好国有企业的"稳定器"和"压舱石"作用。

"两个支撑",就是国有企业知识产权管理体系建设包含两大支撑体系,一是国有企业知识产权合规体系建设,二是国有企业知识产权运营体系建设。其中,国有

企业知识产权合规体系建设的核心是"控风险",旨在按照《关于全面推进法治央企建设的意见》(国资发法规〔2015〕166号)《中央企业合规管理指引(试行)》等文件精神,有效控制企业知识产权风险的举措,是国有企业全面合规体系建设的重要组成部分。国有企业知识产权运营体系建设的核心是"管资产",旨在通过运用知识产权制度经营权利实现效益最大化,运用制度工具与经营权利相互促进,运用知识产权制度规则、经营知识产权权利价值,涵盖知识产权布局培育、转移转化、价值评估、投融资以及作为竞争工具等各个方面,通过有效运营,达到促进知识产权价值最大化的目的,并以此促进经济、科技、社会等综合效益最大化。

需要注意的是,国有企业知识产权运营与其他类型的企业存在一定的差异。一是,国有企业的知识产权运营需要按照《中国共产党党组工作条例(试行)》第十条和第十五条的规定,涉及知识产权的重大经营决策、重大项目安排、大额资金使用等事项需要经过国有企业党组讨论决定。这是涉及知识产权的重大经营决策、重大项目安排、大额资金使用等事项工作流程合规性的重要要求。二是,国有企业将国有出资形成的知识产权进行转让、许可、交易等,需要按照《企业国有资产法》要求的程序和标准进行,切实防止国有资产流失。三是,针对将国有出资形成的知识产权向境外投资者转让的,需要审核是否符合国家有关法律法规和政策规定,不得危害国家安全和社会公共利益。四是,国有企业的知识产权资产管理需要按照《企业国有资产监督管理暂行条例》的要求,由国有资产监督管理机构进行以管资本为主的经营性国有资产集中统一监管。五是,在涉及混合所有制国有企业、非国有资本参与的国有企业以及国有资本入股的非国有企业,亦需要按照《企业国有资产监督管理暂行条例》的要求进行相应的监督管理。

"三个关系",就是企业知识产权管理体系建设需要处理好知识产权数量与质量的关系、知识产权需求与供给的联动关系、国内创新发展与"走出去"国际化发展的关系。第一,进一步处理好知识产权数量与质量的关系。"大而不强、多而不优"是运用知识产权推动国有企业高质量发展迫切需要解决的问题,这就需要处理好知识产权数量与质量的关系,加快培育高质量、高价值、高效益的知识产权组合。第二,进一步处理好知识产权需求与供给的联动关系,加大国有企业知识产权投入,同时以需求为导向提升企业知识产权能力。第三,进一步处理好国内创新发展与"走出去"国际化发展的关系。国有企业是我国企业"走出去"的重要主体,需要在国有企业知识产权合规体系建设过程中加强海外知识产权合规体系建设,用好"专利审查高速路"国际合作网络加强海外知识产权布局,强化海外知识产权风险预警和应急机制,建设知识产权涉外风险防控体系。

"四大机制",就是建设立体化、系统化、国际化的知识产权规划布局工作机制;高效率、高质量、高效益的知识产权权益激励工作机制;市场化、产业化、集成化的知识产权综合运营工作机制;协调协作、共通共享的知识产权协同运用工作机制。

第一,建设立体化、系统化、国际化的知识产权规划布局工作机制。《知识产权强国建设纲要(2021—2035年)》要求,以质量和价值为标准,发挥专利、商标、版权等多种类型知识产权组合效应,大力培育具有国际影响力的知名商标品牌,培育一批知识产权竞争力强的世界一流企业。《"十四五"国家知识产权保护和运用规划》部署,健全高质量创造支持政策,加强人工智能、量子信息、集成电路、基础软件、生命健康、脑科学、生物育种、空天科技、深地深海探测等领域自主知识产权创造和储备。加强国家科技计划项目的知识产权管理,在立项和组织实施各环节强化重点项目科技成果的知识产权布局和质量管理。优化专利资助奖励等激励政策和考核评价机制,突出高质量发展导向。完善无形资产评估制度,形成激励与监管相协调的管理机制。由此可见,需要加强国有企业知识产权规划布局工作机制建设,实现立体化、系统化、国际化,处理好知识产权数量与质量的关系,完善以企业为主体、市场为导向的高质量创造机制,加快培育高质量、高价值、高效益的知识产权组合。[1]在国有企业研发活动中,充分运用中外专利信息和科技情报信息开展专利导航,全面了解所属技术领域的现有技术状况和竞争对手研发动态,深入分析所属技术领域的技术发展路线图、技术空白点,加强对研发成果申请专利的挖掘和布局。

第二,建设高效率、高质量、高效益的知识产权权益激励工作机制。《知识产权强国建设纲要(2021—2035年)》要求,改革国有知识产权归属和权益分配机制,建立完善财政资助科研项目形成知识产权声明力度,建立知识产权交易价格发布机

---

[1] 张鹏.知识产权强国建设思想形成、理论构成与实践证成研究[J].知识产权,2021(10).

制。《"十四五"国家知识产权保护和运用规划》部署，推进国有知识产权权益分配改革。强化国家战略科技力量，深化科技成果使用权、处置权、收益权改革，开展赋予科研人员职务科技成果所有权或长期使用权试点。充分赋予高校和科研院所知识产权处置自主权，推动建立权利义务对等的知识产权转化收益分配机制。有效落实国有企业知识产权转化奖励和报酬制度。完善国有企事业单位知识产权转移转化决策机制。这就要求我们，将科技成果所有权与使用权、处置权、收益权适当分离，让国有企业在以知识产权为核心的科技成果转移转化中拥有自主决策权，让转移转化产生的收益能够通过奖励报酬制度回报给创新创造者，激发创新创造活力，推动国有企业打造科技攻关重地、原创技术策源地、科技人才高地、科技创新政策特区等"三地一特区"。

第三，建设市场化、产业化、集成化的知识产权综合运营工作机制。《知识产权强国建设纲要（2021—2035年）》要求，实施知识产权运营体系建设工程，打造综合性知识产权运营服务枢纽平台，建设若干聚焦产业、带动区域的运营平台。《"十四五"国家知识产权保护和运用规划》部署，推动在重点产业领域和产业集聚区建设知识产权运营中心。建立完善专利开放许可制度和运行机制。拓宽专利技术供给渠道，推进专利技术供需对接，促进专利技术转化实施。《关于推进中央企业知识产权工作高质量发展的指导意见》明确指出，"建立服务于科技成果转移转化的知识产权运营服务平台，为企业知识产权提供咨询、评估、经纪、交易、信息、代理等服务。制定技术转移服务制度，建立信用与评价机制。在中央企业'双创'工作中探索知识产权运营新模式。……指导支持中央企业开展专利导航、建立产业知识产权运营中心、技术与创新支持中心等。"

目前，国家知识产权局批复了5家国家级产业知识产权运营中心（以"中国……产业知识产权运营中心"命名）并且提供了相应的政策支持，地方知识产权局发布了相应的配套支持政策。首先，从产业类别看，5家国家级产业知识产权运营中心涵盖了汽车产业、稀土产业、洁净能源产业、物联网产业、智慧家庭产业，基本上属于国家统计局《知识产权（专利）密集型产业统计分类（2019）》（国家统计局令第25号）列举的行业范围。需要说明的是，国家统计局《知识产权（专利）密集型产业统计分类(2019)》(国家统计局令第25号)将"新装备制造业"作为知识产权(专利)密集型产业7个大类之一,我们的放射装备制造业属于其中。其次,从建设单位看,涵盖了国有企业、科研院所等,国有企业具备建设知识产权运营中心的条件。还有,从业务联动看,用产业知识产权运营中心作为载体设立产业知识产权运营基金,具有较大的政策空间。例如,在建设中国汽车产业知识产权投资运营中心的批复中指出,"加快设立汽车产业知识产权运营基金,投资孵化汽车产业高价值专利项目。要建立'投、贷、担、保、服'联动的知识产权投融资体系,拓宽汽车领域创新创业企业融资渠道。"

第四,建设协调协作、共通共享的知识产权协同运用工作机制。《"十四五"国家知识产权保护和运用规划》部署,促进产业知识产权协同运用。推动企业、高校、科研机构知识产权深度合作,引导开展订单式研发和投放式创新。围绕关键核心技术联合攻关加强专利布局和运用。引导建立产业专利导航决策机制,优化战略性新兴产业发展模式,增强产业集群创新引领力。推动在数字经济、智能制造、生命健康、新材料等领域组建产业知识产权联盟,构筑产业专利池。促进技术、专利与标准协同发展,研究制定标准必要专利许可指南,引导创新主体将自主知识产权转化为技术标准。健全知识产权军民双向转化工作机制。当前,开放式创新已经成为创新的主流样态,需要建立以知识产权为中心的创新生态,凝聚各方创新资源、形成创新协作机制,实现知识产权协同运用。

"五大保障",就是加强国有企业知识产权管理体系建设的制度保障、体制保障、人力资源保障、财物保障、文化环境保障。

一是,加强国有企业知识产权管理体系建设的制度保障,加强国有企业知识产权管理制度建设。知识产权是重要的无形资产,应当按照《企业国有资产法》等法律法规和公共政策的规定加以管理。形成完善国有企业知识产权管理的系统性制度,对国有企业知识产权管理的工作思路、基本原则、主要流程、落实机制加以明确规定,促进制度建设和治理效能的转化融合,正确处理制度的稳定性、延续性和发展性的关系,为加强国有企业知识产权管理提供制度保障。

二是,加强国有企业知识产权管理体系建设的体制保障。关于如何设置国有企业知识产权管理机构,没有固定的模式,各个国有企业可以根据自身的行业性质、经营模式、决策机制、组织形式、规模大小以及知识产权管理活动的内容、范围、层次、工作量等条件,合理选择管理模式,优化设置知识产权管理机构。通常而言,对国有企业知识产权管理机构建设需要考虑三个因素:可以有效开展知识产权方面的工作,具有相当的决策权和参谋权;可以全面开展知识产权方面的工作,便于打通专利、商标、商业秘密、著作权等各类知识产权的全链条,进行全面的知识产权创造、运用、保护等方面的管理工作;可以统筹推进知识产权方面的工作,具有与研发部门、产品部门、营销部门等良好的协调联动工作机制。

三是,加强国有企业知识产权管理体系建设的人力资源保障。国以才兴、业以才广,人才队伍建设是做好国有企业知识产权管理工作的长远保障。国有企业应当把创新人才和知识产权人才放在突出的位置,积极谋划、提前规划知识产权人才队伍建设。按照《国有企业法律顾问管理办法》的要求,积极培养知识产权方面的国有企业法律顾问,切实建立企业知识产权人才队伍。

四是,加强国有企业知识产权管理体系建设的财务保障。由于知识产权是一项投资大、周期长、收益慢的工作,在申请阶段需要缴纳申请费用、审查费用以及第三方服务机构的服务费用等,在授权后阶段需要缴纳登记公告费用、维持费用,并使用促进转化运用的相关费用等。因此,国有企业知识产权预算是确保国有企业知识产权的各项费用顺利支出、工作正常开展的关键。同时,由于知识产权管理工作相对于其他企业管理工作的特殊性,其预算管理需要适应企业知识产权管理工作的特点和现实需要。

五是,加强国有企业知识产权管理体系建设的文化建设。知识产权文化建设是知识产权管理体系建设的重要内容和关键支撑。国有企业应当从树立知识产权价值观、培育知识产权氛围、提升知识产权意识的角度,系统推进知识产权文化建设工作。

三、国有企业知识产权战略实施工作实化的新举措

面向国有企业知识产权战略实施工作的新需求,立足国有企业知识产权战略实施工作深化的新认识,根据国有企业知识产权战略实施工作推进的新目标,需要研究形成具有前瞻性、实操性与全面性的国有企业知识产权战略实施指引,引导围绕国有企业知识产权战略目标和运营、布局、合规等,提出企业知识产权工作方案,全面提升国有企业知识产权运用能力,有效发挥知识产权在国有企业产业链、创新链、价值链中的重要作用。

第一,提出建设"具备国际竞争优势的知识产权强企"的指标特征、路线图与时间表。按照"具备国际竞争优势的知识产权强企"的目标,结合外部律师开展的知识产权合规情况尽职调查,立足目标导向和问题导向,结合效果导向,形成建设"具备国际竞争优势的知识产权强企"的关键评价指标,凝练建设"具备国际竞争优势的知识产权强企"的路线图、时间表,明确知识产权合规体系建设的关键要点。

第二,国有企业知识产权战略实施需要处理好知识产权数量与质量的关系、知识产权需求与供给的联动关系、国内创新发展与"走出去"国际化发展的关系。首先,进一步处理好知识产权数量与质量的关系。"大而不强、多而不优"是运用知识产权推动国有企业高质量发展迫切需要解决的问题,这就需要处理好知识产权数量与质量的关系,加快培育高质量、高价值、高效益的知识产权组合。其次,进一步处理好知识产权需求与供给的联动关系,加大国有企业知识产权投入,同时以需求为导向提升企业知识产权能力。再次,进一步处理好国内创新发展与"走出去"国际化发展的关系。国有企业是我国企业"走出去"的重要主体,需要在国有企业知识产权合规体系建设过程中加强海外知识产权合规体系建设,用好"专利审查高速路"国际合作网络加强海外知识产权布局,强化海外知识产权风险预警和应急机制,建设知识产权涉外风险防控体系。

第三,根据国有企业的基本情况,立足国有企业的发展战略,建设立体化、系统化、国际化的知识产权规划布局工作机制,建设高效率、高质量、高效益的知识产权归属和权益激励工作机制,建设市场化、产业化、集群化的知识产权综合运营工作机制,建设协调协作、共通共享的知识产权协同运用工作机制,强化国有企业知识

产权管理体系建设的制度保障、体制保障、人力资源保障、财务保障、文化环境保障，特别是立足产业链创新发展的需要，分析特定产业的知识产权管理规律和价值实现逻辑，形成运用知识产权促进产业创新发展的总体方案。

第二章 企业知识产权战略建设经验

本章立足公开材料的分析,对我国部分企业知识产权合规体系建设的经验进行梳理总结,以期对我国相关企业建设知识产权合规体系提供研究参考。

第一节 IBM公司知识产权战略建设经验

IBM公司是全球最大的信息技术和业务解决方案公司,业务遍及160多个国家和地区。至2021年,IBM公司连续29次荣获美国专利排行榜首席位置。

一、集中统一管理,形成管理体系

IBM公司实行集中统一的知识产权管理。IBM设有知识产权管理总部,负责公司所有的知识产权管理事务。知识产权管理总部内设两大部:法务部和专利部。法务部负责相关法律事务,专利部负责专利事务。专利部下设五个技术领域,每一个领域由一名专利律师担任专利经理。IBM公司实行知识产权的总部统一管理,总部管辖世界各地子公司的知识产权管理部门,各子公司的知识产权管理部门除依隶属关系向主管做业务报告外,也受公司知识产权管理总部极强的功能性指导,依公司知识产权管理总部的统一政策来运作。公司与子公司签有综合技术协助协议,公司将研究开发费用预付给子公司,开发部门员工所完成的发明、著作及其他成果的知识产权均归属于公司所有,由公司知识产权管理总部统筹管理,并授权各子公司使用,因此各子公司也能使用到其他子公司的知识产权。当子公司涉及知识产权纠纷时,公司出资协助子公司维护知识产权利益。

二、明确管理职责,建立管理制度

IBM公司赋予知识产权管理部门的职责包括:(1)申请专利。一般来说,有关专利的申请,都是由知识产权管理部门的专利律师以及专利代理人来提出,发明人只要向专利律师说明其发明即可。(2)寻找合适的发明。知识产权管理部门常常与研究开发部门的经理人员、技术人员密切合作,一方面向其灌输知识产权的观念,另一方面从中发掘优良的发明。(3)许可合同的谈判。IBM在调查其有关产品的知识产权时,也监视别人的产品有无侵害IBM的知识产权,然后再促成他人与之订立许可合同。因此,拟定许可合同的谈判策略也是知识产权管理部门的重要使命之一。(4)有关知识产权条款审核。IBM与其他公司所签订的开发契约、买卖契约、委托制造契约、合并契约等有关知识产权的条款(例如知识产权的归属、机密信息的取得等)由知识产权管理部门负责审核。

三、优化权利归属,加强秘密管理

就知识产权归属而言,员工和IBM公司之间要签署一份有关信息、发明及著作物的同意书,其中规定,只要员工是从IBM公司内部取得若干机密信息或是从以前员工完成的发明、著作等创作物中撷取若干信息来完成IBM公司有关研究开发项目的成果,以及其因执行职务或为公司业务而产生的成果,都应该将这些成果的知识产权移转给IBM公司。就商业秘密的保护与管理而言,IBM公司将商业秘密分为绝密、限阅、机密、仅内部使用等四个等级来管理。比如,对外公开时,前三个等级的资料必须得到特定人员的同意;复印资料时,前两个等级的资料只有原制作单位才能复印;传送资料时,前两个等级的资料必须转成密码才可传送。为了保证这些规定的执行,公司设有自我检查制度,随时实施内部检查并指导员工养成自我管理的习惯。如果接受他人的商业秘密资料,也要得到特定人员的同意,接受商业秘密资料的有关条件,则必须得到知识产权管理部门同意。

四、加强创新奖励,激发创造活力

IBM公司为激励公司员工进行发明创造,设立了累积计分制的奖励方法,即对申请专利的发明人给予计分,1项专利为3点,同时可获1200美元奖励;点数累计达12点,再加1200美元奖励。发明人若是第一次申请即获得专利,即可获首次申请奖,奖金为1500美元。此外,IBM公司每年举办一次盛大的科技发明奖颁奖仪式,100名获奖员工将分享300万美元的奖金。IBM公司总裁亲自颁奖,在精神和物质上鼓励发明者。颁奖仪式后,发明者可以度假3至4天,费用全部由IBM公司承担。

五、建立信息系统,导航研发创新

据IBM公司与ICG网络投资公司合作成立的DELPHION公司的调查报告显示,一个企业内部的信息和知识,仅有12%在需要时可以很容易地得到;46%的信息则以纸张和电子文件的形式存在,虽然在理论上很容易实现共享,但由于数据格式不兼容,或纸张文件和电子文件转换困难,难以做到真正的信息交流;此外剩余的42%的信息则存在于员工的大脑之中。基于这个原因,IBM公司建立了知识产权网络系统(IPN),以加强知识产权信息管理。当IBM公司的研发人员或普通员工有了创新构思或研究成果时,他们就可以及时通过知识产权网络系统将它们报告给公司。公司的专门委员会通过评估,决定如何实施知识产权保护。这样,IBM就可以实现对创新信息及时、有效的知识产权管理。目前,DELPHION公司可以为IBM和其他公司提供以专利为主的知识产权信息检索、考察、分析、跟踪等各种服务。通过DELPHION可检索到包括美国专利申请、美国专利许可、欧洲专利申请、欧洲专利许可、日本专利索引和世界知识产权组织PTC出版物等大量的专利信息情报。与此同时,还为IBM提供知识产权战略的系统智能分析,帮助IBM把从发明的提出到实现专利申请的管理过程缩短到3个月(一般企业为1年),使专利实施率达到30%(一般企业为20%)。DELPHION公司的智能系统实现了知识产权信息和管理战略的网络系统化,不仅帮助IBM公司实现了高效率的知识产权管理,而且通过为其他企业提供知识产权资产经营的策略咨询和管理软件获得大量收入。

第二节 腾讯公司知识产权战略建设经验

腾讯科技(深圳)有限公司(以下简称"腾讯")作为中国市值最高的互联网企业,在技术创新、产品创新方面取得了突出的成绩。腾讯在即时通信、电子商务、在线支付、搜索引擎、信息安全以及游戏方面等都拥有了相当数量的专利申请。2007年,腾讯投资过亿元在北京、上海和深圳三地设立了中国互联网首家研究院——腾讯研究院,进行互联网核心基础技术的自主研发。腾讯的自主创新工作已经进入到企业开发、运营、销售等各个环节当中。由于知识产权工作较为突出,腾讯获得了一系列与知识产权相关的荣誉。

一、高配法务团队,成立专门部门

腾讯的知识产权管理始于大洋彼岸寄过来的一封律师函(美国在线诉腾讯侵犯其"OICQ.COM""OICQ.NET"域名权)。从腾讯与美国在线的"OICQ.COM""OICQ.NET"域名之争的落败,到同奇瑞汽车的"QQ"商标之争的失利,再到其"微信"商标的短期失控,腾讯在知识产权的管理上可谓是吃尽了苦头。痛定思痛,腾讯在企业发展战略中导入知识产权管理,并逐步摸索出了一套知识产权管理的有效方法。腾讯拥有多达120人的庞大的法务团队,法务团队的配置也极高,由一个专职的副总裁来专门管理。法务团队可细分为法务综合部、合规交易部、知识产权部。目前,公司的知识产权管理工作主要由知识产权部来承担,法务综合部、合规交易部以及公共战略研究部等其他部门也承担了部分知识产权管理工作。具体的机构设置如下图所示:

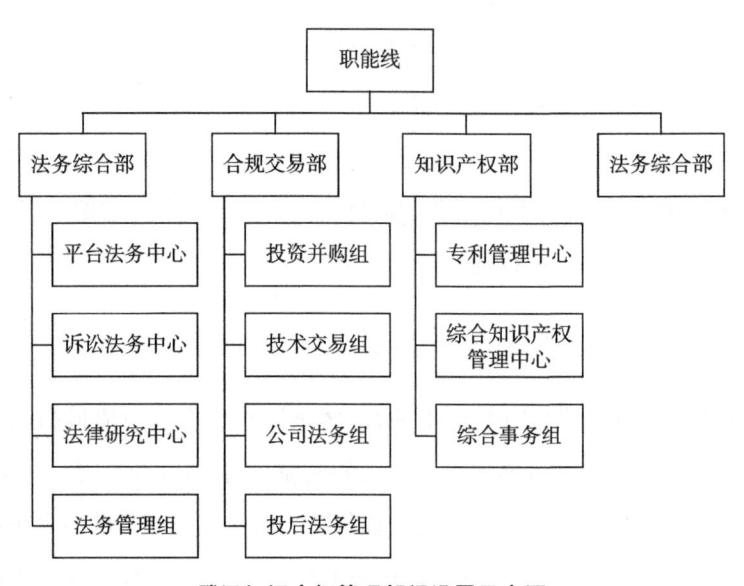

腾讯知识产权管理部门设置示意图

通过上图可知,腾讯知识产权部下设专利管理中心、综合知识产权管理中心、综合事务组。其中,专利管理中心主要负责专利挖掘、专利预警、竞争对手专利跟踪、国内和国际专利布局、专利保护等专利相关工作。综合知识产权管理中心和综合事务组主要负责版权、商标、域名等非技术类知识产权管理相关工作。

就知识产权部与其他部门的关系而言,腾讯法务综合部下设的平台法务中心直接与公司几大事业群相对接,与产品部门、业务部门深入沟通,在产品设计、业务规划初期即介入,进行法律风险提示;诉讼法务中心主要提供诉讼方面的支持,著名的彩虹QQ侵犯著作权案、腾讯诉360隐私保护器不正当竞争案、扣扣保镖不正当竞争案均由该团队完成;法律研究中心则主要进行互联网前沿法律问题(如技术中立原则、通过软件修改方式干扰客户端行为的定性、QQ币等虚拟财产的法律保护等)研究,从而满足公司业务发展的需求以及向立法机关反馈行业意见,把握立法走向。腾讯合规交易部主要负责交易过程中的知识产权管理、合同特别是技术交易合同知识产权条款的拟定、审核等。

综上所述,腾讯知识产权管理机构既包括了精干的专业部门,又有在各领域进行过深度研究的支持部门,知识产权部与其他支持部门纵横结合,构成了健全完善的知识产权管理机构。

二、形成保护政策,保护尊重并举

腾讯形成了"保护自有知识产权、尊重他人知识产权"的企业知识产权保护政策。在保护自有知识产权方面,成立专门的知识产权维权团队,全力维护腾讯自有的知识产权。一是技术检测系统,采用的版权保护系统能通过技术实现搜索、排查、取证、通知删除和汇总功能,高效处理侵权内容;二是多点布局取证,在全国重点城市,与律所合作部署取证点,及时多点取证,为打击侵权储备充分的证据。三是整合各方力量,与互联网同行、影视制作公司、权利人组织紧密联系,充分整合各方力量,联合开展维权行动。四是多种维权方式,通过民事诉讼、行政投诉、刑事举报、行业联合等方式及时制止侵权,多管齐下,全方位维权。

在尊重他人知识产权方面,强调积极处理业务平台中存在的侵犯他人知识产权的内容。一是宣传教育提示,通过用户协议、产品界面、公告等多种渠道,主动提醒用户不得实施任何侵犯他人知识产权的行为。二是侵权投诉处理,专人受理权利人知识产权投诉通知,依法依规处理,对侵权内容采取删除、屏蔽或断链等必要措施。三是创新保护方式,微信除依法投诉处理版权侵权外,还创造性地增加版权主动保护措施——公众账号原创声明功能。四是优化技术系统,微信已建立便捷的线上侵权投诉系统,并上线了微信品牌维权平台,权利人可与微信共同打假。如下图所示。

三、明确管理策略,实行立体维权

腾讯的知识产权管理策略可以总结为16个字"全程跟踪、提前评审、复合保护、立体维权"。"全程跟踪、提前评审"是从过程上来说的,是指腾讯金字塔形的研发架构(腾讯研究院、知识产权部、研发中心、产品业务部门)着力不同的研发阶段,能够很好地将知识产权同研发、市场、运营紧密结合。自研发项目立项之初,知识产权部就有针对性地制定相应的知识产权保护策略;新产品发布之前,还会进行知识产权评审,以进一步确定保护方式并防止侵犯他人知识产权。提前评审一定程度上解决了"模仿创新"的腾讯产品频频被质疑抄袭,却又极少被认定为侵权的问题。在这个问题上,腾讯庞大且强势的诉讼团队也功不可没。"复合保护、立体维权"是从手段上来说的,是指涵盖域名、商标、版权、专利、商业秘密的全方位的知识产权管理保护办法。根据对象的不同特点,选择版权+商标、版权+商业秘密、版权+商标+商业秘密、版权+专利等复合保护模式。比如,对于企鹅卡通形象,腾讯不仅进行了版权登记,还进行了商标全类注册。对于开发的一些游戏软件,腾讯不仅对游戏软件本身进行了软件著作权登记,还对游戏中代表性人物的形象进行了作品登记,对游戏软件的名称甚至是游戏中代表性人物的名字进行了商标注册,对源代码、设计图纸则采取保密措施以商业秘密的形式进行保护。

腾讯知识产权保护政策

Tencent 腾讯 — 知识产权保护政策

保护自有知识产权
成立专门的知识产权维权团队，全力维护腾讯公司自有的知识产权

技术检测系统
采用的版权保护系统能通过技术实现搜索、排查、取证、通知删除和汇总功能，高效处理侵权内容

多点布局取证
在全国重点城市，与律所合作部署取证点，及时多点取证，为打击侵权储备充分的证据

整合各方力量
与互联网同行、影视制作公司、权利人组织紧密联系，充分整合各方力量，联合开展维权行动

多种维权方式
通过民事诉讼、行政投诉、刑事举报、行业联合等方式，及时制止侵权，多管齐下，全方位维权

尊重他人知识产权
尊重他人知识产权，积极处理业务平台中存在的侵犯他人知识产权的内容

宣传教育提示
通过用户协议、产品界面、公告等多种渠道，主动提醒用户不得实施侵犯他人知识产权的行为

侵权投诉处理
专人受理权利人知识产权投诉通知，依法依规处理，对侵权内容采取删除、评比或断链等必要措施

创新保护方式
微信除依投诉处理版权侵权外，还创造性地增加侵权主动保护措施——公众账号原创声明功能

优化技术系统
微信已建立便捷的线上侵权投诉系统，并上线微信品牌维权平台，权利人可与微信共同打假

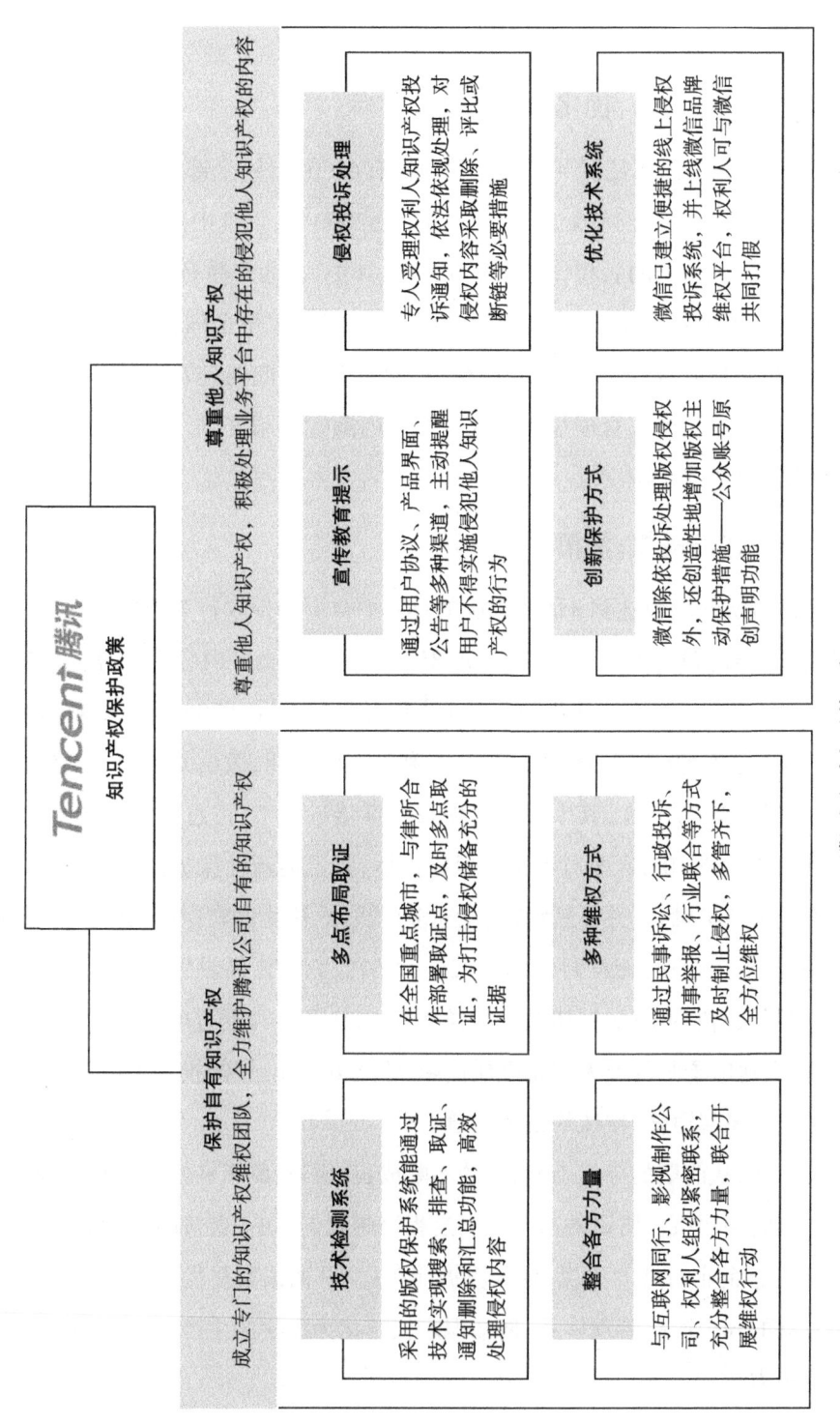

腾讯知识产权政策示意图

四、加强综合布局,优化管理制度

就商标而言,腾讯已注册与已初审的商标有6000多件,全部申请已超过10000件;就专利而言,腾讯当前有效的中国专利将近2000件,审查中的有6000多件;就版权而言,腾讯已登记的版权作品有900多件,其中,普通作品有257件,软件著作权有651件。2018年上半年,腾讯的中国发明专利授权量全国排名第9位,达到664件。腾讯坚持开放、共享等互联网精神,就知识产权归属、知识产权流转、知识产权管理职责、知识产权管理流程形成一系列内部管理制度,形成了运行顺畅、执行高效的知识产权管理体系。

五、助力打击侵权,涤清平台环境

作为月活跃账户数达到8亿多人次的QQ,平台上的侵权行为通常表现为用户自行填写的账号信息侵权,和用户在QQ群内保存的群文件内容侵权等。自2015年1月至2016年12月,微信共收到针对个人账号侵权投诉107000余件,其中,知识产权侵权投诉主要涉及商标权、著作权、专利权。同时期,微信共收到针对公众号文章侵权投诉61000余件,其中著作权侵权投诉接近一半,占总投诉量的41%,而商标权侵权投诉占10%。面对大量的侵权投诉,腾讯创新性保护技术与各项知识产权制度法规有机融合,并不断深耕,建立多层次、立体化的知识产权保护体系,创立方式便捷、响应快速、流程科学的侵权投诉路径,六款产品设置有多元化的投诉入口,为权利人指明维权的具体途径和详细方式,比如可以通过电话侵权投诉渠道进行投诉、发送电子邮件或者邮寄纸质信函,建立电子化、智能投诉平台,主动为用户和权利人搭建起通畅、便捷的投诉通道。

综上所述,从前期的导入、到后来的不断成长、成熟,腾讯在知识产权管理上从吃尽苦头到尝到甜头。腾讯的这一发展过程警醒我们,知识经济时代,知识产权管理工作应引起企业的高度重视,企业应提前布局、重视积累并优化组合,建立起适合自身发展的知识产权管理体系,使知识产权转化为现实的生产力,真正成为企业的核心竞争力。

第三节　国家电网知识产权战略建设经验

国家电网有限公司(以下简称"国家电网")是根据《中华人民共和国公司法》规定设立的中央直接管理的国有独资公司,是关系国民经济命脉和国家能源安全的特大型国有重点骨干企业。截至2023年9月,国家电网连续19年获评中央企业业绩考核A级企业。截至2024年8月,国家电网连续5年进入《财富》世界500强前三。2023年11月,国家电网入选通过复核的国家知识产权示范企业和优势企业。从商标和品牌管理角度而言,2024年6月19日,世界品牌实验室(World Brand Lab)在北京发布了2024年《中国500最具价值品牌》分析报告,国家电网以6538.86亿元的品牌价值荣登本年度最具价值品牌榜首。从专利管理角度而言,根据《2022年度国家电网有限公司专利信息年报》,国家电网累计拥有专利超过11万项,连续11年位居央企第一。国家电网在2008年申请和授权专利数量分别为2362件和567件,其中授权的发明专利仅57件。而到2022年专利申请量已增长至2.49万多件,发明专利授权量已增长至6043件。国家电网累计获得中国专利金奖12项,中国专利优秀奖162项。从著作权和商标管理角度而言,国家电网拥有的软件著作权数量由2008年的93项增长至2017年的千余项;公司的品牌价值由2008年的1116.42亿元增长至2018年的4065.69亿元,名列"中国500最具价值品牌"第一位,并在境外注册商标超过400件。总结而言,其经验具有以下几方面。

一、领导高度重视,坚持战略引领

国家电网将企业法治建设看作企业管理的重要组成部分,同时将知识产权管理看作企业法治建设的关键一环。企业的技术成果开发推广、整合、转化是知识产权管理的主要任务,是企业战略计划有序推进的重要内容。国家电网制定《国家电网法治企业建设白皮书》,深刻认识知识产权管理在企业的技术研发、技术改造、产品公关、企业形象等环节的作用,将知识产权工作提升到公司整体战略层面加以部署,激发员工的创新热情,提高企业的核心竞争力。为保证专利工作的前瞻性和计划性,国家电网制定《"十三五"专利战略规划》,确定了"十三五"期间的专利战略目标及后续重点任务。

二、集团层面运作，集约经营推进

国家电网以知识产权集团化运作为原则，全面实施知识产权的集中管理和统筹应用。国家电网经济法律部作为总部30个部门之一，是整个公司知识产权保护的管理部门，主要职责包括：参与知识产权政策和管理规章制度的研究与制定，负责有关知识产权的争议、诉讼处理，提供与知识产权相关的法律服务和支持等工作。国家电网大力开展知识产权权属的规范化工作，将公司总部作为公司系统知识产权的共同权利人，国家电网知识产权的集约化经营格局已逐步形成。

三、完善制度系统，实现统一管理

为加强知识产权管理，国家电网制定了《知识产权管理办法》和《科技成果转化管理办法》。管理办法全面规范专利申请、许可、转让及科技成果转化等流程；对知识产权实现了集团的统一管理和统筹应用。国家电网以知识产权集团化运作为原则，建立了企业级知识产权信息化系统，明确了各下属单位的专利数量、质量以及专利的产出效率等指标，成功实现了国家电网总部对各单位知识产权工作的统一管理。2018年，国家电网出台《国家电网公司知识产权法律保护管理办法（试行）》，以通用制度的形式明确了知识产权法律保护工作的职责分工、保护内容、纠纷应对、评价考核等事项，实现了国家电网系统各级单位知识产权法律保护工作的有"法"可依，为依法合规处置纠纷、强化保护提供了制度保障。

四、开展布局运营，建立管理体系

国家电网围绕"国家专利运营试点企业"建设目标，从法律、技术、应用3个层面开展了对专利成果的价值评价工作，并建立了以专利价值评估体系为基础的分级管理体系。法律层面主要从专利类型、权利要求书的撰写水平、背景专利情况、保护期限等衡量专利价值；技术层面主要是指从技术的新颖性、先进性、不可替代性等角度去衡量专利价值；应用层面主要从专利实施情况、对公司运转的重要程度、与标准契合程度、及获奖情况等判断该技术可被市场接受的程度。根据专利评分情况实现专利的分级管理，作出维持或放弃专利、强化布局或者自行实施、系统内（外）专利许可或转让、专利作价入股等决定，为科研攻关成果转化指明了方向，提高了知识产权管理工作的有效性和目的性。国家电网开展特高压、大电网安全等核心技术领域及12个科技攻关团队的专利布局的制订及滚动修编工作，系统分析了国内外重点企业的专利技术，结合实际情况，提出了相关技术领域的专利布局规划及具体申请计划。开展全球范围内的专利申请工作，在海外专利申请前开展检索分析，对专利的授权前景进行评估，有效指导核心技术的专利规划及部署工作，强化确权基础，提高了防范知识产权侵权的预警水平。2016年12月1日，国家电网上线了职工技术创新展示交流平台，用于展示、交流、查询、评审、推广成果，实现对职工技术创新的规范管理和专业服务。

五、尊重知识产权，防范法律风险

国家电网经济法律部会同科技部、信息通信部及相关单位专家组成检查组对国网信息通信产业集团有限公司进行了"知识产权法律保护专项检查"活动，听取了国网信通产业集团关于知识产权法律保护及合规管理工作情况汇报，实地检查了该公司下属单位的第三方软件授权情况、知识产权合同条款、知识产权纠纷处理等工作情况，指导其进一步完善知识产权法律风险防控措施，评估防范知识产权法律风险。国家电网经济法律部牵头编写了《知识产权法律保护实务问答》，鲁能集团、南瑞集团、国网信通产业集团、国网信通公司、英大传媒、中国电科院6家直属单位共同参加，突出"实用、好用"的编制原则，整合公司系统法律资源，全面总结和思考公司知识产权法律保护工作，对实务领域的常见问题和典型案例进行分析阐释，进一步推进公司系统知识产权法律保护和宣传教育工作，提高员工的知识产权保护实务水平。

六、维护知识产权，捍卫合法权益

国家电网为了强化知识产权保护工作，印发《国家电网公司关于进一步加强知识产权保护相关工作的通知》，部署加强专利全过程管控与保护、深入推进图书类著作权的保护、巩固软件著作权管理成果、加大对假冒商标打击力度、切实落实商业秘密管理和保护责任等五项重点工作。国家电网坚持尊重知识、使用正版、杜绝盗版的价值导向，长期以来努力推进软件正版化工作。2017年，国家电网新制定软件资产管理办法，明确权责关系，提高软件资产综合效能，提升软件资产标准化、精益化、信息化管理水平。组织开展软件正版化检查，对各级单位的办公计算机及服务器进行了深入检查，完成操作系统、办公软件、杀毒软件等软件分布情况的统计分析，对检查中发现的问题进行了整改。保障正版软件资金并落实采购工作，统一组织集中招标采购，确保正版软件授权许可，集中采购相关软件的技术支持服务。开展正版软件使用的培训及宣贯，制作办公软件功能和使用技巧讲解课件，提升员工使用正版软件的法律意识。国家电网坚持主动维权，努力捍卫合法商标权益。国家电网高度重视商标商号管理和维权工作，所属鲁能、南瑞集团等产业单位建立了全方位、立体化的商标商号法律保护体系。根据产品系列，结合未来发展规划，积极开展商标的体系性、防御性和前瞻性的系统注册；实施驰名、著名商标申请，扩大法律保护的地域范围和法律效力。构建网络监控与市场监控有效结合的立体化商标监控机制，对商标异常动态、网络侵权、市场侵权等情况，全方位、多角度地开展监测预警。针对商标侵权行为，综合采取发律师函、投诉举报、主动起诉等维权方式，启动救济程序。针对侵权企业，收集证据材料，实施专项集中打假维权，积极维护合法权益。

第三章　国有企业知识产权合规体系建设实务

当今世界正在经历百年未有之大变局。新时代我国全面对外开放呈现新格局,中国经济已经深度地融入了世界经济;"一带一路"合作全面深化,中国企业越来越多地走向国际舞台参与国际竞争。不合规可能给企业带来高额处罚、信誉危机甚至休克破产,企业合规体系建设和企业合规管理已经关乎企业的生死存亡,已经成为企业发展的刚性需求。同时,通过企业合规体系建设,可以使企业规避违规风险、收获合规红利,提升企业竞争力,我国企业迫切需要全面提高企业合规水平。2021年3月,第十三届全国人民代表大会第四次会议审议通过了《国民经济和社会发展第十四个五年规划和2035年远景目标纲要》,其中明确要求,"引导企业加强合规管理,防范化解境外政治、经济、安全等各类风险",同时指出,"推动民营企业守法合规经营"。随着知识产权成为企业的核心竞争力和发展的战略性资源,知识产权合规已经成为企业合规体系的重要组成部分,迫切需要在全面合规的总体思路下加快建设企业知识产权合规体系。特别是,新冠疫情全球肆虐,逆全球化趋势加剧,单边主义、保护主义抬头,使得企业知识产权合规体系建设的紧迫性更加突出。

第一节　企业合规体系建设总体理解

党的十八大以来,党中央、国务院高度重视企业合规体系建设。2017年5月23日,习近平总书记在中央全面深化改革领导小组第三十五次会议上明确要求,"加强企业海外经营合规制度建设"。同时,会议审议通过《关于规范企业海外经营行为的若干意见》,于2017年5月23日起实施,对加强企业海外行为自律和监管,提高企业海外行为合规性作出全面部署。2018年8月,习近平总书记在推进"一带一路"建设工作五周年座谈会上,对企业合规体系建设提出明确指示,"企业要规范投资经营行为,合法合规经营,履行社会责任,全面提高境外安全保障和应对风险的能力。"2018年11月,习近平总书记在民营企业座谈会上明确提出,引导民营企业加强合规管理,要求民营企业"在合法合规中提高企业创新竞争能力"。可以说,对各种类型的企业而言,建设合规体系都是重要任务。

一、我国企业合规体系建设基本概念

合规,顾名思义是"合乎规矩"之意。国内外学者、相关机构部门对于合规含义的解读通常从合规的主体、客体两个维度出发,分析"谁要合规"和"合什么规"两个方面。从广义角度而言,合规的主体概念通常会被弱化,更多地被解读为一种有序、稳定、持续遵守规则、法律、标准和政策的过程和状态;从狭义角度而言,合规一般仅指企业合规,即企业及其员工的经营管理行为符合有关法律法规、国际条例、监督规定、行业准则、商业惯例、道德规范和企业依法制定的章程及规则制度等要求。

二、我国企业合规体系建设发展回顾

一般认为,合规起源于20世纪前半叶的美国,随着1991年《针对机构实体联邦量刑指南》的出台而系统化和走向成熟。❶随着跨国公司的全球运营,合规理念逐步传播到其他国家和地区。我国企业合规体系建设肇始于20世纪70年代末三资企业建立时引入的国外跨国企业集团合规管理理念和实践,之后不断丰富完善。我国企业合规体系建设可以分为三个阶段:

(一)初步探索阶段

初步探索阶段(20世纪70年代末到21世纪初):金融机构的积极探索。早在20世纪70年代末到21世纪初,随着三资企业引入合规管理的理念和实践,我国金融行业特别是商业银行和保险公司等国有企业开始探索合规体系建设工作。2006年10月25日,中国银行业监督管理委员会根据《中华人民共和国银行业监督管理法》和《中华人民共和国商业银行法》颁布实施了《商业银行合规风险管理指引》(银监发〔2006〕76号)❷。《商业银行合规风险管理指引》第四条明确规定,合规管理是

---

❶ 刘相文,等.中国企业合规体系建设实务指南[M].北京:中国人民大学出版社,2019:31-32.

❷ 银监会发布《商业银行合规风险管理指引》[EB/OL].(2006-10-25)[2024-09-03]. https://www.cbirc.gov.cn/cn/view/pages/ItemDetail.html?docId=797&itemId=915&generaltype=0

商业银行一项核心的风险管理活动,商业银行合规风险管理的目标是通过建立健全合规风险管理框架,实现对合规风险的有效识别和管理,促进全面风险管理体系建设,确保依法合规经营。同时,《商业银行合规风险管理指引》从董事会、监事会和高级管理层的合规管理职责,合规管理部门职责,合规风险监管等方面进行了系统规定。该指引适用于我国境内设立的中资商业银行、外资独资银行、中外合资银行和外国银行分行,在我国境内设立的政策性银行、金融资产管理公司、城市信用合作社、农村信用合作社、信托投资公司、企业集团财务公司、金融租赁公司、汽车金融公司、货币经纪公司、邮政储蓄机构以及经银监会批准设立的其他金融机构参照该指引执行,合规体系建设率先在金融行业开展。该指引进一步要求商业银行建立与其经营范围、组织结构和业务规模相适应的合规风险管理体系,内容包括合规政策、合规管理部门的组织结构和资源、合规风险管理计划、合规风险识别和管理流程以及合规培训与教育制度。

2007年9月7日,中国保险监督管理委员会根据《中华人民共和国公司法》《保险公司管理规定》和《关于规范保险公司治理结构的指导意见(试行)》发布《保险公司合规管理指引》(保监发〔2007〕91号)。《保险公司合规管理指引》从合规职责、合规管理、合规管理的外部监管等方面加以规范。2008年7月14日,中国证券监督管理委员会颁布《证券公司合规管理试行规定》(中国证券监督管理委员会公告〔2008〕30号)。基于文件要求,我国很多金融机构在2010年前后就开始了合规体系建设的一些工作。例如,中国建设银行不断充实和扩展合规部门的职责,并在2007年增加了"负责全行内外部审计、监督检查牵头整改工作"的职责,将合规理念及合规管理渗透到业务运行、管理的各个环节,逐渐嵌入到流程之中而不是游离于流程之外。[1]再如,有学者建议中国邮政储蓄银行加强管理体系建设、培养合格管理人才、加强监管、提高合规风险管理意识。[2]可以说,我国企业的合规管理,率先在银行业、保险业等金融行业探索发展,积累了丰富的制度经验。

---

[1] 延红梅.加强商业银行合规风险管理机制建设:访中国建设银行合规部总经理郦锡文[J].中国金融,2007(12):34-36.

[2] 张晓波,李娅娅.中国邮政储蓄银行合规风险管理的研究[J].中国证券期货,2011(6):146-147.

(二)逐步开启阶段

逐步开启阶段(21世纪初到2017年):合规体系建设逐步启动。21世纪初到2017年,特别是党的十八大以来,将国有企业合规管理工作提高到新的高度,企业合规体系建设逐步拓展到其他行业,获得了全面的拓展和提升。党的十八大报告指出,深化国有企业改革,完善各类国有资产管理体制,推动国有资本更多投向关系国家安全和国民经济命脉的重要行业和关键领域,不断增强国有经济活力、控制力、影响力。党的十九大报告提出,深化国有企业改革,培育具有全球竞争力的世界一流企业。这对新时代国有企业相关工作的开展提出了明确的要求。习近平总书记明确提出,国有企业是壮大国家综合实力、保障人民共同利益的重要力量,必须理直气壮做强做优做大,着力创新体制机制,加快建立现代企业制度,发挥国有企业各类人才积极性、主动性、创造性,激发各类要素活力。

一是,将企业合规体系建设提升到前所未有的高度,积极开展试点,将合规体系建设的适用范围拓展到所有行业。为了深入贯彻落实党的十八大和十九大精神,国务院国有资产监督管理委员会于2014年明确提出中央企业要探索开展合规管理。同时,企业海外经营行为合规是企业合规管理的重点。2015年12月8日,国务院国有资产监督管理委员会印发《关于全面推进法治央企建设的意见》(国资发法规〔2015〕166号),对中央企业合规体系建设提出了明确要求:中央企业加快提升合规管理能力,建立由总法律顾问领导,法律事务机构作为牵头部门,相关部门共同参与、齐抓共管的合规管理工作体系,研究制定统一有效、全面覆盖、内容明确的合规制度准则,加强合规教育培训,努力形成全员合规的良性机制。探索建立法律、合规、风险、内控一体化管理平台。加强知识产权管理,强化知识产权保护,为企业自主创新、转型升级、品牌建设提供有力支撑。健全完善法律风险防范、纠纷案件处理等各项法律管理制度,探索创新法律管理方式方法,大力推进信息化建设,提高管理效能。《关于全面推进法治央企建设的意见》提出的2020年目标是,中央企业依法治理能力进一步增强,依法合规经营水平显著提升,依法规范管理能力不断强化,全员法治素质明显提高,企业法治文化更加浓厚,依法治企能力达到国际同行业先进水平,努力成为治理完善、经营合规、管理规范、守法诚信的法治央企。

二是,积极开展合规管理体系建设试点工作,通过试点积累、总结、凝练经验。2016年4月18日,国务院国有资产监督管理委员会印发《关于在部分中央企业开展合规管理体系建设试点工作的通知》(国资厅发法规〔2016〕23号),在中国石油、中国移动、东方电气集团、招商局集团、中国中铁等5家企业开展合规管理体系建设试点,不断探索,积累经验。2016年8月2日,国务院办公厅发布《关于建立国有企业违规经营投资责任追究制度的意见》(国办发〔2016〕63号)落实国有资本保值增值责任,完善国有资产监管,防止国有资产流失。同时,进一步更新相关文件。2016年12月30日,中国保险监督管理委员会印发《保险公司合规管理办法》,要求设置合规管理部门、合规岗位,并配备符合规定的合规人员。该文件自2017年7月1日起施行,同时废止上述《保险公司合规管理指引》。2017年6月6日,中国证券监督管理委员会发布《证券公司和证券投资基金管理公司合规管理办法》(中国证券监督管理委员会令第133号),自2017年10月1日起施行,并同时废止《证券公司合规管理试行规定》。

三是,将内容拓展到包括海外行为合规性在内的经营行为合规性范围。2017年5月23日,中央全面深化改革领导小组第三十五次会议审议通过《关于规范企业海外经营行为的若干意见》,于2017年5月23日起实施,对加强企业海外行为自律和监管,提高企业海外行为合规性作出全面部署。为深入贯彻落实文件精神,中国银行业监督管理委员会2017年1月25日发布《关于规范银行业服务企业走出去 加强风险防控的指导意见》(银监发〔2017〕1号),规范银行业金融机构境外经营行为,提升支持企业走出去服务能力。

四是,总结形成标准。2017年12月29日,国家标准化管理委员会发布了ISO 19600《合规管理体系指南》(GB/T 35770—2017),该标准于2018年8月1日起实施,成为包括国有企业在内的我国企业开展合规管理的重要文件(已于2022年10月12日废止)。该标准以良好治理、比例原则、透明和可持续性原则为基础,给出了合规管理体系的各项要素以及各类组织建立、实施、评价和改进合规管理体系的指导和建议。同时,该标准不具强制性,企业可以自主选择是否采用和实施。进一步,2018年7月13日,国资委发布《中央企业违规经营投资责任追究实施办法(试行)》(国资委第37号令),加强和规范中央企业违规经营投资责任追究工作。

(三)全面推进阶段

全面推进阶段(2018年至2020年):企业合规体系建设全面推进。2018年堪称我国的合规元年,企业合规体系建设已经成为近年来的热点。随着《中央企业合规管理指引(试行)》和《企业境外经营合规管理指引》的印发,国有企业合规管理体系建设全面推进,企业合规体系建设的系统水平不断提升。2018年11月5日,国务院国有资产监督管理委员会按照"试点先行、稳步推进"的工作思路,在总结上述5家试点企业经验的基础上,印发《中央企业合规管理指引(试行)》(国资发法规〔2018〕106号),为中央企业合规管理提供重要政策引导。《中央企业合规管理指引(试行)》首先在我国中央企业全面落实,同时对其他国有企业的合规管理起到重要推动作用,并为其他所有制企业所广泛借鉴和采用。可以说,《中央企业合规管理指引(试行)》成了我国依法治企的加速器,也成了中国企业合规管理发展过程中的重要里程碑。

同时,企业境外经营合规管理也在不断深化。2017年12月,国家发展改革委、商务部、人民银行、外交部、全国工商联等发布《民营企业境外投资经营行为规范》,引导和规范民营企业境外投资经营活动,防范境外投资经营风险,促进"走出去"健康有序发展。2018年12月26日,国家发展改革委、外交部、商务部、人民银行、国资委、外汇局、全国工商联共同发布《企业境外经营合规管理指引》(发改外资〔2018〕1916号)。《企业境外经营合规管理指引》包括总则,合规管理要求,合规管理架构,合规管理制度,合规管理运行机制,合规风险识别、评估与处置,合规评审与改进,合规文化建设等八部分,具有基础性、针对性、系统性,对企业境外经营合规管理具有重要指导和规范意义。可以说,《中央企业合规管理指引(试行)》和《企业境外经营合规管理指引》成为我国企业合规体系建设的两大基础指引。

另外,2019年10月19日,国务院国有资产监督管理委员会进一步印发《关于加强中央企业内部控制体系建设与监督工作的实施意见》(国资发监督规〔2019〕101号)。通过内部控制体系建设与监督工作积极推动中央企业合规体系建设的全面推进。

(四)系统深入阶段

系统深入阶段(2021年至今):企业合规体系建设逐步走向深入,不断提升系统化水平。随着合规第三方监督评估机制的建立和合规强化年的部署,国有企业合规管理体系建设不断深入。2021年6月3日,最高人民检察院在总结前期合规改革试点基础上,会同国务院国有资产监督管理委员会等8个部委联合印发了《关于建立涉案企业合规第三方监督评估机制的指导意见(试行)》,其中明确由国资委牵头组织对涉案国有企业合规管理情况进行调查、评估、监督和考察,并将结果作为是否起诉及量刑的重要参考,对于推动企业更加重视合规、依法依规经营具有重要的正向激励作用。由此,国资委将指导企业进一步健全合规管理制度,完善组织体系,围绕企业合规风险较大的重点领域,细化工作举措,推动重要岗位、重点人员合规职责落实落地。

为了深入贯彻落实《中央企业合规管理指引(试行)》和《企业境外经营合规管理指引》,国资委出台了4批10余个重点领域合规管理指南[1],包括《反商业贿赂》《反垄断(经营者集中)》《商业秘密保护》《反垄断(垄断协议、滥用市场支配地位)》《PPP》《个人信息保护》《商业伙伴》《劳动用工》《出口管制》《法人人格否定视域下国有企业母子公司管控》《世界银行制裁》等系列合规管理指南,指导企业加快推进合规管理体系建设,取得积极进展和明显成效。下面以商业秘密保护合规管理指南为例加以说明。商业秘密保护合规管理指南在综述了商业秘密保护范围、侵权构成要件、侵权认定等内容的基础上,介绍了主要国家和地区商业秘密保护法律体系,重点围绕制度建设(台账制度、培训制度、奖惩制度)、组织保障(保密委员会、保

---

[1] 2021年12月3日,国资委中央企业"合规管理强化年"工作部署会上发布了第四批中央企业合规管理系列指南,参见国务院国资委召开中央企业"合规管理强化年"工作部署会[EB/OL].(2021-12-03)[2022-04-05]. http://www.sasac.gov.cn/n2588025/n2643314/c22053695/content.html.

密办公室、商业秘密管理人员)、涉密人员管理、涉密信息管理(包括涉密载体、涉密场所等)、商业秘密合规审查以及应急措施等进行部署。

在上述四个阶段的发展基础上,国务院国有资产监督管理委员会发布《中央企业合规管理办法(公开征求意见稿)》。现将上述我国国有企业合规管理体系建设的文件总结如下表。

我国国有企业合规管理体系建设文件总结

序号	发布时间	发布单位	文件名称	文号
1	2006年10月20日	中国银行业监督管理委员会	《商业银行合规风险管理指引》	银监发〔2006〕76号
2	2007年9月7日	中国保险监督管理委员会	《保险公司合规管理指引》	保监发〔2007〕91号
3	2015年12月8日	国务院国有资产监督管理委员会	《关于全面推进法治央企建设的意见》	国资发法规〔2015〕166号
4	2016年4月18日	国务院国有资产监督管理委员会	《关于在部分中央企业开展合规管理体系建设试点工作的通知》	国资厅发法规〔2016〕23号
5	2016年8月2日	国务院办公厅	《关于建立国有企业违规经营投资责任追究制度的意见》	国办发〔2016〕63号
6	2017年5月23日	中央全面深化改革领导小组第三十五次会议	《关于规范企业海外经营行为的若干意见》	—
7	2017年12月29日	国家标准化管理委员会	《合规管理体系指南》	GB/T 35770—2017
8	2018年7月13日	国务院国有资产监督管理委员会	《中央企业违规经营投资责任追究实施办法(试行)》	国资委第37号
9	2018年11月5日	国务院国有资产监督管理委员会	《中央企业合规管理指引(试行)》	国资发法规〔2018〕106号

续表

序号	发布时间	发布单位	文件名称	文号
10	2018年12月26日	国家发展和改革委员会、外交部、商务部、中国人民银行、国务院国有资产监督管理委员会等	《企业境外经营合规管理指引》	发改外资〔2018〕1916号
11	2021年6月3日	最高人民检察院、司法部、财政部、生态环境部、国务院国有资产监督管理委员会等	《关于建立涉案企业合规第三方监督评估机制的指导意见(试行)》	—
12	2022年8月23日	国务院国有资产监督管理委员会	《中央企业合规管理办法》	国资委第42号

三、企业知识产权合规体系建设要求

随着知识经济深入推进,知识产权已经成为企业发展的战略资源和竞争力的核心要素。因此,作为我国企业合规体系建设的两大指引,《中央企业合规管理指引(试行)》和《企业境外经营合规管理指引》均将知识产权合规作为企业大合规的重要组成部分。

(一)《中央企业合规管理指引(试行)》的要求

《中央企业合规管理指引(试行)》的主要内容可以概括为,"一个理念、两大制度、三大机制、四大原则、五种职责、六大保障、七大重点"。"一个理念",就是大合规的理念,亦即为了推动中央企业全面加强合规管理,加快提升中央企业依法合规经营管理水平,着力打造法治央企,保障企业持续健康发展,将"合规"拓展到中央企业及其员工的经营管理行为符合法律法规、监管规定、行为准则和企业章程、规章制度以及国际条约、规则等要求的范围。从而,"合规管理",就是以有效防控合规风险为目的,以企业和员工经营管理行为为对象,开展包括制度制定、风险识别、合规审查、风险应对、责任追究、考核评价、合规培训等有组织、有计划的管理活动。

"两大制度",即合规管理制度和合规报告制度。其中,合规管理制度,就是中央企业全员应当普遍遵守的合规行为规范,同时需要及时将外部有关合规要求及时转化为内部规章制度,包括重点领域的专项合规制度。合规报告制度,就是指发生较大的合规风险事件,合规管理牵头部门和相关部门应当及时向合规管理负责人、分管领导报告,重大合规风险事件需要向国有资产监督管理委员会和有关部门报告。

"三大机制",即合规风险识别预警机制、合规审查机制、违规行为处罚机制。其中,合规风险识别预警机制,就是分析经营活动中存在的合规风险,对风险发生的可能性、影响程度、潜在后果等进行系统分析,对典型性、普遍性和可能产生较为严重后果的风险及时发布预警。合规审查机制,就是在规章制度制定、重大事项决策、重要合同签订、重大项目运营等经营管理行为中,将合规审查作为必经程序和必要环节,未经合规审查不得实施。违规行为处罚机制,就是明晰违规责任范围,细化惩处标准,强化违规问责。

"四大原则",即全面覆盖原则、强化责任原则、协同联动原则和客观独立原则。"全面覆盖原则",就是要坚持将合规要求覆盖各业务领域、各部门、各级子企业和分支机构、全体员工,覆盖决策、执行、监督全流程。"强化责任原则",就是把加强合规管理作为企业主要负责人履行推进法治建设第一责任人的职责的重要内容,建立全员合规责任制,明确管理人员和各岗位员工的合规责任并督促有效落实。"协同联动原则",就是推动合规管理与法律风险防范、监察、审计、内控、风险管理工作相统筹、相衔接,确保合规管理体系有效运行。"客观独立原则",就是严格依照法律法规等规定对企业和员工行为进行客观评价和处理,合规管理牵头部门独立履行职责,不受其他部门和人员的干涉。

"五种职责",即董事会、监事会、经理层、中央企业相关负责人或者总法律顾问、法律事务机构或者其他机构等五个部门分别承担五种职责。董事会承担的合规管理职责包括,批准企业合规管理战略规划、基本制度和年度报告,推动完善合规管理体系,决定合规管理负责人的任免,决定合规管理牵头部门的设置和职能,研究决定合规管理有关重大事项以及按照权限决定有关违规人员的处理事项。监事会承担的合规管理职责包括,监督董事会的决策与流程是否合规,监督董事和高级管理人员的合规管理职责履行情况,对引发重大合规风险负有主要责任的董事、高级管理人员提出罢免建议,向董事会提出撤换公司合规管理负责人的建议。经理层承担的合规管理职责包括,根据董事会决定建立健全合规管理组织架构,批准合规管理具体制度的规定,批准合规管理计划并采取措施确保合规制度得到有效执行,明确合规管理流程并确保合规要求融入业务领域,及时制止并纠正不合规的经营行为,按照权限对违规人员进行责任追究或提出处理建议等。中央企业合规委员会与企业法治建设领导小组或者风险控制委员会等合署办公,承担合规管理的组织领导和统筹协调工作,中央企业相关负责人或者总法律顾问担任合规管理负责人,主要负责组织制定合规管理战略规划、参与企业重大决策并提出合规意见、领导合规管理牵头部门开展工作、向董事会和总经理汇报合规管理重大事项、组织起草合规管理年度报告。法律事务机构或者其他机构作为合规管理牵头部门,组织、协调和监督合规管理工作,主要职责包括,研究起草合规管理计划、基本制度和具体制度规定;持续关注法律法规等规则变化,组织开展合规风险识别和预警,参与企业重大事项合规审查和风险应对,组织开展合规检查与考核,对制度和流程进行合规性评价,督促违规整改和持续改进;指导所属单位合规管理工作;指导所属单位合规管理工作;组织或者协助业务部门、人事部门开展合规培训。同时,各业务部门负责本领域的日常合规管理工作。

"六大保障",就是加强中央企业合规管理的条件保障,包括人、财、物、信息、文化环境、合规培训等六个方面的条件保障。

"七大重点",就是中央企业应当突出重点领域、重点环节和重点人员的合规风险防范,尤其是,加强对市场交易、安全环保、产品质量、劳动用工、财务税收、知识产权、商业伙伴等七大重点领域的合规风险防范。

《中央企业合规管理指引(试行)》的出台,对中央企业的合规体系建设具有重要指导作用,对加强中央企业合规管理、加快提升依法合规经营管理水平、着力打造法治央企具有重要意义,对中央企业合规体系建设提出了新的更高要求,对其他类型的企业也具有重要参照作用。《中央企业合规管理指引(试行)》要求,结合本企业实际情况,重点围绕市场交易、安全环保、产品质量、劳动用工、财务税收、知识产权、商业伙伴等七大重点领域的合规风险防范出台本企业相关制度,以法治化的手段推进合规管理体系运行工作。可见,指引将"知识产权合规"作为中央企业合规体系建设的重点内容加以部署。同时,该指引进一步提出,"及时申请注册知识产权成果,规范实施许可和转让,加强对商业秘密和商标的保护,依法规范使用他人知识产权,防止侵权行为"。

(二)《中央企业合规管理办法》的要求

2022年8月23日,国务院国有资产监督管理委员会令第42号公布《中央企业合规管理办法》,该办法自2022年10月1日起施行。《中央企业合规管理办法》根据《中华人民共和国公司法》《企业国有资产法》等有关法律法规并结合中央企业实际加以制定,是落实《法治中国建设规划(2020—2025年)》《法治社会建设实施纲要(2020—2025年)》等中央文件关于企业树立合规意识,守法诚信、合法经营的明确要求的重要举措,是按照国资委《关于进一步深化法治央企建设的意见》关于"持续深化法治央企建设,着力构建世界一流企业的合规制度体系,不断提升依法治企能力,助推企业高质量发展"的关键举措形成的细化方案,是总结2018年《中央企业合规管理指引(试行)》发布以来的实施经验,全面落实"合规管理强化年"的工作部署、推动企业加快突破难点、补齐短板、建立健全企业合规管理体系的新指引,对中央企业乃至于国有企业合规管理体系建设具有重要意义。《中央企业合规管理办法》是国资委成立以来第一个针对合规管理发布的部门规章,作为《中央企业合规管理指引(试行)》的"升级版",主要体现在"聚化""优化""强化""内化""细化""精化"六个方面。

(1)提升规范层级,聚化规则体例。

《中央企业合规管理指引(试行)》是国资委发布的公共政策,而《中央企业合规管理办法》以部门规章形式出台,成为正式的法律渊源。同时,从内容看,《中央企业合规管理办法》共八章四十二条。第一章"总则",明确了《中央企业合规管理办法》适用范围与合规管理基本原则。第二章"组织和职责",明确党委(党组)、董事会、经理层,以及业务部门、牵头部门、监督部门合规管理职责。第三章"制度建设",要求企业建立健全分级分类合规管理制度体系,制定合规管理基本制度、重点领域制度和岗位职责清单,并从修订完善、宣贯与执行等方面作出工作部署。第四章"运行机制",从合规风险识别预警、风险应对、合法合规性审查机制、问题整改、合规举报和风险报告等方面提出要求。第五章"合规文化",从组织开展合规专题学习、加强法治宣传教育、建立常态化合规培训机制等方面,对培育合规文化提出要求。第六章"信息化建设",要求企业加快建立合规管理信息系统,运用信息化手段将合规要求嵌入业务流程,实现对重点领域、关键节点的实时动态监测。第七章"监督问责",强化对违规行为的追责力度。第八章"附则",要求中央企业和地方国有资产监督管理机构参照本办法,结合实际加快完善合规管理制度。相对于《中央企业合规管理指引(试行)》所具有的总则、合规管理职责、合规管理重点、合规管理运行、合规管理保障、附则的六章体例,更加全面。

(2)拓展合规范围,优化风险管理。

第一,《中央企业合规管理办法》相比于《中央企业合规管理指引(试行)》拓展了合规的范围。《中央企业合规管理指引(试行)》第二条第二款规定,"本指引所称合规,是指中央企业及其员工的经营管理行为符合法律法规、监管规定、行业准则和企业章程、规章制度以及国际条约、规则等要求。"《中央企业合规管理办法》作了拓展,第三条第一款提出,"本办法所称合规,是指企业经营管理行为和员工履职行为符合国家法律法规、监管规定行业准则和国际条约、规则,以及公司章程、相关规章制度等要求。"特别是,第七条第二款要求,"中央企业应当严格遵守党内法规制度"与之相适应,《中央企业合规管理办法》第七条新增了"党委(党组)作用",亦即,"中央企业党委(党组)发挥把方向、管大局、促落实的领导作用,推动合规要求在本企业得到严格遵循和落实,不断提升依法合规经营管理水平。"

第二,《中央企业合规管理办法》相比于《中央企业合规管理指引(试行)》进一步强调了"合规风险"的概念,将"企业及其员工在经营管理过程中因违规行为引发法律责任、造成经济或者声誉损失以及其他负面影响的可能性"纳入其中。《中央企业合规管理指引(试行)》第二条第三款规定,"合规风险,是指中央企业及其员工因不合规行为,引发法律责任、受到相关处罚、造成经济或声誉损失以及其他负面影响的可能性。"

第三,《中央企业合规管理办法》相比于《中央企业合规管理指引(试行)》进一步强调了"提升依法合规经营管理水平"这一导向。《中央企业合规管理办法》第三条第三款提出,"本办法所称合规管理,是指企业以有效防控合规风险为目的,以提升依法合规经营管理水平为导向,以企业经营管理行为和员工履职行为为对象,开展的包括建立合规制度、完善运行机制、培育合规文化、强化监督问责等有组织、有计划的管理活动。"

(3)凝练基本原则,强化评价职责。

《中央企业合规管理指引(试行)》第四条规定中央企业建立健全合规管理体系的基本原则包括全面覆盖、强化责任、协同联动、客观独立,《中央企业合规管理办法》进一步优化为坚持党的领导、坚持全面覆盖、坚持权责清晰、坚持务实高效。其中在坚持全面覆盖的原则性要求的基础上,进一步强调充分发挥企业党委(党组)领导作用,落实全面依法治国战略部署要求,把党的领导贯穿合规管理全过程;按照"管业务必须管合规"的要求,明确业务及职能部门、合规管理部门和监督部门的职责;建立健全符合企业实际的合规管理体系,突出对重点领域、关键环节和重点人员的管理,充分利用大数据等信息化手段,切实提高管理效能。同时,《中央企业合规管理办法》第四条在坚持《中央企业合规管理指引(试行)》规定的"国资委负责指导、监督中央企业合规管理工作"基础上,进一步要求国资委"对合规管理体系建设情况及其有效性进行考核评价,依据相关规定对违规行为开展责任追究",强化了国资委的合规管理体系建设情况评价职责。

(4)明确职责分工,内化全员参与。

《中央企业合规管理办法》第二章"组织和职责"部分相对于《中央企业合规管理指引(试行)》第二章"合规管理职责"部分,进一步明确了职责分工,强化全员参与。

第一,以全面合规为导向进一步明确各个层级合规的职责。如前所述,《中央企业合规管理办法》第七条新增的"党委(党组)作用"内容。具体职责分工如下:党委(党组)发挥把方向、管大局、促落实的领导作用,推动合规要求在本企业得到严格遵循和落实,不断提升依法合规经营管理水平;董事会发挥定战略、作决策、防风险作用,经理层发挥谋经营、抓落实、强管理作用,企业主要负责人履行依法合规经营管理重要组织者、推动者和实践者的职责,合规委员会履行合规管理的组织领导和统筹协调职责,业务部门履行本领域合规管理责任主体的"第一道防线"职责,合规管理牵头部门履行组织开展合规日常工作的"第二道防线"职责,纪检监察机构和审计巡视等部门在职责范围内履行"第三道防线"职责,同时强调全体员工依法合规履行岗位职责并对自身行为的合法合规性承担责任。综上所述,《中央企业合规管理办法》进一步明晰了党委(党组)的职责,将合规管理体系建设纳入党委(党组)重要工作中;明确了第一责任人、合规委员会及其办公室、首席合规官、合规牵头部门的职责;强化了业务部门的职责;新增了纪检监察机构和审计巡视等部门的职责,并特别规定了全员参与的要求。

第二,以落实责任为导向明确第一责任人、合规委员会及其办公室、首席合规官、合规牵头部门的职责。一方面,《中央企业合规管理办法》第二章"组织和职责"部分专门规定,企业主要负责人作为推进法治建设的第一责任人,应当切实履行依法合规经营重要组织者、推动者和实践者职责,积极推动合规管理各项工作。另一方面,《中央企业合规管理办法》在坚持《中央企业合规管理指引(试行)》所要求的"合规委员会"的基础上,进一步要求设立"首席合规官",首席合规官由总法律顾问兼任,并对企业主要负责人负责,并且相对于《中央企业合规管理指引(试行)》第九条规定的"合规管理负责人"的职责,增加了领导合规管理部门组织开展相关工作,以及指导所属单位加强合规管理。此外,对合规管理部门能力建设提出新的要求。《中央企业合规管理办法》规定,"合规管理牵头部门应当配备与经营规模、业务范围、风险水平相适应的专职合规管理人员,加强业务培训,提升专业化水平。"

第三,以全面合规为导向明确了合规管理的第一道、第二道、第三道防线。首先,《中央企业合规管理办法》将业务部门作为合规管理的"第一道防线",本领域合规管理责任主体,与《中央企业合规管理指引(试行)》相比调整了条文顺序,将其列到牵头部门的职责之前,体现了"第一道防线"的作用。同时,进一步强化了业务部门的两项职责:组织或配合进行本领域合规评估、违规问题调查并及时整改;向合规管理牵头部门报送本领域合规管理年度计划、工作总结。进一步,《中央企业合规管理办法》要求,业务部门应当设置合规管理员,由业务骨干担任,负责本部门合规风险识别、评估、处置等工作,接受合规管理牵头部门业务指导和培训。其次,《中央企业合规管理办法》将组织开展合规日常工作的合规管理牵头部门作为合规的"第二道防线"。同时,进一步强化了合规管理牵头部门参与企业重大事项合法合规性审查提出意见和建议的职责。还有,《中央企业合规管理办法》将纪检监察机构和审计、巡视等部门作为"第三道防线"履行合规职责。《中央企业合规管理指引(试行)》第十一条第二款仅仅作出了原则性规定,"监察、审计、法律、内控、风险管理、安全生产、质量环保等相关部门,在职权范围内履行合规管理职责。"相比而言,《中央企业合规管理办法》强化了纪检监察机构和审计、巡视等部门的合规管理职责,明确将其纳入合规管理工作体系,强调其在职权范围内履行"第三道防线"职责。进一步,《中央企业合规管理办法》规定了纪检监察机构和审计、巡视等部门具有如下职责:对企业经营管理行为进行监督,为违规行为提出整改意见;会同合规管理牵头部门、相关业务部门对合规管理工作开展全面检查或专项检查;对企业和相关部门整改落实情况进行监督检查;在职责范围内对违规事件进行调查,并结合违规事实、造成损失等追究相关部门和人员责任;对完善企业合规管理体系提出意见和建议;公司章程等规定的其他职责。

(5)建构制度体系,细化运行机制。

第一,《中央企业合规管理办法》专门设立"制度建设"一章,对制度体系的建构提出明确要求。一是制度体系化。《中央企业合规管理指引(试行)》仅仅提及"建立健全合规管理制度",《中央企业合规管理办法》提出了"基本制度—重点领域合规指南—操作手册"的分级分类合规管理制度体系。二是制度规范化。《中央企业合规管理办法》明确提出,中央企业应当制定合规管理基本制度,明确合规管理总体目标、机构职责、运行机制、考核评价、监督问责等。涉外业务较多的中央企业可以针对特定业务领域或国别(地区)的合规要求,结合实际需要,制定相应的涉外业务合规管理制度。三是制度实操化。《中央企业合规管理办法》进一步规定了岗位合规职责清单和合规管理制度的修订完善、宣贯执行等内容,提高制度的实效性,保障制度的实际操作效果。

第二,《中央企业合规管理办法》"运行机制"一章细化了工作机制,强化风险识别,提出建立合规风险数据库。《中央企业合规管理办法》第四章"运行机制"第二十条提出,"中央企业应当建立合规风险识别评估预警机制,全面梳理经营管理活动中的合规风险,建立并定期更新合规风险数据库,对风险发生的可能性、影响程度、潜在后果等进行分析,对典型性、普遍性或者可能产生严重后果的风险及时预警。"第二十一条提出,"业务及职能部门、合规管理部门依据职责权限完善审查标准、流程、重点等,定期对审查情况开展后评估。"相对于《中央企业合规管理指引(试行)》而言,首次提出了"建立合规风险数据库"以及合规管理部门对合规风险数据库的归口管理与更新完善职责。

第三,《中央企业合规管理办法》在进一步细化《中央企业合规管理指引(试行)》提出的合规风险识别预警机制、合规风险应对机制、合法合规性审查机制的基础上,提出了问题整改机制、合规举报机制、合规报告机制三大合规风险发现机制。首先,第二十三条提出,建立违规问题整改机制,通过健全规章制度、优化业务流程等,堵塞管理漏洞,提升依法合规管理水平。第二十四条明确,健全合规举报制度,设立违规举报平台,对外公布举报电话、邮箱或者信箱。相关部门按照职责权限受理违规举报,并就举报问题进行调查和处理,对造成资产损失或者严重不良后果的,移交责任追究部门;对涉嫌违纪违法的,按照规定移交纪检监察等相关部门或者机构。进行调查的部门和相关人员应当对举报人的身份和举报事项严格保密,任何单位和个人不得采取任何形式对举报人进行打击报复。再次,第二十二条规定,完善合规报告制度,发生合规风险事件,应当由首席合规官牵头,合规管理部门统筹协调,相关部门协同配合,及时采取措施妥善应对,重大合规风险事件应当按照相关规定及时向国资委报告,后续有关进展和处置情况要及时报告。合规管理牵头部门于每年年底全面总结合规管理工作情况,年度报告经董事会审议通过后及时报送国资委。

(6)明确评价追责,精化保障支撑。

第一,《中央企业合规管理办法》第四章"运行机制"部分区分合规评价和合规考核并加以细化。第四章"运行机制"部分明确了合规管理牵头部门的合规评价职责,也就是合规管理牵头部门定期对合规管理体系运行情况进行有效性评价,针对重点业务合规管理情况适时开展专项评价,对合规风险和违规问题组织整改。进一步强化合规考核,要求将合规管理情况作为法治建设重要内容,纳入对所属单位的考核评价。

第二,《中央企业合规管理办法》第四章"运行机制"部分新增违规记录和违规追责。第四章"运行机制"部分新增了"违规记录制度",也就是说,建立所属单位经营管理和员工履职违规行为记录制度,根据行为性质、发生次数、危害程度等,将其作为考核评价、职级评定等工作的依据。新增了"违规追责制度",亦即,完善违规行为追责问责机制,明确责任范围,细化问责标准,针对问题和线索,及时开展调查,按照有关规定严肃追究违规人员责任。对于符合企业尽职合规免责事项清单内情形的行为,可以按照相关规定免于责任追究。对在履职过程中因故意或者重大过失应当发现而未发现违规问题,或者发现违规问题存在失职渎职行为,给企业造成损失或者不良影响的单位和人员开展责任追究。

第三,《中央企业合规管理办法》第五章"合规文化"和第六章"信息化建设"部分强化了合规保障。尤其是第五章"合规文化"部分第二十九条新增了"领导专题学习"的内容,亦即,将合规管理作为法治建设重要内容纳入党委(党组)法治专题学习,推动企业领导人员强化合规意识,带头依法依规开展经营管理活动。第六章"信息化建设"部分新增了合规管理体系的信息化支撑,要求加强合规管理信息化建设,结合实际将合规制度、重点领域合规指南、合规人员管理、合规案例、合规培训、违规行为记录等作为重要内容。中央企业可以根据需要,结合重点业务领域拓展信息系统内容,不断提升合规管理信息化水平。进一步要求全面梳理业务流程,查找经营管理合规风险点,运用信息化手段将合规要求嵌入业务流程,明确相关条件和责任主体,针对关键节点加强合法合规性审查,强化过程管控。加快推动合规管理信息系统与本企业其他管理信息系统、国资委国资监管信息系统互联互通,实现基本数据共通共享。加大信息系统推广应用力度,实现本企业内全覆盖。同时要求,充分利用大数据、云计算等技术,对重点领域、关键节点开展实时动态监测,实现合规风险即时预警,对违规行为主动截停。

知识产权合规是企业全面合规体系的重要组成部分。《中央企业合规管理指引(试行)》曾将"知识产权合规"作为七大重点领域,虽然《中央企业合规管理办法》并未列举重点领域,但是结合国资委出台了4批10余个重点领域合规管理指南,可以清楚地知道,知识产权合规是企业全面合规体系的重要组成部分。

(三)《企业境外经营合规管理指引》的要求

合规是企业"走出去"行稳致远的前提,合规管理能力是企业国际竞争力的重要方面。2018年12月26日,国家发展改革委、外交部、商务部、人民银行、国资委、外汇局、全国工商联共同发布《企业境外经营合规管理指引》对企业境外经营合规管理具有重要指导和规范意义。《企业境外经营合规管理指引》全面回答了境外经营中"合哪些规""怎么合规"等实际问题,下面从"合哪些规""怎么合规"这两个方面解读《企业境外经营合规管理指引》的内容。

"合哪些规",是企业境外经营合规管理的基础和前提。《企业境外经营合规管理指引》提出经营活动的全流程、全方位合规,使得合规的范围非常广泛。《企业境外经营合规管理指引》在强调境外经营活动全流程全方位合规、突出境外经营合规全面性的同时,重点针对对外贸易、境外投资、对外承包工程和境外日常经营等四类主要活动,明确了具体的合规要求。也就是说,《企业境外经营合规管理指引》对"合哪些规"给出的回答是"全面覆盖加四个重点"。

首先,《企业境外经营合规管理指引》提出经营活动的全流程、全方位合规。《企业境外经营合规管理指引》第三条规定,合规是指企业及其员工的经营管理行为符合有关法律法规、国际条约、监管规定、行业准则、商业惯例、道德规范和企业依法制定的章程及规章制度等要求。《企业境外经营合规管理指引》第二条规定,本指引适用于开展对外贸易、境外投资、对外承包工程等"走出去"相关业务的中国境内企业及其境外子公司、分公司、代表机构等境外分支机构。法律法规对企业合规管理另有专门规定的,从其规定。行业监管部门对企业境外经营合规管理另有专门规定的,有关行业企业应当遵守其规定。

与《企业海外经营合规管理指引(征求意见稿)》相比,正式印发的指引突出了三个方面：一是行为范围拓展化。《企业海外经营合规管理指引(征求意见稿)》的合规行为范围指向"企业及其员工在开展业务时"，而正式印发的指引则将合规行为的范围拓展为"企业及其员工的经营管理行为"，更加明确，范围更加广泛。二是客体范围拓展化。《企业海外经营合规管理指引(征求意见稿)》的合规客体范围指向"我国及业务所在国法律法规、缔结或者加入的有关国际条约等，企业内部的规章制度和自律规则，行业公认的职业道德规范和行为准则"，而正式印发的指引则将合规客体范围拓展为"有关法律法规、国际条约、监管规定、行业准则、商业惯例、道德规范和企业依法制定的章程及规章制度等"，范围更加广泛。三是主体范围拓展化。印发稿相对于征求意见稿而言，专门增加了"法律法规对企业合规管理另有专门规定的，从其规定。行业监管部门对企业境外经营合规管理另有专门规定的，有关行业企业应当遵守其规定"。

其次，《企业境外经营合规管理指引》重点针对对外贸易、境外投资、对外承包工程和境外日常经营等四类主要活动明确具体的合规要求。《企业境外经营合规管理指引》第二章"合规管理要求"部分，分别针对对外贸易、境外投资、对外承包工程和境外日常经营等四类主要活动明确具体的合规要求。针对对外贸易活动的合规要求而言，《企业境外经营合规管理指引》第二章第六条规定，企业开展对外货物和服务贸易，应全面掌握关于贸易管制、质量安全与技术标准、知识产权保护等方面的具体要求，关注业务所涉国家(地区)开展的贸易救济调查，包括反倾销、反补贴、保障措施调查等。印发稿相对于征求意见稿而言，将"应遵守与企业业务所涉国家(地区)和国际组织在贸易管制与禁止交易方面的法律法规"明确为，"应全面掌握关于贸易管制、质量安全与技术标准、知识产权保护等方面的具体要求"，进一步明确和丰富了对外贸易合规管理的内容要求，突出了"质量安全与技术标准、知识产权保护"在对外贸易合规管理中的重要作用。

针对境外投资活动的合规要求而言，《企业境外经营合规管理指引》第二章第七条规定，企业开展境外投资，应全面掌握关于市场准入、贸易管制、国家安全审查、行业监管、外汇管理、反垄断、反洗钱、反恐怖融资等方面的具体要求。印发稿相对于征求意见稿而言，进一步突出了"外汇管理、反洗钱、反恐怖融资"在境外投资合规管理中的重要作用,同时将"投资准入"拓展为"市场准入"。针对对外承包工程的合规要求而言,《企业境外经营合规管理指引》第二章第八条规定,企业开展对外承包工程,应全面掌握关于投标管理、合同管理、项目履约、劳工管理、环境保护、连带风险管理、债务管理、捐赠与赞助、反腐败、反贿赂等方面的具体要求。印发稿相对于征求意见稿而言,进一步突出了"环境保护、债务管理、反腐败、反贿赂"在对外承包工程合规管理中的重要作用,同时将"第三方连带合规风险管理"进一步简化为"连带风险管理"。

针对境外日常经营活动的合规要求而言,《企业境外经营合规管理指引》第二章第九条规定,企业开展境外日常经营,应全面掌握关于劳工权利保护、环境保护、数据和隐私保护、知识产权保护、反腐败、反贿赂、反垄断、反洗钱、反恐怖融资、贸易管制、财务税收等方面的具体要求。印发稿相对于征求意见稿而言,进一步突出了"反腐败、反垄断、反恐怖融资、财务税"在境外日常经营活动合规管理中的重要作用,同时将"数据保护"拓展为"数据和隐私保护"。

"怎么合规",是企业境外经营合规管理的重点和关键。《企业境外经营合规管理指引》在全面识别合规管理要求("合哪些规")的基础上,围绕合规管理架构("主体")、合规管理制度("制度")、合规管理运行机制("机制")、合规文化建设("保障")四个方面回应了"怎么合规"的问题。

首先,健全合规管理架构。根据《企业境外经营合规管理指引》第三章"合规管理架构"部分的规定,企业在系统全面地识别合规要求,清楚合规要求对于企业经营活动、产品和服务的影响的基础上,应当结合发展需要,明晰内部各层级的合规管理责任,并根据业务性质、地域范围、监管要求等设置相应的合规管理机构。企业应当在决策层、高级管理层、执行层三个层面合理划分合规管理责任,建立权责清晰的合规管理结构。合规管理机构一般由合规委员会、合规负责人和合规管理部门组成,合规委员会负责确认合规管理战略,明确合规管理目标,建立和完善企业合规管理体系,审批合规管理制度、程序和重大合规风险管理方案,指导、监督、评价合规管理工作等;合规负责人(首席合规官)是企业合规管理工作具体实施的负责人和日常监督者,全面负责企业合规工作;合规管理部门负责持续关注我国及业务所涉国家(地区)法律法规、监管要求和国际规则的最新发展,及时提供合规建议;制定企业的合规管理制度和年度合规管理计划,并推动其贯彻落实;审查评价企业规章制度和业务流程的合规性,组织、协调和监督各业务部门对规章制度和业务流程进行梳理和修订;组织或协助业务部门、人事部门开展合规培训,并向员工提供合规咨询;积极主动识别和评估与企业境外经营相关的合规风险,并监管与供应商、代理商、分销商、咨询顾问和承包商等第三方相关的合规风险,为新产品和新业务的开发提供必要的合规性审查和测试,识别和评估新业务的拓展、新客户关系的建立以及客户关系发生重大变化等所产生的合规风险,并制定应对措施;实施充分且具有代表性的合规风险评估和测试,查找规章制度和业务流程存在的缺陷,并进行相应的调查。对已发生的合规风险或合规测试发现的合规缺陷,应提出整改意见并监督有关部门进行整改;针对合规举报信息制定调查方案并开展调查;推动将合规责任纳入岗位职责和员工绩效管理流程,建立合规绩效指标,监控和衡量合规绩效,识别改进需求;建立合规报告和记录的台账,制定合规资料管理流程;建立并保持与境内外监管机构日常的工作联系,跟踪和评估监管意见和监管要求的落实情况。同时,积极加强合规管理部门与业务部门、其他监督部门的分工协作,强化与外部监管机构、第三方的沟通协调。

其次,制定合规管理制度。根据《企业境外经营合规管理指引》第四章"合规管理制度"部分的规定,企业在明确划分合规管理责任、有效建立权责清晰的合规管理结构的基础上,可以从合规行为准则、合规管理办法、合规操作流程三个层次,建立健全合规管理制度,作为合规管理的指引和依据。其中,合规行为准则是最重要、最基本的合规制度,是其他合规制度的基础和依据,适用于所有境外经营相关部门和员工,以及代表企业从事境外经营活动的第三方。合规行为准则应规定境外经营活动中必须遵守的基本原则和标准,包括但不限于企业核心价值观、合规目标、合规的内涵、行为准则的适用范围和地位、企业及员工适用的合规行为标准、违规的应对方式和后果等。企业应在合规行为准则的基础上,针对特定主体或特定风险领域制定具体的合规管理办法。企业还应针对特定行业或地区的合规要求,结合企业自身的特点和发展需要,制定相应的合规风险管理办法。企业可结合境外经营实际，就合规行为准则和管理办法制定相应的合规操作流程，进一步细化标准和要求。

再次，完善合规运行机制。根据《企业境外经营合规管理指引》第五章"合规管理运行机制"、第六章"合规风险识别、评估与处置"、第七章"合规评审与改进"部分的规定，企业应完善合规培训、汇报、考核、咨询、调查、问责等运行机制，将制度规定贯彻落实于工作实践中。企业应通过合规咨询、违规调查等内部途径或外部咨询等方式，有效识别各类合规风险，并依法采取恰当的控制和处置措施。企业应持续跟踪监管政策变化，定期进行合规审计和管理体系评价，根据内外部环境变化动态调整管理制度和运行机制，保障合规管理体系稳健运行。

最后，重视合规文化建设。根据《企业境外经营合规管理指引》第八章"合规文化建设"的规定，企业应将合规文化作为企业文化建设的重要内容，树立积极正面的合规形象，促进行业合规文化发展，营造和谐健康的内外部合规环境。

需要强调的是，《企业境外经营合规管理指引》将企业境外经营活动中的知识产权合规作为合规管理体系建设的重要内容加以部署。在《企业境外经营合规管理指引》引导下，需要做到如下内容。其第二章第六条提出，"企业开展对外货物和服务贸易，应确保经营活动全流程、全方位合规，全面掌握关于贸易管制、质量安全与技术标准、知识产权保护等方面的具体要求，关注业务所涉国家(地区)开展的贸易救济调查，包括反倾销、反补贴、保障措施调查等。"

第二节 知识产权合规体系建设总体思路

知识产权合规是企业合规体系建设的重要组成部分，是全面合规的关键内容之一。国务院国有资产监督管理委员会《中央企业合规管理指引(试行)》将"知识产权合规"作为全面合规的重点领域，强调"加强对市场交易、安全环保、产品质量、劳动用工、财务税收、知识产权、商业伙伴等七大重点领域的合规风险防范。"《企业境外经营合规管理指引》指出，"企业开展对外货物和服务贸易，应全面掌握关于贸易管制、质量安全与技术标准、知识产权保护等方面的具体要求"，也专门强调了知识产权合规的要求。通常而言，企业合规的灵魂并不是大而全的合规管理体系，而在于针对企业的"合规风险点"确立专项合规计划。从那些接受过美国政府监管调查或者国际组织制裁的企业重建合规计划的经验来看,一项有效的合规计划必须是专项合规计划。❶我们理解,知识产权合规体系是全面合规体系的重要组成部分,是针对管控知识产权风险的专项合规计划。

一、国有企业知识产权合规体系建设的新意义

如前所述,加强国有企业知识产权合规体系建设,是高质量发展的迫切需要。经过40多年的国有企业改革实践,我国国有企业取得了长足的发展。

加强国有企业知识产权合规体系建设,是国有经济结构调整的迫切需要。

加强国有企业知识产权合规体系建设,是保障经济安全的迫切需要。

二、国有企业知识产权合规体系建设的新内涵

所谓"知识产权合规体系",是指企业针对特定领域的合规风险,为避免企业因为违反相关法律法规而遭受行政处罚、刑事追究以及其他方面的损失,所建立起来的专门性合规管理体系❷。如前所述,国有企业知识产权管理体系建设包含两大支撑体系,一是国有企业知识产权合规体系建设,二是国有企业知识产权运营体系建设。其中,国有企业知识产权合规体系建设的核心是"控风险",国有企业知识产权运营体系建设的核心是"管资产"。

针对知识产权领域,需要从风险管理、资产管理、基础管理三个方面,及时申请注册知识产权成果,规范实施许可和转让,依法规范使用他人知识产权,防止侵权行为。同时,加强对商业秘密和商标的保护,积极培育知名品牌,构建商业秘密和专利协同保护、立体保护、综合保护的创新成果保护体系。

三、国有企业知识产权合规体系建设的新要求

加强国有企业知识产权合规体系建设,是强化国有企业创新主体地位,加快关键核心技术攻关和原创技术策源地建设,打造创新联合体升级版的迫切需要。

国资委于4月2日召开中央企业创新联合体工作会议,强调进一步强化国家战

---

❶ 陈瑞华.企业合规基本理论:第二版[M].北京:法律出版社,2021:151-152.

❷ 同❶。

略科技力量、强化企业创新主体地位,加快关键核心技术攻关和原创技术策源地建设,打造创新联合体升级版,为高水平科技自立自强提供坚实有力支撑。加快关键核心技术攻关和原创技术策源地建设,打造创新联合体升级版,实现高水平科技自立自强,是支撑经济高质量发展的重要举措。知识产权运行系统致力于通过保护创新和公开创新的平衡,通过创新竞争的控制工具和创新发展的决策工具双重功能,实现专利制度的创新投入的驱动工具功能,解决创新发展中的市场失灵问题。同时,关键核心技术攻关、原创技术策源地建设,需要充分发挥知识产权制度作为创新发展的决策工具功能;打造创新联合体升级版,积极与高校院所、地方国企、民营企业等建立协同创新网络,畅通创新链产业链,需要充分发挥知识产权制度作为创新竞争的控制工具功能。因此,实现"两利四率"目标、推动经济高质量发展需要加强中央企业知识产权合规体系建设。

另一方面,加强中央企业知识产权合规体系建设是国有经济结构调整的迫切需要。2020年政府工作报告提出国企改革三年行动,重要要求之一就是围绕服务国家战略,聚焦主业主责发展实体经济,更好发挥国有企业在畅通产业循环、市场循环、经济社会循环等方面的引领带动作用,推动国有资本向重要行业和关键领域集中。这就需要积极引导国有企业特别是中央企业提升自主创新能力,加大研发投入,在关键核心技术攻关、科研成果转化应用等方面发挥重要作用。归根到底,需要国有企业特别是中央企业发挥行业领头羊作用,打造行业创新生态,形成行业协同创新体系。2022年4月1日,国务院国有资产监督管理委员会召开全面深化改革领导小组专题会,总结国企改革三年行动进展成效和标志性成果。显然,行业创新形态建设需要国有企业以行业内知识产权的所有权、使用权、收益权、处分权为纽带,使得行业内各个主体充分释放创新热情,使得国有企业特别是中央企业带动民营企业、中小企业协同创新发展,有力支撑国有经济布局优化和结构调整,更好服务国家战略。

四、国有企业知识产权合规体系建设的新定位

《知识产权强国建设纲要(2021—2035年)》和《"十四五"国家知识产权保护和

运用规划》对国有企业知识产权管理体系建设提出的新要求,要求加强知识产权管理体系建设,完善国有企业知识产权管理制度,通过深化改革的方式深入实施创新发展,激励国有企业率先创新、引领创新,打造具备国际竞争优势的知识产权强企,充分发挥好国有企业的"稳定器"和"压舱石"作用。

国有企业知识产权管理体系建设包含两大支撑体系,一是国有企业知识产权合规体系建设,二是国有企业知识产权运营体系建设。其中,国有企业知识产权合规体系建设的核心是"控风险",旨在于有效控制企业知识产权风险的举措,是国有企业全面合规体系建设的重要组成部分。国有企业知识产权运营体系建设的核心是"管资产",旨在于通过运用知识产权制度经营权利实现效益最大化,运用制度工具与经营权利相互促进,运用知识产权制度规则、经营知识产权权利价值,涵盖知识产权布局培育、转移转化、价值评估、投融资以及作为竞争工具等各个方面,通过有效运营,达到促进知识产权价值最大化的目的,并以此促进经济、科技、社会等综合效益最大化。需要注意的是,国有企业知识产权运营与其他类型的企业存在一定的差异。一是,国有企业的知识产权运营需要按照《中国共产党党组工作条例(试行)》第十条和第十五条的规定,涉及知识产权的重大经营决策、重大项目安排、大额资金使用等事项需要经过国有企业党组讨论决定。这是涉及知识产权的重大经营决策、重大项目安排、大额资金使用等事项工作流程合规性的重要要求。其次,国有企业将国有出资形成的知识产权进行转让、许可、交易等,需要按照《企业国有资产法》要求的程序和标准进行,切实防止国有资产流失。二是,针对将国有出资形成的知识产权向境外投资者转让的,需要审核是否符合国家有关法律法规和政策规定,不得危害国家安全和社会公共利益。三是,国有企业的知识产权资产管理需要按照《企业国有资产监督管理暂行条例》的要求,由国有资产监督管理机构进行以管资本为主的经营性国有资产集中统一监管。四是,在涉及混合所有制国有企业、非国有资本参与的国有企业以及国有资本入股的非国有企业,亦需要按照《企业国有资产监督管理暂行条例》的要求进行相应的监督管理。

进入新发展阶段,推动高质量发展是保持经济持续健康发展的必然要求,创新是引领发展的第一动力,知识产权作为国家发展战略性资源和国际竞争力核心要素的作用更加凸显。随着知识经济的深入推进,知识产权已经成为多数企业特别是创新型企业的核心资产和主要竞争工具,对企业发展发挥着越来越重要的作用。正是由于知识产权的突出地位,导致企业知识产权纠纷频发,企业知识产权合规漏洞给企业带来的损失不可估量。

一方面,知识产权合规管理是企业全面合规管理体系建设的重要组成部分。2018年国务院国资委出台《中央企业合规管理指引(试行)》以来,我国企业大力推进合规管理体系建设,基本上将知识产权合规管理作为全面合规管理体系的重要组成部分。《中央企业合规管理指引(试行)》的主要内容可以概括为,"一个理念、两大制度、三大机制、四大原则、五种职责、六大保障、七大重点",其中,"七大重点",就是中央企业应当突出重点领域、重点环节和重点人员的合规风险防范,尤其是,加强对市场交易、安全环保、产品质量、劳动用工、财务税收、知识产权、商业伙伴等七大重点领域的合规风险防范。尤其是,随着创新驱动发展战略的深入实施,知识产权已经成为发展的战略性资源和企业竞争力的核心要素,迫切需要加强对知识产权合规风险的防范。针对知识产权领域,需要从风险管理、资产管理、基础管理三个方面[1],及时申请注册知识产权成果,规范实施许可和转让,依法规范使用他人知识产权,防止侵权行为。同时,加强对商业秘密和商标的保护,积极培育知名品牌,构建商业秘密和专利协同保护、立体保护、综合保护的创新成果保护体系。

另一方面,知识产权合规管理是企业境外经营合规管理的重要组成部分。2017年5月23日,中央全面深化改革领导小组第三十五次会议审议通过《关于规范企业海外经营行为的若干意见》,于2017年5月23日起实施,对加强企业海外行为自律和监管,提高企业海外经营行为合规性作出全面部署。2018年12月26日,发展改革委、外交部、商务部、人民银行、国资委、外汇局、全国工商联共同制定了《企业境外经营合规管理指引》,推动企业持续加强合规管理,更好服务企业开展境外经营业务。其中,第六条和第九条明确规定,企业开展对外货物和服务贸易、企业开展境外日常经营,应确保经营活动全流程、全方位合规,全面掌握关于知识产权保护等方面的具体要求。可见,《企业境外经营合规管理指引》也将知识产权合

---

[1] 张鹏.国有企业知识产权管理体系建设"三部曲"[J].中国发明与专利,2019(10).

规管理作为企业境外经营合规管理的重要组成部分。

五、国有企业知识产权合规体系建设的新方法

立足上述国有企业知识产权工作的建议思路,我们建议坚持"全面覆盖、客观公正、专业有效、实时精准"的基本原则,建议从如下角度加快建设国有企业知识产权合规体系。

第一,形成国有企业知识产权合规关键工作要点,并将其纳入中央企业合规管理体系基本制度总体框架中。按照《中央企业合规管理指引(试行)》要求,结合本企业实际情况,重点围绕市场交易、安全环保、产品质量、劳动用工、财务税收、知识产权、商业伙伴等七大重点领域的合规风险防范出台本企业相关制度,以法治化的手段推进合规管理体系运行工作。尤其是,随着创新驱动发展战略的深入实施,知识产权已经成为发展的战略性资源和企业竞争力的核心要素,迫切需要加强对知识产权合规风险的防范。在中央企业合规管理体系基本制度总体框架中,深入分析知识产权合规与其他领域合规的内在逻辑,强化在职责分工、工作机制等方面的协调协同,强化企业知识产权部门、科技创新管理部门与法务合规部门的衔接协作。

第二,形成中央企业知识产权合规指南、操作手册,依法规范使用他人知识产权,防范合规风险。如前所述,国资委出台了4批10余个重点领域合规管理指南,其中包括商业秘密保护合规指南。需要将各类型知识产权保护的合规指南加以综合考虑、系统谋划,构建商业秘密和专利、著作权等协同保护、立体保护、综合保护的创新成果保护体系。特别是,围绕企业生产经营全流程构筑知识产权合规的"防火墙",在供应链知识产权合规方面,将知识产权为标识的自主创新情况作为供应链选择的重要标准,对关键供应链开展知识产权尽职调查,保障供应链不会因为知识产权侵权的禁令而受到影响;在产品研发知识产权合规方面,注重研发路线选择的知识产权合规分析,避免进入知识产权陷阱的技术路线中;在研发合作知识产权合规方面,注重产学研合作中的知识产权所有权、使用权、收益权、处分权的合理安排,防范研发合作产生的知识产权权属合规风险;在产品小试中试和投产知识产权合规方面,注重产品的自由实施技术调查,防范因为侵犯第三方知识产权造成的损失;在产品上市知识产权合规方面,提前开展商标布局,防止第三方抢注商标,在产品销售方案中配合品牌培育;在"走出去"过程中,加强技术进出口管制等方面的合规风险管控。

上述内容是中央企业知识产权合规体系建设的新要求、新思路和新举措,但是具有较强的企业通用性和行业通用性,建议其他类型企业加强知识产权合规体系建设,从管控知识产权风险的新角度,立足运用知识产权提升企业核心竞争力的新定位,部署企业知识产权合规体系建设的新任务,提升企业知识产权合规水平。

加强国有企业知识产权合规体系建设的制度保障、体制保障、人力资源保障、财物保障、文化环境保障。一是,加强国有企业知识产权合规体系建设的制度保障,加强国有企业知识产权管理制度建设。《关于进一步推进中央企业创新发展的意见》要求,"按照'一企一策'原则制定管理、投入和知识产权分享机制,优化管理流程,提高实施效率,一体化推进基础研究、共性技术研发、应用示范和成果转化。"其中的"知识产权分享机制"涉及知识产权的使用权、收益权、处分权等各项权能的分享以及知识产权利益的分享,需要通过国有企业知识产权管理制度加以细化落实。二是,加强国有企业知识产权合规体系建设的体制保障。关于如何设置国有企业知识产权管理机构,没有固定的模式,各个国有企业可以根据自身的行业性质、经营模式、决策机制、组织形式、规模大小以及知识产权管理活动的内容、范围、层次、工作量等条件,合理选择管理模式,优化设置知识产权管理机构。通常而言,对国有企业知识产权管理机构建设需要考虑三个因素:可以有效开展知识产权方面的工作,具有相当的决策权和参谋权;可以全面开展知识产权方面的工作,便于打通专利、商标、商业秘密、著作权等各类知识产权的全链条,进行全面的知识产权创造、运用、保护等方面的管理工作;可以统筹推进知识产权方面的工作,具有与研发部门、产品部门、营销部门等良好的协调联动工作机制。三是,加强国有企业知识产权合规体系建设的人力资源保障。国以才兴、业以才广,人才队伍建设是做好国有企业知识产权管理工作的长远保障。国有企业应当把创新人才和知识产权人才放在突出的位置,积极谋划、提前规划知识产权人才队伍建设。按照《国有企业法律顾问管理办法》的要求,积极培养知识产权方面的国有企业法律顾问,切实建立企业知识产权人才队伍。四是,加强国有企业知识产权合规体系建设的财务保障。由于知识产权是一项投资大、周期长、收益慢的工作,在申请阶段需要缴纳申请费用、审查费用以及第三方服务机构的服务费用等,在授权后阶段需要缴纳登记公告费用、维持费用,并使用促进转化运用的相关费用等。因此,国有企业知识产权预算是确保国有企业知识产权的各项费用顺利支出、工作正常开展的关键。同时,由于知识产权管理工作相对于其他企业管理工作的特殊性,其预算管理需要适应企业知识产权管理工作的特点和现实需要。五是,加强国有企业知识产权合规体系建设的文化建设。知识产权文化建设是知识产权管理体系建设的重要内容和关键支撑。国有企业应当从树立知识产权价值观、培育知识产权氛围、提升知识产权意识的角度,系统推进知识产权文化建设工作。

六、企业知识产权合规体系的典型案例与展望

2021年《最高人民检察院工作报告》指出,"全面推开涉案企业合规改革,落实第三方监督评估机制。持续深化知识产权综合司法保护,更好服务数字经济和创新发展。"可见,最高人民检察院积极推进企业合规体系建设,同时将知识产权合规作为企业全面合规体系的重要组成部分。3月18日,全国检察机关学习贯彻全国两会精神电视电话会议召开,会议强调,涉案企业合规改革要在全国推广,各地检察机关都要迅速行动起来,主动横向交流、线上交流,学习取经,切实加大办案力度。截至2023年,最高人民检察院已发布四批《企业合规典型案例》。其中,第一批企业合规改革试点典型案例[1]涵盖4个合规典型案例,第二批企业合规典型案例[2]涵盖6个合规典型案例,作为加强企业合规改革试点工作、积极推进第三方监督评估机制适用的重要借鉴。在这10个合规典型案例中,有两个企业知识产权合

---

[1] 最高人民检察院.最高检发布企业合规改革试点典型案例[EB/OL].(2021-06-03)[2022-03-24]. https://www.spp.gov.cn/spp/xwfbh/wsfbh/202106/t20210603_520232.shtml.

[2] 最高人民检察院.企业合规典型案例(第二批)[EB/OL].(2020-12-15)[2021-03-24]. https://www.spp.gov.cn/spp/xwfbh/wsfbt/202112/t20211215_538815.shtml#1.

规的典型案例,有1个企业合规典型案例涉及知识产权,充分体现了企业知识产权合规管理工作是企业全面合规体系建设的重要组成部分。在最高人民检察院发布的10个合规典型案例中,有两个企业知识产权合规的典型案例,有1个企业合规典型案例涉及知识产权。下面对这些典型案例进行介绍,并在此基础上加以分析。

在上海J公司、朱某某假冒注册商标案中,T公司与J公司洽谈委托代加工事宜,约定由J公司为T公司代为加工智能垃圾桶,后因试产样品未达质量标准,且无法按时交货等原因,双方于2018年12月终止合作。为了挽回前期投资损失,2018年12月至2019年11月,朱某某在未获得商标权利人T公司许可的情况下,组织公司员工生产假冒T公司注册商标的智能垃圾桶、垃圾盒,并对外销售获利,涉案金额达560万余元。2020年9月11日,朱某某主动投案后被取保候审。案发后,J公司认罪认罚,赔偿权利人700万元并取得谅解。2020年12月14日,上海市公安局浦东分局以犯罪嫌疑单位J公司、犯罪嫌疑人朱某某涉嫌假冒注册商标罪移送浦东新区检察院审查起诉。

浦东新区检察院经审查认为,J公司是一家高新技术企业,但公司管理层及员工法律意识淡薄,尤其对涉及商业秘密、专利权、商标权等民事侵权及刑事犯罪意识淡薄,在合同审核、财务审批、采购销售等环节均存在管理不善问题。鉴于J公司具有良好发展前景,犯罪嫌疑人朱某某有自首情节,并认罪认罚赔偿了T公司的损失,且该公司有合规建设意愿,具备启动第三方机制的基本条件,考虑其注册地、生产经营地和犯罪地分离的情况,有必要启动跨区域合规考察。2021年4月,浦东新区检察院根据沪浙苏皖四地检察院联合制定的《长三角区域检察协作工作办法》,向上海市检察院申请启动长三角跨区域协作机制,委托企业所在地的浙江省嘉兴市检察院、秀洲区检察院协助开展企业合规社会调查及第三方监督考察。两地检察机关签订《第三方监督评估委托函》,明确委托事项及各方职责,确立了"委托方发起""受托方协助""第三方执行"的合规考察异地协作模式,由秀洲区检察院根据最高检等九部门联合下发的《关于建立涉案企业合规第三方监督评估机制的指导意见(试行)》成立第三方监督评估组织。随后,秀洲区检察院成立了由律师、区市场监督管理局、区科技局熟悉知识产权工作的专业人员组成的第三方监督评估组织,并邀请人大代表、政协委员对涉案企业同步开展监督考察。J公司制定了包括制定合规章程、健全基层党组织、建立合规组织体系、打造合规程序体系、提升企业合规意识等方面的递进式合规计划,并严格按照时间表扎实推进,特别是制定了知识产权专项合规政策体系。

在张家港S公司、眭某某销售假冒注册商标的商品案中,张家港市市场监督管理局在对S公司进行检查时,发现该公司疑似销售假冒"SKF"商标的轴承,并在其门店及仓库内查获标注"SKF"商标的各种型号轴承27829个,金额共计68万余元。张家港市市场监督管理局将该案移送至张家港市公安局,斯凯孚(中国)有限公司出具书面的鉴别报告,认为所查获的标有"SKF"商标的轴承产品均为侵犯该公司注册商标专用权的产品,张家港市公安局对本案立案侦查。检察机关向S公司、眭某某告知企业合规相关政策后,该公司分别向检察机关、公安机关递交了《提请开展刑事合规监督考察的申请书》。随后承办检察官走访企业和市场监督管理局、税务局等行政部门,实地查看公司经营现状、指导填写合规承诺、撰写调查报告。走访调查了解到,该公司规章制度不健全,内部管理不完善,尤其是企业采购程序不规范,对供货商资质和货品来源审查不严,单据留存不全,还曾因接受虚开的增值税发票被税务机关行政处罚。检察机关经综合考虑,鉴于S公司有整改行为和较强的合规愿望,认为可以开展企业合规监督考察。检察机关认为,该案证明S公司及眭某某犯罪故意的证据不确实、不充分,公安机关也难以再查明轴承及包装的来源是否合法,案件久拖不决已处于"挂案"状态,亟待清理。检察机关与公安机关共同分析了相关情况,并就该案下一步处理进行会商,双方就企业合规、"挂案"清理工作达成共识。公安机关明确表示,如该公司通过企业合规监督考察时还没有新的证据进展,将作出撤案处理。经向上级检察机关请示并向张家港市企业合规监管委员会报告后,张家港市检察院联合公安机关对S公司启动合规监督考察程序,确定6个月的整改考察期。

张家港市企业合规监管委员会根据第三方监督评估机制,从第三方监管人员库中随机抽取组建监督评估小组,跟踪S公司整改、评估合规计划落实情况。按照合规计划,S公司明确渠道商应提供品牌授权证明并备案,每笔发货都注明产品明细,做到采购来路明晰、底数清晰。合规整改期间,检察机关会同第三方监督评估小组,每月通过座谈会议、电话联系、查阅资料、实地检查等方式,特别是通过"不打招呼"的随机方式,检查企业合规建设情况。同时,检察机关还向公安机关通报企业合规建设进展情况,邀请参与合规检查,并认真吸收公安机关对合规制度完善提出的意见。2021年8月5日,鉴于该公司员工数少、业务单一、合规建设相对简易的情况,第三方监督评估小组提出缩短合规监督考察期限的建议。检察机关听取市场监督管理部门、税务部门意见后,决定将合规监督考察期限缩短至3个月。2021年8月16日至18日,第三方监督评估小组对该公司合规有效性进行评估,出具了合规建设合格有效的评估报告。2021年8月20日,张家港市检察院组织公开听证,综合考虑企业合规整改效果,就是否建议公安机关撤销案件听取意见,听证与会人员一致同意检察机关制发相关检察建议。当日,检察机关向公安机关发出检察建议,公安机关根据检察建议及时作出撤案处理,并移送市场监督管理部门作行政处罚。检察机关两个月后回访发现,S公司各项经营已步入正轨,因为合规建设,两家大型企业看中S公司合规资质与其建立了长期合作关系,业务预期翻几番,发展势头强劲。

在王某某、林某某、刘某乙对非国家工作人员行贿案中,深圳Y科技股份有限公司(以下简称"Y公司")系深圳H智能技术有限公司(以下简称"H公司")的音响设备供货商。Y公司业务员王某某,为了在H公司音响设备选型中获得照顾,向H公司采购员和技术总监行贿。由王某某通过公司采购流程与深圳市A数码科技有限公司(以下简称"A公司")签订采购合同,将资金转入至A公司账户,A公司将相关费用扣除后,将剩余的资金转入至陈某指定的账户中。Y公司副总裁刘某乙、财务总监林某某,对相关款项进行审核后,王某某从公司领取行贿款项实施行贿。检察机关在司法办案过程中了解到,Y公司属于深圳市南山区拟上市的重点企业,该公司在专业音响领域处于国内领先地位,已经在开展上市前辅导,但本案暴露出Y公司在制度建设和日常管理中存在较大漏洞。检察机关与Y公司签署合规监管协议开展合规工作。检察机关通过回访Y公司合规建设情况,针对企业可能涉及的知识产权等合规问题进一步提出指导意见,推动企业查漏补缺并重启了上市申报程序。可见,在本案中将知识产权合规管理作为企业全面合规管理体系建设的重要组成部分加以考虑。

目前看,最高人民检察院正式发布的四批《企业合规典型案例》主要涉及商标权这一知识产权品种的合规管理,这与商标权与市场关系较为紧密、容易为各方所关注有紧密关系。因此,建议建立覆盖专利权、商标权、著作权、商业秘密等主要知识产权品种的全面合规体系,充分考虑不同知识产权品种综合运用产生的协同效应。建立覆盖采购、研发、设计、生产、销售等全流程的知识产权合规体系,在采购阶段注重供应链的知识产权风险管控,在研发和设计阶段提前开展自由实施技术(FTO)分析,管控不同研发路线和设计方式的知识产权风险,在生产阶段提前做好市场销售的商标品牌安排,在销售环节做好知识产权侵权信息的收集,防控知识产权风险,保护核心知识产权资产。

积极构建企业知识产权合规体系和企业知识产权运营体系,控风险、管资产。企业知识产权合规体系建设的核心是"控风险",有效控制企业知识产权风险的举措。企业知识产权运营体系建设的核心是"管资产",旨在于通过运用知识产权制度经营权利实现效益最大化,运用制度工具与经营权利相互促进,运用知识产权制度规则、经营知识产权权利价值,涵盖知识产权布局培育、转移转化、价值评估、投融资以及作为竞争工具等各个方面,通过有效运营,达到促进知识产权价值最大化的目的,并以此促进经济、科技、社会等综合效益最大化。

第三节 风险识别预警与合规风险库

在分析最高人民检察院企业合规典型案例形成基本认识和分析部门规章对知识产权合规体系建设新要求形成基本思路的基础上,本节对企业知识产权合规体系建设的具体思路与举措加以探讨,以期对读者有所帮助。

一、知识产权合规风险识别预警机制的基本定位

知识产权合规风险识别预警机制的基本定位包括建立企业知识产权合规体系的起点、运行企业知识产权合规体系的前提两个方面。

知识产权合规风险识别预警,是建立企业知识产权合规体系的起点。企业建立知识产权合规体系、实施知识产权合规管理的核心是管控知识产权风险,管控知识产权风险的前提是对知识产权风险的识别与预警。《中央企业合规管理指引(试行)》第十八条明确要求,"建立合规风险识别预警机制,全面系统梳理经营管理活动中存在的合规风险,对风险发生的可能性、影响程度、潜在后果等进行系统分析,对于典型性、普遍性和可能产生较严重后果的风险及时发布预警。"《中央企业合规管理办法》第二十条也提出,"中央企业应当建立合规风险识别预警机制,全面梳理经营管理活动中的合规风险,建立并定期更新合规风险库,对风险发生的可能性、影响程度、潜在后果等进行系统分析,对典型性、普遍性或者可能产生严重后果的风险及时预警。合规管理牵头部门归口管理合规风险库,组织业务部门定期更新完善。"可见,"合规风险识别预警机制"是企业知识产权合规体系建设的首要任务。

知识产权合规风险识别预警,是运行企业知识产权合规体系的前提。知识产权合规体系通常包括知识产权合规风险的防范体系、知识产权违规行为的监控体系、知识产权违规事件的应对体系,也被称为事先防范体系、事中控制体系和事后处理体系[1],知识产权合规风险识别与预警是知识产权合规事先防范体系的重要组成部分。《合规管理体系指南》提出,"合规风险评估构成了合规管理体系实施的基础,是有计划地分配适当和充足资源给已识别合规风险进行管理的基础。"通常而言,企业知识产权合规体系的运行机制是"合规风险识别—合规风险预警—合规风险分析评价—合规风险应对—合规风险监测—合规持续改进"的逻辑上升。因此,建立高效的知识产权合规风险识别与预警机制,尽早识别知识产权合规风险并启动预警机制,是运行企业知识产权合规体系的前提。

二、知识产权合规风险识别的工作方法

知识产权合规风险识别的工作方法包括事件库法、合规义务识别法、流程分析法、利益相关者分析法等方法。

---

[1] 陈瑞华.企业合规基本理论[M].北京:法律出版社,2020:286-287.

事件库法主要是通过梳理本企业或者本行业以往发生的案例,发现企业存在的合规风险。跟踪检测合规风险来源,收集本行业以往发生的知识产权合规案例,梳理本企业被诉知识产权侵权的以往案例以及没有及时提起专利申请、没有及时开展专利布局造成的后果,形成包括行政处罚、各类诉讼、刑事处罚在内的各类违法违规事件以及其他违规风险事件,凝练上述知识产权合规风险并对合规风险进行分级分类。该方法的优势在于,因为是对于本企业或者本行业以往发生的案例的梳理,对于合规风险的分析比较容易形成共识。该方法的劣势在于,因为是对于本企业或者本行业以往发生的具体案例的梳理,相对零星、难成体系,可能会遗漏重要的合规风险,需要和其他方法并用。例如,某企业知识产权合规体系建设项目中,将以往收到的知识产权律师函进行分析,对字体使用、开源软件使用等过程中产生的知识产权合规风险进行分析,识别需要加以解决的知识产权合规风险。

合规义务识别法主要是通过梳理知识产权法律法规中的合规义务,识别企业存在的合规风险。以职务发明管理制度为例,《专利法》第十五条规定,"被授予专利权的单位应当对职务发明创造的发明人或者设计人给予奖励;发明创造专利实施后,根据其推广应用的范围和取得的经济效益,对发明人或者设计人给予合理的报酬。国家鼓励被授予专利权的单位实行产权激励,采取股权、期权、分红等方式,使发明人或者设计人合理分享创新收益。"《中华人民共和国专利法实施细则》第七十七条规定,"被授予专利权的单位未与发明人、设计人约定也未在其依法制定的规章制度中规定专利法第十六条规定的奖励的方式和数额的,应当自专利权公告之日起3个月内发给发明人或者设计人奖金。一项发明专利的奖金最低不少于3000元;一项实用新型专利或者外观设计专利的奖金最低不少于1000元。由于发明人或者设计人的建议被其所属单位采纳而完成的发明创造,被授予专利权的单位应当从优发给奖金。"上述条文对职务发明的管理提出了合规要求,需要在企业知识产权合规体系建设中识别职务发明管理的风险。该方法的优势在于,保证了合规义务的全面性;该方法的劣势在于,无法根据企业自身情况识别特有的合规风险,无法根据企业自身情况对合规风险分级分类并建立与之适应的预警机制。

流程分析法主要是从关键事件的流程出发,分析可能的知识产权合规风险。以某企业的技术研发的产学研合作项目为例,需要分析产学研合作从寻找意向单位、形成合作协议、推进产学研合作、针对产学研合作的成果开展知识产权布局、将产学研合作的知识产权成果加以运用等环节,并在每一个环节识别知识产权合规风险。例如,在寻找意向单位环节,存在技术信息泄密特别是技术合作方向(技术研发方向)泄密的合规风险,需要完善通过NDA协议等方式建议规范;在形成合作协议环节,存在着知识产权使用权受到影响、知识产权处分权行使对企业知识产权利用的影响等合规风险,同时存在着在产学研合作成果基础上企业进一步改进形成的知识产权,与产学研合作中形成的知识产权之间存在改进关系带来的权属合规风险和权利行使合规风险。该方法的优势在于,能够全流程管控知识产权合规风险,提高合规风险识别的全面性;该方法的劣势在于,对于合规风险采取条线方式识别,缺乏整体性。

利益相关者分析法主要是从各个岗位职责出发,分析各个岗位履行自身职责过程中可能的知识产权风险。就企业的采购岗位而言,需要对关键采购产品的知识产权侵权风险进行分析,需要在采购协议中约定知识产权权利瑕疵担保责任,需要解决关键采购产品的知识产权依赖。就企业的研发岗位而言,需要对技术路线演进方向和新产品研发方向进行自由实施技术分析,防控知识产权侵权风险。就企业的销售岗位而言,需要对商标侵权和广告合规等进行分析。利益相关者分析法的优势在于,能够对各个岗位进行知识产权风险识别,保障责任到人;利益相关者分析法的劣势在于,需要加强企业知识产权培训,提高各个岗位的知识产权认识水平,能够保障各个岗位人员对知识产权风险的有效识别。

在具体工作中,通常考虑将事件库法、合规义务识别法、流程分析法、利益相关者分析法等方法综合运用,保障知识产权合规风险识别的全面性与重点性,为知识产权合规管理打下基础。

第四节 跨国知识产权诉讼有效应对

随着知识经济和经济全球化深入发展,专利已经成为企业创新发展的战略性资源和国际竞争的核心要素。在这一背景下,专利纠纷呈现国际化特点。虽然专利权具有地域性,其产生与保护均由一国决定并仅影响一国地域内的行为,但是以专利或者专利产品为标的的跨境民商事活动愈加频繁,通信、网络、物流、交通等技术的发展为跨境活动提供了便利,跨国经济往来不断密切促使专利权地域性处于削弱的趋势,专利权的域外效力存在扩张的需求。因此,专利纠纷国际化趋势明显,在多个法域使用同族专利进行专利诉讼等已经成为运用专利资源进行国际竞争的新方向。特别是,基于《巴黎公约》和《专利合作条约》的规定,企业广泛采用同族专利的方式,对基本相同的技术方案寻求在多个国家或者地区获得专利权的保护。在此背景下,如果企业运用其所拥有的同族专利,在多个国家或者地区启动专利侵权诉讼,那么在多个国家或者地区的这些专利侵权诉讼以及与之伴随的专利无效宣告程序,就是本书所述及的跨国专利诉讼。也就是说,本节所述的"跨国专利诉讼"具有如下特点:一是基于基本相同的技术方案获得的同族专利或者内在关联的技术方案获得的关联专利提起专利诉讼,二是在不同国家或者地区提起专利诉讼,三是针对相同或者相关联的民事主体提起专利诉讼。例如,苹果公司与三星公司在美国等12个国家进行的跨国专利诉讼,就体现出上述特点。苹果公司首先在美国提起专利诉讼,之后三星公司通过在韩国、日本和德国提起专利诉讼的方式加以应对,接着苹果公司与三星公司之间的专利诉讼延伸到其他国家和地区。

一、跨国知识产权诉讼的基本问题

第一问:跨国专利诉讼产生的背景是什么?跨国专利诉讼产生的背景是经济全球化基础上的商业活动跨国化。目前,企业的市场通常并非限于所在国。根据中国企业联合会、中国企业家协会发布的"2022中国100大跨国公司名单"显示,中国100大跨国企业的海外资产总额达到107510亿元,年增长率达到16.63%;中国100大跨国企业的海外营业收入达到77904亿元,年增长率达26.66%;中国100大跨国企业的海外员工数量达到1249095人,年增长率达5.41%,已经成为我国经济发展的主力军。这些企业的经营活动和市场范围跨越到其他国家,从而使得专利技术和专利产品也往往在多个国家制造、销售、使用,从而使得跨国专利诉讼成为可能。

第二问:企业为什么需要在全球化视野下部署专利诉讼？专利权的地域性、企业控制风险需要、各个法域存在不同的优势与劣势。企业需要在全球化视野下部署专利诉讼,综合制定跨国专利诉讼的整体诉讼策略,基本原因有三点:一是从专利权的角度而言,如前所述,专利权具有地域性。亦即,依照一国法律获得的专利权除签订有国际公约或双边条约外,只在该国领域范围内有效,其他国家对这种权利没有保护的义务,也就是不发生域外效力,从而不可能在其他国家解决基于某国专利而产生的专利纠纷。❶二是从企业的角度而言,基于"深口袋"理论的法律风险控制是客观需求。亦即,基于"深口袋"理论,任何看上去拥有经济财富的企业都可能受到起诉,被告在高风险诉讼中往往会选择通过在多个国家起诉的方式控制诉讼风险。三是从法域特点角度而言,不同法域具有不同的专利诉讼的优势和劣势,没有完全完美的专利诉讼管辖法域。以美国为例,美国以较高的赔偿数额、完善的证据开示制度获得了很多专利权人的青睐,但同时由于2011年美国发明法案引入了多方复议程序,以及近期最高法院判决引发的美国专利法第101条法律适用的不确定性❷,也给专利诉讼带来了一定的影响。

综上所述,基于经济全球化基础上的商业活动跨国化,我国企业有必要在全球化视野下部署专利诉讼,综合运用各个法域专利制度的独特优势,以期达到最为有利的专利诉讼目标。

二、跨国知识产权诉讼的法域选择

第三问:跨国专利诉讼法域选择的出发点是什么？是诉讼战略需求的匹配度。我国企业在全球化视野下部署专利诉讼过程中,首要需要考虑的问题是法域选择,亦即希望在哪些国家和地区展开专利诉讼。跨国专利诉讼法域选择的出发点是法

---

❶ 张鹏.知识产权基本法基本问题研究:知识产权法典化的序章[M].北京:知识产权出版社,2019.

❷ MARTONE P A. Declining Student Interest in Patent Law Reflects Declining Job Opportunities: How the Weakening of the United States Patent System Weakened the Patent Law Profession[J/OL]. Cybaris, 2018, 9(2): Article 6. [2024-06-11]. https://open.mitchellhamline.edu/cybaris/vol9/iss2/6.

域优势与诉讼战略需求的匹配度,尤其是不仅需要考虑哪个法域对自己有利,还需要考虑对对手有利的法域。

第四问:跨国专利诉讼法域选择的注意事项有哪些？要重点突出、考虑全面、成本控制。一是重点突出,未来可能作出第一个判决的法域具有至关重要的作用。无论存在多少个并行的、同步开展的,也无论每个案件中的力量对比如何,第一个作出判决的案件对和解具有强大的驱动作用。也就是说,一旦一个法域作出判决,那么该判决结果对双方具有至关重要的影响。二是考虑全面,没有一个完美的法域和完美的管辖法院,诉讼进程推进比较快的法院并不必然是最有利于权利人的法院,需要全面考虑不同法域在跨国专利诉讼中的优势和劣势并进行综合分析评判。同时,不仅考虑到专利司法保护程序,也需要注意到与之紧密相关的专利确权程序和海关执法程序。三是成本控制,通常而言,启动的诉讼越多,对各方的成本压力越大。

第五问:跨国专利诉讼法域选择的主要考虑因素是哪些？从诉讼过程角度而言,跨国专利诉讼需要考虑诉讼周期、获取证据便利性、诉讼成本,从诉讼结果角度而言,跨国专利诉讼需要考虑法律规则、禁令救济、诉讼结果可预期性。

为了有效地控制诉讼过程,保障前述的第一个作出判决的案件对和解所具有的强大的驱动作用,第一个需要考虑的因素是诉讼周期问题。据统计,对于专利侵权诉讼和专利无效程序合一、通常在专利侵权诉讼中审理专利权无效抗辩的国家而言,美国专利诉讼的一般周期平均2.4年[1],加拿大专利诉讼的一般周期通常2年内[2],英国专利诉讼的一般周期平均9个月至2年[3],荷兰专利诉讼的一般周期平均

---

[1] ANSELL L et al. 2018 Patent Litigation Study[EB/OL].(2018-05)[2022-11-16]. http://www.pwc.com/us/en/services/forensics/library/patent-litigation-study.html.

[2] BULLMAN M. What You Need to Know about Patent Litigation in Canada[EB/OL].(2018-08-29)[2024-06-11]. http://www.law360.com/articles/1077703.

[3] BULLMAN M. What You Need to Know about Patent Litigation in UK[EB/OL].(2018-08-06)[2024-06-11]. http://www.law360.com/articles/1070615.

1年[1]。对于专利侵权诉讼和专利无效程序分离、通常在专利侵权诉讼中之外单独设立专利无效程序的国家而言,需要一并对专利侵权诉讼和专利无效程序的周期进行统计分析。目前看,德国专利侵权诉讼的周期约8个月,专利有效性诉讼周期2年左右[2];韩国专利侵权诉讼周期12至18个月[3],无效宣告程序4个月[4];日本专利侵权诉讼周期15个月[5]。

为了有效地控制诉讼过程,需要考虑的第二个因素是获取证据便利性,尤其是证据开示程序(Discovery)的可行性。需要强调的是,通过证据开示程序可以获得被控侵权技术的具体情况,对专利权人而言是非常有效的举证措施。通常而言,在美国之外的其他法域证据开示制度非常少,中国、德国、韩国、日本等大陆法系均没有完整的证据开示制度。即使是同属于英美法系的英国,其证据开示的范围也仅限于书面文件。因此,在诉讼策略方面常用的做法是,在美国提起同族专利的专利侵权诉讼并通过证据开示程序获得证据,将这些证据用于在美国之外的其他法域的专利侵权诉讼中。需要强调的是,美国诉讼保护令会限制在美国诉讼过程中获得的文件和信息用于其他国家的相关诉讼中。如果选在欧洲进行专利诉讼,通常选择的法律实践做法是:首先在法国提起专利侵权诉讼以获取相关证据,之后用于欧洲其他国家法院的诉讼中。这一做法的理由在于,在法国可以请经济警察进入经营场所以获取文件和其他必要信息以证明专利侵权。

为了有效地控制诉讼过程,需要考虑的第三个因素是诉讼成本。包括律师费

---

[1] BULLMAN M. Patent Litigation in the Netherlands: What You Need to Know[EB/OL]. (2018-08-20)[2024-06-11]. http://www.law360.com/articles/1074513.

[2] BULLMAN M. What You Need to Know about Patent Litigation in Germany[EB/OL]. (2018-07-27)[2022-11-16]. http://www.law360.com/articles/1067438.

[3] LEE S Y, LEE H Y, KWON I A. Patent Litigation in South Korea: overview[EB/OL]. (2018-05)[2022-11-16]. https://uk.practicallaw.thomsonreuters.com/w-014-5857?transitionType=Default&contextData=%28sc.Default%29.

[4] DAVIS R. Patent Litigation in South Korea: What You Need to Know[EB/OL]. (2018-08-24)[2022-11-16]. https://www.law360.com/articles/1076694.

[5] DAVIS R. What You Need to Know About Patent Litigation in Japan[EB/OL]. (2018-09-20)[2022-11-16]. https://www.law360.com/articles/1084568.

用在内的诉讼成本与案件的复杂程度紧密相关。统计可知,在100万美元到1000万美元专利侵权损害赔偿数额区间,美国诉讼成本通常是170万美元,这一成本较之往年有所下降是因为很多案件在专利保护客体的争议中得到解决[1]。英国诉讼成本大约几百万美元[2]。德国包括专利无效宣告诉讼和专利侵权诉讼的总成本10万美元到170万美元[3]。韩国包括专利无效程序和专利侵权诉讼的诉讼成本15万美元到40万美元[4]。日本包括专利无效程序和专利侵权诉讼的诉讼成本30万美元到50万美元[5]。需要强调的是,英国、德国、荷兰和加拿大允许败诉方承担胜诉方的全部或者部分费用,包括律师费用。

为了有效控制诉讼结果,跨国专利诉讼需要考虑的第一个因素是法律规则。需要分析关于专利权有效性的当地法律和关于专利侵权判定的当地法律。首先,专利有效性判定的实体法律制度差异可以对专利权利要求的选择乃至于专利的选择具有重大影响。尤其是,在专利有效性判定的实体法律制度方面,专利权保护客体判定规则、说明书公开充分判定规则、权利要求得到说明书支持的判定规则,具有非常重要的影响。其次,专利侵权判定的实体法律制度差异同样具有重大影响。尤其是等同侵权判定的差异影响很大,例如专利审查档案对等同侵权判定的影响等。

为了有效控制诉讼结果,跨国专利诉讼需要考虑的第二个因素是禁令救济。

---

[1] AIPLA.2017 Report of the Economic Survey[R/OL].[2022-11-16]. https://www.aipla.org/detail/journalissue/economic-survey-2017. Cited from Patricia A. Martone. Patent Litigation:A Global Perspective(January 2019) in Patent Law Institute 2019:Critical Issues & Best Practices.

[2] Ian Kirby,et.al. National Patent Litigation-United Kingdom. les Nouvelles vol. LIII No. 4,323,327(December 2018).

[3] KELLENTER W, MIGDAL B. Patent Litigation in Germany:overview[EB/OL].[2022-11-16]. https://uk.practicallaw.thomsonreuters.com/5-622-3450?transitionType=Default&contextData=(sc.Default)&firstPage=true.

[4] LEE S Y, LEE H Y, KWON I A. Patent Litigation in South Korea: overview[EB/OL].(2018-05)[2022-11-16]. https://uk.practicallaw.thomsonreuters.com/w-014-5857?transitionType=Default&contextData=%28sc.Default%29.

[5] DAVIS R. What You Need to Know About Patent Litigation in Japan[EB/OL].(2018-09-20)[2022-11-16]. https://www.law360.com/articles/1084568.

禁令救济是专利权人非常强有力的竞争工具。一旦在某个法域获得禁令救济,专利权人在与对方的许可谈判中将占据强大优势的地位。不同法域对于禁令救济的标准有明显不同。在我国,禁令救济在专利侵权诉讼的法律适用中具有普遍性。然而,在美国,美国联邦最高法院在 Ebay v. Mercexchange 一案中明确禁令适用的四个构成要件:原告已经遭受无法弥补的侵害,专利侵权损害赔偿不足以充分弥补该损害,权衡当事人的经济情况、不损害公共利益。在该案件的判决中,最高法院亦驳斥了联邦巡回上诉法院将永久禁令"一般规则"化的观点,明确指出,虽然《美国专利法》第154条规定了专利权是"排除他人制造、使用、销售、许诺销售其发明的权利",但是"权利的设立条款不同于违反权利的救济条款",不能基于专利权的排他权属性即认为永久禁令一般规则化具有正当性。[1]

为了有效控制诉讼结果,跨国专利诉讼需要考虑的第三个因素是诉讼结果可预期性。通常而言,使用带有陪审团程序的法域诉讼结果可预期性相对较弱,由法官进行审理的法域可以通过对之前判决的统计分析判断诉讼结果的可预期性,尤其是对最为重要的诉讼争议焦点的法律观点的分析非常重要。就统计数据而言,通常很难找到完整的、真实的、全面的统计数据,而且面上的统计数据对于判断某个个案的诉讼结果可预期性参考意义有限,更多地需要根据诉讼律师结合以往司法实践情况进行预估判断。据统计,在美国,权利人在进入审判阶段并由陪审团进行审判案件中的胜诉率为76%[2]。日本专利侵权胜诉率大约25%,专利有效性的胜诉比率大约70%~80%[3]。据德国学者所述,德国没有关于胜诉率情况的统计[4],但是很多参与跨国专利诉讼的专利权人愿意选择在德国进行专利诉讼。

如前所述,跨国专利诉讼法域选择的主要考虑因素包括诉讼周期、获取证据便利性、诉讼成本、法律规则、禁令救济、诉讼结果可预期性等6大因素。同时,对于

---

[1] 张鹏.专利侵权损害赔偿制度研究:基本原理与法律适用[M].北京:知识产权出版社,2017.

[2] Patricia A. Martone. Patent Litigation: A Global Perspective(January 2019)in Patent Law Institute 2019: Critical Issues & Best Practices.

[3] DAVIS R. What You Need to Know About Patent Litigation in Japan[EB/OL].(2018-09-20)[2022-11-16]. https://www.law360.com/articles/1084568.

[4] Tilman Muller-Stoy et.al, National Patent Litigation-Germany. Les Nouvelles vol.LIII Vol. 4,295,304.

具体企业而言,还需要从市场影响、文化因素、社会环境等方面进一步综合分析。

三、跨国知识产权诉讼的统筹管理

第六问:如何做好跨国专利诉讼的统筹管理?选好诉讼总指挥、建好诉讼协调机制,实现跨国诉讼主张的协调一致。由于跨国专利诉讼涵盖多个法域,而且各个法域的专利法律规则和专利法律实践不断变化,如何有效管理多个法域并行推进的跨国专利诉讼,与外部律师进行有效沟通,是一项非常重要的工作。首先,就管理的内容而言,跨国专利诉讼的管理不仅仅是要管理诉讼策略和诉讼成本,还需要避免冲突的立场和协调实体的观点。也就是说,跨国专利诉讼管理需要从宏观层面控制各个法域诉讼进展的程序,实时了解各个法域诉讼进展的情况,积极推动对自己最为有利的法域第一个作出判决,从而保障促进和解的强大驱动作用。同时,跨国专利诉讼管理需要从微观层面协调实体的观点,避免冲突的立场。例如,专利权人对于专利权利要求的解释,被控侵权人对被控侵权产品结构的解释,需要在多个法域持有相互协调一致的观点。其次,就管理的方式而言,需要选择主导律师事务所的律师担任诉讼总指挥,以便于确定总体诉讼策略并协调各个法域的律师推进相应的诉讼进程。尤其是,需要协调诉讼总指挥与各个法域律师之间的观点,切实认识到在每个法域中的有能力的当地机构具有不可替代的作用,确保能够全面了解各个法域本地机构的法律建议而不是替代他们的建议。还有,建好诉讼协调机制,定期同步诉讼进展,建立工作报告模板,实现诉讼信息共享和有效调配。特别需要强调的是,建立专门的诉讼风险管理与风险控制机制。在任何法域开展的诉讼活动都存在风险,在多个法域并行开展的诉讼活动加重了这样的风险,需要加强诉讼风险管理与风险控制。

四、跨国知识产权诉讼分析

基于专利权的地域性、企业控制风险需要、各个法域存在不同的诉讼优势与劣势等原因,企业需要在全球化视野下部署专利诉讼。跨国专利诉讼法域选择以诉讼战略需求的匹配度为出发点,注意重点突出、考虑全面、成本控制,统筹考虑诉讼周期、获取证据便利性、诉讼成本、法律规则、禁令救济、诉讼结果可预期性等6大因素。为了便于我国企业更好地结合6大因素选择跨国专利诉讼的法域,本部分对目前专利诉讼最为集中的9个国家的情况进行分析,介绍这些法域6大因素的基本情况。

美国将侵权诉讼和专利无效程序合一,通常在专利侵权诉讼中审理专利权无效抗辩,专利诉讼平均周期是2.4年❶。美国具有证据开示程序,可以充分了解被控侵权技术的具体情况,这对专利权人而言是非常有效的举证措施。在诉讼策略方面常用的做法是,在美国提起同族专利的专利侵权诉讼并通过证据开示程序获得证据,将这些证据用于在美国之外的其他法域的专利侵权诉讼中。需要强调的是,美国诉讼保护令会限制在美国诉讼过程中获得的文件和信息用于其他国家的相关诉讼中。根据近期统计,在100万美元到1000万美元专利侵权损害赔偿数额区间,美国诉讼成本通常是170万美元,这一成本有所下降是因为很多案件在专利保护客体的争议中得到解决❷。在美国,美国联邦最高法院在Ebay v. Mercexchange一案中明确禁令适用的四个构成要件:原告已经遭受无法弥补的侵害,专利侵权损害赔偿不足以充分弥补该损害,权衡当事人的经济情况、不损害公共利益。在该案件的判决中,最高法院亦驳斥了联邦巡回上诉法院将永久禁令"一般规则"化的观点,明确指出,虽然《美国专利法》第154条规定了专利权是"排除他人制造、使用、销售、许诺销售其发明的权利",但是"权利的设立条款不同于违反权利的救济条款",不能基于专利权的排他权属性即认为永久禁令一般规则化具有正当性。❸通常而言,使用带有陪审团程序的法域诉讼结果可预期性相对较弱。在美国,是否构成侵权由陪审团决定,法律责任承担由法官决定。据统计,美国权利人胜诉率为从提起专利诉讼案件的34%到进入审判阶段并由陪审团进行审判案件的76%❹。

---

❶ ANSELL L, et al. 2018 Patent Litigation Study[EB/OL].(2018-05)[2024-11-16]. http://www.pwc.com/us/en/services/forensics/library/patent-litigation-study.html.

❷ AIPLA.2017 Report of the Economic Survey[R/OL].[2022-11-16]. https://www.aipla.org/detail/journalissue/economic-survey-2017. Cited from Patricia A. Martone. Patent Litigation:A Global Perspective(January 2019)in Patent Law Institute 2019:Critical Issues & Best Practices.

❸ 张鹏.专利侵权损害赔偿制度研究:基本原理与法律适用[M].北京:知识产权出版社,2017.

❹ Patricia A. Martone. Patent Litigation:A Global Perspective(January 2019)in Patent Law Institute 2019:Critical Issues & Best Practices.

在英国,专利权的有效性和是否构成专利侵权均由同一个法院处理,专利权的有效性和是否构成专利侵权的整体审理周期平均9个月至2年[1]。英国具有针对书面文件的证据开示程序,但是不像美国范围那么广泛,仅仅可以针对书面文件要求开示。英国诉讼成本大约几百万美元[2]。英国是普通法国家,但是在专利诉讼中不采用陪审团。在英国,庭审中允许采用证言的方式加以证明,证言需要以证人书面陈述的方式提交,同时在庭审中进行交叉质证。特别是,专家证人的证言极其重要,对专家证人证言的交叉质证是庭审中最为关键的部分。由于不需要面对陪审团,在英国选择专家证人的时候沟通能力不像在美国选择专家证人时那么重要,其技术背景和技术能力具有更加重要的价值。如果专利权有效并且构成侵权那么具有很高可能性被授予禁令。通常采用先行判决的范式,在认定侵权责任成立之后再行决定损害赔偿。由于很多案件在认定侵权责任成立之后即行和解,所以关于损害赔偿的判例不多。可以要求败诉方承担包括律师费用在内的合理支出,但是该合理费用需要与损害赔偿成一定的比例。

加拿大通常2年内可以审结专利诉讼[3]。加拿大具有一定程度的证据开示程序,每方必须提供用以支持其观点的证据和可能支持对方观点的证据。可以对用于说明事实的证人进行有限的质询,不能对专家证人进行质询。书证和专家证言都是可以接受的,专家证言可以在庭审现场作证也可以提交书面意见,通常现场作证,庭审现场作证需要接受对方交叉质证。

澳大利亚作为普通法国家,在专利诉讼中没有陪审团审判,每个法院会同时审理专利有效性和专利侵权诉讼,但是对二者分别作出决定。澳大利亚具有两套法院审理专利诉讼:联邦法院和地方法院,通常来说联邦法院的法官更具有经验。如果侵权事实发生在这一区域,该区域的地方法院也可以审理,但是其判决仅限于该

---

[1] BULLMAN M. What You Need to Know about Patent Litigation in UK[EB/OL]. (2018-08-06)[2022-11-16]. http://www.law360.com/articles/1070615.

[2] Ian Kirby, et.al. National Patent Litigation-United Kingdom. les Nouvelles vol.LIII No. 4, 323, 327 (December 2018).

[3] BULLMAN M. What You Need to Know about Patent Litigation in Canada[EB/OL]. (2018-08-29)[2022-11-16]. http://www.law360.com/articles/1077703.

区域。根据当事人的请求通常会颁发永久禁令。专利权人可以证明因为专利侵权行为所遭受的损失,或者接受法定赔偿。胜诉方可以获赔一定比例的合理支出。

德国是典型的专利侵权诉讼和专利无效程序分离,在专利侵权诉讼之外单独设立专利无效程序的国家。德国专利侵权诉讼的平均周期为8个月左右,专利有效性诉讼的平均周期为2年左右[1]。就获取证据的便利性而言,德国专利诉讼没有证据开示程序,但是在无法从公共渠道获得侵权证据同时权利人有充足证据证明侵权的可能性的情况下,权利人有法定权利要求被控侵权人提供涉嫌侵权产品或者方法。在庭审中,书面证据是关键证据,证言的重要性较低。德国包括专利无效宣告诉讼和专利侵权诉讼的总成本10万美元到170万美元[2]。德国专利侵权和专利确权程序分离,专利侵权诉讼由12个地区法院管辖,专利有效性由欧洲专利局、德国专利局或者联邦专利法院确定。通常会在专利有效性判定结论出来之前作出专利侵权判决,由法官进行裁判并不使用陪审团。如果案件存在需要,德国法院可以指定技术调查官参加。德国联邦专利法院的法官绝大多数是具有技术背景的技术专家,因此在德国联邦专利法院技术调查官并不常见。专利侵权判决比较普遍地判处禁令,禁令对专利诉讼的和解作用非常大。由于专利侵权诉讼和专利无效程序分离,如果专利有效性尚未完全确定的情况下,在专利侵权诉讼中获得禁令需要提交保证金。通常而言,德国专利侵权损害赔偿数额不太高。胜诉方可以要求败诉方在法定限额之内承担其合理支出。

法国获取证据较为便利,因为在法国可以请经济警察进入经营场所以获取文件和其他必要信息以证明专利侵权,同时在法国专利权人可以要求法院发布命令允许其收集侵权证据或者没收侵权产品。因此,如果选在欧洲进行专利诉讼,通常选择的法律实践做法是,首先在法国提起专利侵权诉讼以获取相关证据,之后用于欧洲其他国家法院的诉讼中。法国专利诉讼的平均庭审时间仅有半天。同时,就证据形式而言,法国法官不希望听取专家的发言,而是更多地希望阅读专家提供的

---

[1] BULLMAN M. What You Need to Know about Patent Litigation in Germany [EB/OL]. (2018-07-27) [2019-09-24]. http://www.law360.com/articles/1067438.

[2] KELLENTER W, MIGDAL B. Patent Litigation in Germany: overview[EB/OL]. [2022-11-16]. https://uk.practicallaw.thomsonreuters.com/5-622-3450?transitionType=Default&contextData=(sc.Default)&firstPage=true.

书面证言。在专利侵权案件中除了专利侵权损害赔偿之外,通常会判处禁令救济。

荷兰是欧洲非常重要的诉讼集中地,只有海牙地方法院知识产权法庭❶具有专利案件的管辖权,法官全部进行过专利法培训并且部分具有技术背景。荷兰专利侵权诉讼和专利无效程序合一,专利有效性和专利侵权诉讼在一个程序审理,通常在专利侵权诉讼中审理专利权无效抗辩,荷兰专利诉讼的平均审理周期是1年❷。没有陪审团审判,没有证据开示程序,平均庭审的时间是一天。可以提交文档和书面的专家证言,专家证言必须以书面形式提交。同时,荷兰专利诉讼具有加快程序,可以申请加快诉讼进程。荷兰专利诉讼在认定专利侵权成立后,一般都会被授予禁令甚至可以授予跨境禁令。同时,在认定构成侵权并且确定禁令救济之后,有一个单独的程序决定损害赔偿数额。胜诉方可以获得"合理的、一定比例的"合理支出。

在日本,专利有效性和专利侵权分别由特许厅和法院进行审理,但是法院可以审理专利无效抗辩,该抗辩结果仅适用于本案。日本专利侵权诉讼的平均审理周期为15个月❸,包括专利无效程序和专利侵权诉讼的诉讼成本为30万美元到50万美元❹。书证和专家证言都是可以接受的,最好是书面的形式。通常有技术调查官参与案件审理没有陪审团审判,没有证据开示程序,但是否认构成侵权的被控侵权人应当提供证据支持其主张。法院具有要求当事人提供证据的权力,可以指派专家检查财务账簿并计算损害赔偿数额。几乎每个案件都被给予禁令救济,损害赔偿数额不高,败诉方承担胜诉方的合理支出,但是不包括胜诉方支付的律师费用。当事人不服一审判决均上诉到东京高等法院,从而减少法律适用冲突。

在韩国,专利有效性和专利侵权分别由特许厅和法院进行审理,但是法院可以审理专利无效抗辩,该抗辩结果仅适用于本案。就审理周期而言,韩国12~18个月

---

❶ The District Court of the Hogue, IP Division.

❷ BULLMAN M. Patent Litigation in the Netherlands: What You Need to Know[EB/OL]. (2018-08-20)[2022-11-16]. http://www.law360.com/articles/1074513.

❸ DAVIS R. What You Need to Know About Patent Litigation in Japan[EB/OL]. (2018-09-20)[2022-11-16], https://www.law360.com/articles/1084568.

❹ 同❸。

的专利侵权诉讼❶和4个月的无效宣告程序❷,韩国包括专利无效程序和专利侵权诉讼的诉讼成本在15万美元到40万美元❸。特许厅通常会加速审理因为专利侵权诉讼产生的专利无效宣告请求,通常可以在4个月内审结。韩国具有有限的证据开示程序,可以请求法院颁发命令要求对方提供一些有限的材料。当事人可以聘请专家,法院可以指派专家,书证和专家证言都是可以接受的,专家证言可以在庭审现场作证也可以提交书面意见,庭审现场作证需要接受对方交叉质证。地方法院通常选择等待特许厅就专利权有效性作出决定。专利侵权诉讼案件具有两种形式的禁令:临时禁令并且没有损害赔偿,永久禁令并且具有损害赔偿。通常而言,临时禁令难以获得,而只要认定侵权成立就会颁发永久禁令,但总体来说损害赔偿数额较低。需要指出的是,韩国没有陪审团审判,一些法官的专业是知识产权。

五、跨国知识产权诉讼的关联程序

在跨国专利诉讼的诉讼策略设计中,不仅需要考虑专利诉讼自身的部署,还需要研究分析专利诉讼的关联程序,娴熟借助各种程序的优势,打通各个程序之间的关联,以最大程度地维护企业合法权益。通常而言,专利诉讼的关联程序包括专利确权程序和边境执法措施。

(一)专利确权程序

如前所述,美国、英国、加拿大、荷兰、澳大利亚等国家专利侵权诉讼和专利无效纠纷由同一个法院处理、通常在专利侵权诉讼中审理专利权无效抗辩,德国、韩国、日本等国家专利侵权诉讼和专利无效程序分离,专利侵权诉讼和专利无效纠纷由不同的部门或者机关加以处理,在专利侵权诉讼中之外单独设立专

---

❶ LEE S Y, LEE H Y, KWON I A. Patent Litigation in South Korea: overview[EB/OL]. (2018-05)[2022-11-16]. https://uk.practicallaw.thomsonreuters.com/w-014-5857?transitionType=Default&contextData=%28sc.Default%29.

❷ DAVIS R. Patent Litigation in South Korea: What You Need to Know[EB/OL]. (2018-08-24)[2022-11-16]. https://www.law360.com/articles/1076694.

❸ 同❶。

利无效程序。

这两种专利确权纠纷解决机制的模式相互借鉴、相互融合。一方面,作为专利侵权诉讼和专利无效程序分离的国家,日本、韩国通过专利权效力抗辩制度,被控侵权人可以在专利侵权诉讼中主张专利权人因为专利权不稳定而构成权力滥用,从而在个案中认定专利权的效力。另一方面,作为专利侵权诉讼和专利无效程序合一审理的国家,美国在发明法案后设立双方复议程序(inter partes review,简称IPR),由美国专利商标局USPTO的专利审判及上诉委员会PTAB对专利权的效力进行判定。近期,美国专利商标局审查政策的主要目标是提高专利稳定性,"稳定的专利对经济增长至关重要,提高专利审查的质量效率同样对美国经济意义重大。"这个目标的实现包括三个方面:加强培训和标准引导以实现高质量审查,提高审查员检索现有技术的便利性,充分发挥专利审判及上诉委员会的作用。专利审判及上诉委员会有双方复议程序IPR、授权后复议程序PGR(post-granted review)、商业方法审查程序CBM(covered Business Method proceedings)等多种程序,但是授权后复议程序和商业方法审查程序数量非常少,2022年授权后复议程序案件各月份均为个位数。因此,专利审判及上诉委员会的双方复议程序受到了广泛关注,下面重点对该程序的最新进展进行介绍。

2018年,专利审判及上诉委员会共受理双方复议程序案件1717件。与之相对比的是2018年美国主要联邦基层法院受理专利侵权案件的情况。期间,专利侵权案件数量排名前三名的法院情况如下,特拉华州东区法院共受理869件专利诉讼,德州东区法院共受理497件专利诉讼,加州北区法院共受理309件专利诉讼。可见,专利审判及上诉委员会双方复议程序案件数量大致相当于排名前三的特拉华州东区法院、德州东区法院、加州北区法院的专利侵权案件数量总和。就结果而言,自2018年4月25日SAS Institute v. Iancu案判决已降,在双方复议程序的案件中,60%维持权利要求全部有效,35%宣告权利要求全部无效,5%其他情况。

就专利审判及上诉委员会双方复议程序的性质而言,美国最高法院在Oil

State Energy Services LLC v. Greene's Energy Group, LLC 一案[1]中认定,双方复议程序的理论基础在于公共利益保留原则,对一项技术方案授予专利权是涉及公共利益的事务,双方复议程序是对于这一专利授权行为的重新审核。[2]就双方复议程序的审理范围而言,美国最高法院在 SAS Institute, Inc. v. Iancu 案[3]中提出,专利审判及上诉委员会需要对主张的所有权利要求进行审查。[4]就专利审判及上诉委员会双方复议程序的后续程序而言,联邦巡回上诉法院越来越频繁审理不服专利审判及上诉委员会作出的双方复议程序行政决定提起的诉讼。2009年,仅有4%的联邦巡回上诉法院案件来自对专利审判及上诉委员会决定不服提起的诉讼;2018年,来自对专利审判及上诉委员会决定不服提起的诉讼达到38%。在2015—2019年的诉讼程序中,78%的专利审判及上诉委员会决定得到维持,11%的专利审判及上诉委员会决定被撤销,其他类型占到11%。就双方复议程序的新进展而言,按照新修订的程序规则,专利权人提出专利修改请求时可以要求专利审判及上诉委员会给予事先指导(non-binding preliminary guidance),在该事先指导之后专利权人可以进一步修改权利要求(file a revised motion to amend)。就双方复议程序与专利侵权诉讼程序的衔接而言,目前大多数法院会选择等待双方复议程序的进展以便于在专利侵权诉讼中充分考虑双方复议程序对专利权效力的认定以及双方复议程序中对权利要求作出的解释。

(二)边境执法措施

边境执法措施也是与专利纠纷紧密相关的程序安排。下面以美国国际贸易

---

[1] Oil State Energy Services LLC v. Greene's Energy Group, LLC, 138 S.Ct.1365(2018).

[2] Inter parties review falls squarely within public rights doctrine…[T]he decision to grant a patent is a matter involving public rights-specifically, the grant of a public franchise…Inter parties review is simply a reconsideration of that grant…[Upon this basis, the court found that IPRs fall squarely within the public right doctrine.] Thus, the PTO can do so without violating Article Ⅲ.

[3] SAS Institute, Inc. v. Iancu, 35 U.S.C. §318(a).

[4] [PTAB] shall issue a final written decision with respect to the patentability of any patent claim challenged by the petitioner.

委员会(United States International Trade Commission,简称ITC)的程序为例进行说明。根据《美国法典》第19编1337节的规定,美国国际贸易委员会如发现货物所有者、进口商或承销商及其代理人(1)将货物进口到美国或在美国销售时使用不公平竞争方法和不公平行为,威胁或效果是摧毁或严重损害美国国内产业,或阻碍该产业的建立,或限制或垄断了美国的贸易和商业;或者(2)将货物进口到美国,或为进口到美国而销售,或进口到美国后销售,而该种货物侵犯了美国已经登记的有效且可执行的专利权、商标权、版权或半导体芯片模板权,并且与这些权利有关的产品有已经存在或在建立过程中的国内产业,则这些不公平竞争方法将被视为非法,应予以处理。2018年6月7日,美国联邦贸易委员会颁布了新的实体和程序规则(Rules of Practice and Procedure)。就其性质而言,是由行政法官主持的、处理与进口货物有关的知识产权侵权和不正当竞争的行政程序。就其类型而言,主要是专利案件,2017年专利案件占比达到87.2%,2018年专利案件占比达到91.5%。

在进行诉讼策略设计时,需要分析的第一个问题是为什么选择美国国际贸易委员会的程序。首先,美国国际贸易委员会337调查的救济仅仅是禁令,不包括损害赔偿。其中,所述禁令包括有限排除令(limited exclusion order)、普遍排除令(general exclusion order)、禁止令(Cease and Desist Order)。其次,美国国际贸易委员会337调查不会受到专利审判及上诉委员会双方复议程序的影响,不会等待双方复议程序的结果,因此程序较快。还有,由于美国国际贸易委员会的行政法官作出决定,而非如同专利侵权诉讼那样由陪审团作出认定,所以可预期性较强。同时从目前法律实践看,美国国际贸易委员会被广泛认为对权利人非常友好。美国国际贸易委员会程序与地区法院专利侵权诉讼程序的比较参见下表。

	地区法院	美国国际贸易委员会
裁判者	地区法院法官	行政法官
裁判方式	陪审团或者法官裁判	行政法官裁判

续表

	地区法院	美国国际贸易委员会
审理周期	两年以上	短于1年
责任成立条件	构成侵权	构成侵权并且损害国内产业
救济方式	损害赔偿和/或禁令救济	排除令和禁止令
与IPR程序关系	通常会因为双方复议程序而放慢程序,等待双方复议程序的结果	不会因为双方复议程序而放慢程序

就总体策略安排而言,需要考虑如下方面。

一是注意加强337调查与知识产权交易策略安排的协调性。由于可能判处排除令或者禁止令,337调查对知识产权交易影响很大。因此,337调查和解撤回比例较高,2017年仅有18%的337调查作出了决定,2018年则为19%。追踪337调查的进展状态对知识产权交易的方式和时间具有非常重要的意义。同时,需要注意专利许可谈判的时间,不要导致被非自愿地加入337调查程序中。

二是注意加强337调查与双方复议程序策略安排的协调性。美国联邦贸易委员会很少中止程序等待专利审判及上诉委员会的决定,美国联邦贸易委员会的行政法官可能会考虑专利审判及上诉委员会关于权利要求解释的观点等,但不会等待专利审判及上诉委员会作出的决定。原因在于,专利审判及上诉委员会双方复议程序通常需要12~18个月,美国联邦贸易委员会作出最终决定的时间通常为16个月,因此美国联邦贸易委员会不太可能在337调查程序中等待专利审判及上诉委员会双方复议程序的决定。

三是注意加强337调查与地区法院专利侵权诉讼程序策略安排的协调性。根据28 U.S. Code §1659的规定,基于美国联邦贸易委员会的要求,地区法院需要中止专利侵权诉讼的诉讼程序。同时,在诉讼策略方面需要注意美国联邦贸易委员会的证据开示程序(discovery程序)适用范围比地区法院更加广泛。

提起337调查请求的注意事项包括四个方面:①起草详细起诉状,包括技术特征对比表、证明进口的证据,并且明确被控侵权产品的范围(涉及案件范围以及未来禁止令排除令的范围)以及所寻求的救济(有限排除令、普遍排除令、禁止令)。②将起诉状提交不公平进口调查室(Office of Unfair Import Investigations)审查,在提起337调查请求之日起至少一周前,不公平进口调查室会给出起诉状的完善建议以及其他建议。③根据不公平进口调查室的要求提交支持起诉状的补充材料,对被告答辩材料进行回复,并收集证据、确定证据开示的范围、起草对第三人的传票。④尽可能在美国联邦贸易委员会通知后尽早进行证据开示程序,尝试与被告就证据开示程序的过程和范围(例如不对电子邮件、特定日志进行证据开示等)进行沟通,同时尽早收集形成对国内产业造成影响的证据。

应对337调查请求的注意事项包括四个方面:①尽早评估案件,注意时限要求。②引入共同被告有助于降低成本,同时需要确保尽可能扮演积极的角色。③研究提起双方复议请求是否有所帮助,美国联邦贸易委员会不会终止程序但是会促使原告进一步考虑其主张,同时专利审判及上诉委员会的观点会对行政法官有一定的说服作用。④加强案例研究,不要预先假设起诉状满足了证明标准要求,最好的抗辩策略是对行政法官之前决定的深入分析。

第四章　国有企业知识产权运营体系建设实务

《知识产权强国建设纲要(2021—2035年)》明确提出,"建立规范有序、充满活力的市场化运营机制。提高知识产权代理、法律、信息、咨询等服务水平,支持开展知识产权资产评估、交易、转化、托管、投融资等增值服务。实施知识产权运营体系建设工程,打造综合性知识产权运营服务枢纽平台,建设若干聚焦产业、带动区域的运营平台,培育国际化、市场化、专业化知识产权服务机构,开展知识产权服务业分级分类评价。完善无形资产评估制度,形成激励与监管相协调的管理机制。积极稳妥发展知识产权金融,健全知识产权质押信息平台,鼓励开展各类知识产权混合质押和保险,规范探索知识产权融资模式创新。健全版权交易和服务平台,加强作品资产评估、登记认证、质押融资等服务。开展国家版权创新发展建设试点工作。打造全国版权展会授权交易体系。"其中提及的"知识产权运营体系建设工程"与一流专利商标审查机构建设工程、高水平知识产权审判机构建设工程、知识产权保护体系建设工程、知识产权公共服务智能化建设工程共同构成知识产权强国建设工程论的内容。

第一节　知识产权运营体系建设的政策逻辑

进入新发展阶段,推动高质量发展是保持经济持续健康发展的必然要求,创新是引领发展的第一动力,知识产权作为国家发展战略性资源和国际竞争力核心要素的作用更加凸显。如前所述,"知识产权运营"的核心是运用知识产权制度经营权利实现效益最大化,运用制度工具与经营权利相互促进,运用知识产权制度规则、经营知识产权权利价值,涵盖知识产权布局培育、转移转化、价值评估、投融资、战略运用、专利导航等作为竞争工具等各个方面,通过有效运营,达到促进知识产权价值最大化的目的,并以此促进经济、科技、社会等综合效益最大化。党中央、国务院高度重视知识产权运营服务体系建设。国务院《关于新形势下加快知识产权强国建设的若干意见》明确提出要"构建知识产权运营服务体系,加快建设全国知识产权运营公共服务平台",并将知识产权投融资、知识产权证券化、知识产权信用担保机制、知识产权众筹众包模式等作为知识产权运营的重要内容。《国民经济和社会发展第十三个五年规划纲要》明确要求,"建设知识产权运营交易和服务平台,建设知识产权强国"。《"十三五"国家知识产权保护和运用规划》首次从规划层面对"知识产权运营服务体系建设"进行部署。《知识产权强国建设纲要(2021—2035年)》明确要求"实施知识产权运营体系建设工程"。《国民经济和社会发展第十四个五年规划和2035年远景目标纲要》明确部署"构建知识产权保护运用公共服务平台。"《"十四五"国家知识产权保护和运用规划》提出优化知识产权运营服务体系。可以说,我国为了促进知识产权价值最大化,积极探索形成了中国特色知识产权运营服务体系,取得了明显成效。本章对知识产权运营的中国经验进行梳理、总结和凝练。

一、初步探索:知识产权运营服务体系的提出

"知识产权运营"的概念源起于"专利运营"。2013年以来,为进一步突出市场主导作用,国家知识产权局会同相关部门逐步将"专利运营"这一概念全面推广,凝聚共识形成了"知识产权运营"这一政策概念,将"知识产权运用"这一政策术语提升为"知识产权运营"这一战略术语,全面推进中国知识产权运营体系建设的实践。

2013年4月2日,国家知识产权局办公室印发《关于组织申报国家专利运营试点企业的通知》(国知办发管字〔2013〕34号),并且该通知将《国家专利运营试点企业申报指南(试行)》作为附件。《国家专利运营试点企业申报指南(试行)》对申报试点企业提出的明确要求包括,"以提高企业创新驱动发展能力和核心竞争力为目标,将专利运营贯穿于企业技术研发、产品化和市场化的全流程,加快新技术新产品新工艺研发应用;鼓励专门从事专利运营等相关业务的企业发展,加强专利技术集成和专利运营商业模式创新,着力培育专利运营业态"。这就意味着,我国政府倡导的专利运营,既包括"将专利运营贯穿于企业技术研发、产品化和市场化的全流程,加快新技术新产品新工艺研发应用"的产品型企业专利运营,也包括"加强专

利技术集成和专利运营商业模式创新,着力培育专利运营业态"的专门从事专利运营企业开展的专利运营[1]。

《关于组织申报国家专利运营试点企业的通知》以及附件首次提出"专利运营"的概念与思路,自此之后,国家知识产权局在完善机制、建设平台、培育机构、提升能力、强化监管等方面综合施策,积极推进知识产权运营服务体系的完善,通过建设平台培育汇聚平台、机构、资本、产业和人才等要素资源,促进知识产权转移转化,有力支撑高质量发展。在上述工作的基础上,"全国知识产权运营服务体系建设"日益获得大家的广泛认同,在更高公共政策层面加以全面推进。《关于新形势下加快知识产权强国建设的若干意见》《深入实施国家知识产权战略行动计划(2014—2020年)》等均明确提出构建知识产权运营服务体系,加快建设全国知识产权运营公共服务平台。

2014年底,《深入实施国家知识产权战略行动计划(2014—2020年)》在"主要行动"中的第一项任务举措中明确部署,"加强专利协同运用,推动专利联盟建设,建立具有产业特色的全国专利运营与产业化服务平台。"我国从2014年开始利用公共财政资金在北京布局建设全国知识产权运营公共服务平台,在珠海布局建设国家知识产权运营公共服务平台金融创新(横琴)试点平台,在西安布局建设国家知识产权运营公共服务平台军民融合创新(西安)试点平台。

2014年12月,财政部办公厅、国家知识产权局办公室联合印发《关于开展市场化方式促进知识产权运营服务工作的通知》(财办建〔2014〕92号),部署开展以市场化方式促进知识产权运营服务试点工作。通知明确,知识产权运营服务试点工作的主要思路是,在坚持市场化运作的前提下,发挥中央财政资金引导作用,通过集成政策、整合资源、创新机制,搭建知识产权运营公共服务平台,形成和完善知识产权交易价格发现机制,培育一批知识产权运营机构,搞活、壮大我国知识产权市场,提高我国知识产权转化应用水平。通知提出,知识产权运营服务试点工作的目标是,到2020年,初步建立起覆盖重点区域、重点产业,定位清晰、领域齐全、能力突出、竞争有序的知识产权运营体系。建成1个专业性、权威性、影响力突出的全

---

[1] 刘海波,吕旭宁,张亚峰.专利运营论[M].北京:知识产权出版社,2017:1.

国知识产权运营公共服务平台,若干产业优势明显、产业特色突出的特色试点平台;培育一批具有较强国际化经营能力的知识产权运营机构;知识产权资产流通和利用效率大幅提高。2014年以后每年均通过专项工作通知的形式,对全国知识产权运营服务体系建设进行部署。2014—2016年的第一个三年,主要是打基础、搞试点,在平台、机构、基金等方面开展一系列试点探索和项目布局,先后在北京、西安和珠海,分别建设国家知识产权运营公共服务平台和功能特色试点平台;采取股权投资的方式,支持15家不同类型的知识产权运营机构创新发展;通过中央财政出资引导的方式,分两批设立20支省级和市级重点产业知识产权运营基金,对知识产权服务机构和科技型初创企业提供资本支持。2017—2019年的第二个三年,主要是搞集成,建生态,分三批支持26个重点城市(城区),向节点集中,将链条延伸,打造辐射区域、示范全国的城市运营生态圈。

  2015年是我国知识产权运营行业的"元年",国务院将"知识产权运营"提升到战略高度加以部署,国家知识产权局通过公共政策全面推进知识产权运营服务体系建设。2015年12月,国务院发布《关于新形势下加快知识产权强国建设的若干意见》(国发〔2015〕71号),明确提出要"构建知识产权运营服务体系,加快建设全国知识产权运营公共服务平台",并将知识产权投融资、知识产权证券化、知识产权信用担保机制、知识产权众筹众包模式等作为知识产权运营的重要内容。2015年1月,国家知识产权局发布《2015年全国专利事业发展战略推进计划》,第一次提出"高标准建设知识产权运营体系"和"1+2+20+N"的建设思路❶。具体而言,计划在"(五)专利运用支撑体系建设"部分专门部署"构建全国知识产权运营体系,健全专利质押融资机制,创新专利投融资模式,促进专利运用",明确要求,"高标准建设知识产权运营体系。通过财政资金引导,探索建立公益性与市场化互补互促的知识产权运营体系。按照'1+2+20+N'的建设思路,建设1家全国性知识产权运营公共服务平台和2家特色试点平台,在部分试点省份以股权投资的方式支持一批知识产权运营机构。各地探索建立地区知识产权运营引导基金,鼓励推动社会资本设

---

❶《国家知识产权战略纲要》实施十年评估工作组.《国家知识产权战略纲要》实施十年评估报告[M].北京:知识产权出版社,2019:39.

立知识产权运营产业基金,支持知识产权运营机构开展专利的托管、收购、组合、转化、交易、产业化和投融资等业务。"

二、体系集成:知识产权运营全面提升和规范

自2014年国家知识产权局开始探索以市场化方式推进知识产权运营以来,知识产权运营工作总体上不断发展,运营机制持续创新,体系建设加快推进,运营绩效逐步提升,社会各界参与的积极性越来越高。随着全链条导航和组合式运营的深入推进,重点区域专利市场化运营能力快速提升。知识产权运营服务体系建设重点城市达到37个,打造支撑创新发展的知识产权生态圈,对全国专利运营工作发展的带动作用明显增强。自2017年起,4批37个重点城市开展了知识产权运营服务体系建设,覆盖了22个省份并有效带动周边城市的知识产权运营工作。数据显示,启动建设以来,4批37个重点城市的创新主体共开展40.7万次专利运营活动,获得1680.9亿元专利质押融资。2020年,37个重点城市专利运营次数达到18.8万次,专利质押金额达到808.9亿元,分别占全国的46.4%和51.9%;专利运营次数同比增加39.5%,高于全国平均增速7.5个百分点;专利质押融资金额同比增加54.3%,高于全国平均增速13.3个百分点,有力发挥了引领带动作用。

2017—2019年是知识产权运营服务体系建设的第二个三年,主要是搞集成,建生态,分三批支持重点城市(城区),向节点集中,将链条延伸,打造辐射区域、示范全国的城市运营生态圈,系统推进知识产权运营服务体系建设,打造知识产权运营高地。在知识产权运营服务体系中,平台是核心载体,集中供给知识产权运营公共服务,集聚项目和服务资源,集中交易行为,促进价格发现;机构是基础力量,面向不同产业和技术领域,在运营链条的不同环节提供专业化服务,培育运营项目,搞活运营市场;资本是重要媒介,可以促进知识产权融资,带动知识产权转化投资,分散知识产权运营风险;产业是立足根本,厚植知识产权运营的产业基础,激发企业创新内生动力,培育高价值知识产权集群,提升产业竞争力。

2017年4月,财政部办公厅、国家知识产权局办公室联合印发《关于开展知识产权运营服务体系建设工作的通知》(财办建〔2017〕35号)明确提出建设知识产

运营服务体系,同时明确建设思路在于,"搞活壮大我国知识产权市场,以知识产权运营效益反哺创新、激励创新。在已开展的试点工作基础上,以创新资源集聚度高、辐射带动作用强、知识产权支撑创新驱动发展需求迫切的重点城市为载体,开展知识产权运营服务体系建设,加强政策集成和改革创新,促进体系融合和要素互补,强化资源集聚和开放共享,发挥中央和地方两个积极性,用好政府和市场'两只手',以知识产权全链条运营为牵引,推动完善知识产权创造、保护和运用体系,培育多元化专业化知识产权运营服务机构,实现重点突破和示范引领。"

《关于开展知识产权运营服务体系建设工作的通知》提出的工作任务包括:第一,提升创造质量,积极培育高价值知识产权组合。建立以运用为导向的知识产权创造机制,以知识产权质量提升为知识产权运营注入"源头活水"。一是实施产业规划类和企业运营类专利导航项目,通过专利信息深度挖掘和定向分析,为产业规划决策和企业运营活动提供支撑,引导专利科学规划和精准布局。二是推动重点产业和关键领域实施高价值专利培育计划,建立"产、学、研、金、介、用"深度融合的关键技术知识产权创造体系,构建一批对产业发展和国际竞争力具有支撑保障作用的重点专利池。三是鼓励企业运用专利、商标和版权组合策略,全方位、立体化覆盖产品、技术、工业设计等的知识产权。第二,全面从严保护,构建知识产权大保护工作格局。整合优化执法资源,统筹综合行政执法,改进执法维权方式,提升执法维权效率和社会效果,打造知识产权严格保护的"净土"。一是开展知识产权执法维权专项行动,加大对制假源头、重复侵权、恶意侵权、群体侵权的查处力度,强化电商、民生等重点领域和展会、进出口等关键环节执法保护。二是鼓励建设具有产业特色的知识产权保护中心,建立快速维权、快速确权、快速审查授权等联动机制,提高保护效果。三是开展知识产权领域社会信用体系建设,建立知识产权失信主体联合惩戒机制。四是鼓励组建产业知识产权联盟,建立产业重大知识产权风险预警和联合应对机制,积极协调解决涉外知识产权争端。第三,完善运营链条,促进知识产权高效运用和服务业态发展。分类施策提高创新主体知识产权管理运营能力,强化知识产权运营服务供给,催生知识产权运营"生态圈"。鼓励企事业单位贯彻知识产权管理国家标准,引导市场主体强化知识产权战略管理、风险管控和资本运作；积极培育知识产权示范企业，支持专业机构为小微企业开展知识产权集中托管，促进企业知识产权运用。在全国总平台框架下建设具有产业特色的分平台，汇聚知识产权交易活动和相关数据，形成产业知识产权交易运营中心。加大知识产权运营机构和高端人才引进培育力度，打造一批产业特色鲜明、专业服务能力突出、掌握具有国际竞争力的核心专利池的运营机构。具备条件的城市可视自身财力情况，探索设立重点产业知识产权运营基金，支持银行、担保、保险等机构建立知识产权质押融资风险补偿机制，扩大知识产权运营的资本供给。

《关于开展知识产权运营服务体系建设工作的通知》进一步明确面向2020年的目标是："在重点城市基本构建起要素完备、体系健全、运行顺畅的知识产权运营服务体系，带动重点产业的知识产权发展质量和效益明显提升。"上述目标的具体指标包括：知识产权管理规范贯标企事业单位达到100家以上，专业知识产权托管服务累计覆盖小微企业1000家以上；形成20个以上规模较大、布局合理、对产业发展和国际竞争力具有支撑保障作用的高价值专利组合，其中，发明专利数量不低于50件，PCT申请不低于10件；打造5家以上专业化、综合性的知识产权运营机构，年主营业务收入不低于1000万或者持有的可运营专利数量达到1000件；知识产权质押融资金额和知识产权交易量年均增幅20%以上；知识产权行政执法办案量年均增幅20%以上，结案时间缩短20%以上，维权援助服务的企业每年不低于100家，知识产权保护社会满意度达到80分。国家知识产权局、财政部根据通知的要求，批准了苏州、宁波、成都、长沙、西安、厦门、郑州等城市作为知识产权运营服务体系建设重点城市，每个城市投入知识产权运营体系建设资金2亿元。

2017年3月，国家知识产权局办公室印发《关于报送国家专利导航试点工程和国家知识产权试点示范园区2016年工作总结及2017年工作计划的通知》（国知办函管字〔2017〕139号），形成《国家专利导航试点工程及试点示范园区2017年工作要点》。《国家专利导航试点工程及试点示范园区2017年工作要点》围绕"知识产权运营"部署了如下工作：第一，积极开展知识产权运营工作。实验区和试点示范园区要积极引进或培育专业化知识产权运营机构，大力开展产业高价值专利培育与运营，促进知识产权与金融资本深度融合，以知识产权高效运营助推产业提质增效。服务型试点企业要不断加大专利交易许可等核心运营业务比重,与其他各类试点主体开展专利运营业务对接与合作,不断提升知识产权运营服务能力。生产型试点企业要利用企业运营类专利导航项目成果,形成企业专利运营总体方案,盘活企业专利存量。试点单位中的高校院所要围绕优势学科和技术领域,结合专利导航科技创新决策的成果,加强专利技术研发和孵化,与其他各类试点单位建立专利协同运用对接机制,推动知识产权创业和专利技术成果转化。展示交易中心要不断提升业务能力,积极探索知识产权运营工作模式。第二,着力贯彻实施知识产权管理规范。实验区和试点示范园区要加大《企业知识产权管理规范》国家标准推行力度,制定企业知识产权管理规范贯标的指导性文件,重点支持和推动国家知识产权优势企业、示范企业、高新技术企业、"走出去"企业贯标;试点单位中的协会和联盟要积极推动行业内或联盟内企业贯标。试点单位中的高校院所要开展《高等学校知识产权管理规范》和《科研组织知识产权管理规范》国家标准贯彻实施工作。

2018年5月,财政部办公厅、国家知识产权局办公室联合印发《关于2018年继续利用服务业发展专项资金开展知识产权运营服务体系建设工作的通知》(财办建〔2018〕96号),明确提出,"加快构建知识产权运营服务体系,强化知识产权创造、保护、运用,促进知识产权与创新资源、金融资本、产业发展有效融合,2018年,财政部、国家知识产权局继续在全国选择若干创新资源集聚度高、辐射带动作用强、知识产权支撑创新驱动发展需求迫切的重点城市(含直辖市所属区、县,下同),支持开展知识产权运营服务体系建设。"中央财政对每个城市支持2亿元,2018年安排1.5亿元,剩余资金以后年度考核通过后拨付。城市可采取以奖代补、政府购买服务、股权投资等方式,统筹用于支持知识产权运营服务体系建设工作,具体包括,推进知识产权保护体系建设,聚焦产业培育高价值专利,促进创新主体知识产权保护和运用,培育知识产权运营服务业态。特别要求承担国家级区域性、产业性、功能性知识产权运营中心(平台)建设任务的城市,重点支持运营中心(平台)开展公共服务平台信息化建设和基础数据加工,做好专利导航、知识产权金融等各类服务产品研发推广,切实发挥国家级平台的聚集效应和引领作用。

《国家知识产权战略纲要》实施十年评估得出"知识产权运营公共服务体系基

本建立"的结论。2018年,在《国家知识产权战略纲要》颁布实施十周年之际,国家知识产权战略实施工作部际联席会议组织开展了《国家知识产权战略纲要》实施十年评估,用以全面掌握国家知识产权战略实施进展和目标完成情况,并提出新时代加快建设知识产权强国的重大建议。《国家知识产权战略纲要》实施十年评估表明[1],随着国家知识产权战略的实施,我国知识产权运用蓬勃开展,新的运用模式不断出现,运用效益快速提升,一些企业的知识产权运用开始从战术层面向战略层面、从单一实施向综合运用转变,2014年以来,财政部、国家知识产权局联合推动构建"平台、机构、资本、产业"四位一体的知识产权运营服务体系,先后实施了国家知识产权运营公共服务平台建设、运营机构培育、重点产业知识产权运营基金和质押融资风险补偿基金等项目,分两批支持16个重点城市建设知识产权运营公共服务平台。截至2018年,已经投资扶持15家知识产权运营机构,组建产业知识产权联盟105家。截至2018年,引导支持20个省市设立重点产业知识产权运营基金,计划募集资金总规模超过81亿元,实际募集资金达到42亿元,已有14只基金完成设立组建工作,其中已有6只基金投资10余个项目。4个省市设立知识产权质押融资风险补偿基金,有效促进了知识产权与创新资源、产业发展、金融资本的有机融合。知识产权收储、运营、保险、托管、股权投资、拍卖等新业态逐步兴起,2017年,专利保险金额达到99.85亿元,同比增长170.6%。专利、商标、版权质押融资发展迅速,规模突破千亿元,有效解决了一批轻资产中小企业融资难问题,2013—2017年专利质押融资总额达到2057亿元,年均增长达到33%;2017年,专利质押项目数达到4177件,专利质押融资总额为720亿元,比2009年(74.6亿元)增长近9倍;2013—2017年商标质押融资总额由2008年的51.19亿元增长到2017年的370亿元;自2011年《著作权登记办法》实施以来至2017年底,著作权质押登记总数为3224件,质押融资总额达到200亿元,知识产权质押融资已经成为常态化融资模式。

2019—2020年,党中央、国务院对知识产权运营提出了新的更高要求。2020

---

[1]《国家知识产权战略纲要》实施十年评估工作组.《国家知识产权战略纲要》实施十年评估报告[M].北京:知识产权出版社,2019:6-10,30-32.

年3月30日,中共中央、国务院印发《关于构建更加完善的要素市场化配置体制机制的意见》,明确要求,"强化知识产权保护和运用,支持重大技术装备、重点新材料等领域的自主知识产权市场化运营。"同时要求,"鼓励商业银行采用知识产权质押、预期收益质押等融资方式,为促进技术转移转化提供更多金融产品服务。"2020年5月11日,中共中央、国务院印发《关于新时代加快完善社会主义市场经济体制的意见》,进一步提出,"完善和细化知识产权创造、运用、交易、保护制度规则。积极发展科技成果、专利等资产评估服务,促进技术要素有序流动和价格合理形成。"2020年7月23日,国务院办公厅印发《关于提升大众创业万众创新示范基地带动作用 进一步促改革稳就业强动能的实施意见》,专门部署,"搭建双创示范基地跨区域合作交流平台,推广跨区域孵化'飞地模式',探索在孵项目跨区域梯次流动衔接的合作机制,在资源共享、产业协同、知识产权保护和运营等方面开展跨区域融通合作。"2020年10月20日,国务院办公厅印发《新能源汽车产业发展规划(2021—2035年)》,专门强调,"构建新能源汽车知识产权运营服务体系,加强专利运用转化平台建设,建立互利共享、合作共赢的专利运营模式。"2020年9月8日,国家发展改革委等4部委印发《关于扩大战略性新兴产业投资 培育壮大新增长点增长极的指导意见》,提出,"依托集群内优势产学研单位联合建设一批产业创新中心、工程研究中心、产业计量测试中心、质检中心、企业技术中心、标准创新基地、技术创新中心、制造业创新中心、产业知识产权运营中心等创新平台和重点地区承接产业转移平台。"2020年10月14日,国家发展改革委等6部委印发《关于支持民营企业加快改革发展与转型升级的实施意见》,要求,"完善知识产权运营服务体系。发展专业化技术交易知识产权运营机构,培育技术经理人。规范探索知识产权证券化,推动知识产权融资产品创新。"

2019年5月,国家知识产权局和财政部印发《关于开展2019年知识产权运营服务体系建设工作的通知》(财办建〔2019〕70号),明确要求"在已开展的试点工作基础上,以创新资源集聚度高、辐射带动作用强、知识产权支撑区域发展需求迫切的重点城市为载体,开展知识产权运营服务体系建设",通过知识产权运营,探索知识产权引领创新经济、品牌经济和特色产业高质量发展的全新路径。在此期间,还按照地方申请,批复建设了南方中心等3个运营中心和上海国际运营试点平台等3个运营平台,全国知识产权运营平台体系进一步完善。由此可见,通过一系列的公共政策推进,市场活力被激发,各类知识产权主体主动探索知识产权价值实现的新模式、新路径,"知识产权运营"成为当前知识产权工作的热门词汇,同时成为充分发挥市场在资源配置中的决定性作用和更好发挥政府作用的有益探索。

2020年2月,《国家知识产权局办公室关于大力促进知识产权运用 支持打赢疫情防控阻击战的通知》印发,要求知识产权运营服务体系建设重点城市、知识产权运营平台(中心)、知识产权运营基金等各类试点项目,及时调整项目计划,足额兑现惠企政策,开放平台工具和数据资源,提供高水平知识产权转化运用服务,支持疫情防控和复工复产。

2020年4月,财政部办公厅、国家知识产权局办公室联合印发《关于做好2020年知识产权运营服务体系建设工作的通知》(财办建〔2020〕40号),明确要求,"加强规划引领和政策引导,推动优质服务资源与产业发展相融合、相支撑,布局建设'一平台、多中心、全链条'的服务载体,着力打造城市知识产权运营服务体系的核心承载区,积极创建国家级示范区。一是搭建知识产权运营服务平台。压实园区管委会责任,建设区域性知识产权运营服务平台,新建或依托知识产权服务促进中心等公共机构负责平台具体运行,参与或承担集聚区建设管理、有关政策项目组织实施、项目与服务标准制定及评价、知识产权运用数据集成和管理、小微企业知识产权托管、中小企业专利技术对接等公共服务。二是建设产业知识产权运营中心。充分发挥已有国家级知识产权运营平台(中心)示范带动作用,围绕城市特色主导产业,在集聚区内建设若干产业知识产权运营中心,支持创建国家级运营中心;鼓励中央企业、行业龙头企业及产投资本等参与运营中心建设,整合产业、资本、知识产权等资源,推动重点产业领域知识产权市场化运营。三是打造知识产权市场化服务生态。加强服务业集聚载体建设和政策供给,引导各门类知识产权服务机构入驻,集聚全链条知识产权服务资源,推动知识产权服务创新升级;加强主动监管、协同监管、信用监管和智慧监管,强化服务机构信用意识和责任意识,积极营造公平、竞争、有序的知识产权服务业发展环境;引导知识产权服务机构吸纳就业,对成效显著的予以重点支持;完善知识产权服务人才培训体系、引进和使用政策,加强高素质、复合型、国际化知识产权服务人才队伍建设。"

三、聚焦转化:启动和实施专利转化专项计划

2021年以来,党中央、国务院将"知识产权运营"放在更高战略层面加以部署。为了解决专利技术供给侧仍有大量专利价值亟待释放、专利技术需求侧中小企业获取渠道相对匮乏两大关键问题,2021年3月,财政部办公厅、国家知识产权局办公室发布《关于实施专利转化专项计划助力中小企业创新发展的通知》(财办建〔2021〕23号),利用三年时间,择优奖补一批促进专利技术转移转化、助力中小企业创新发展成效显著的省、自治区、直辖市,旨在进一步畅通技术要素流转渠道,推动专利技术转化实施。《关于实施专利转化专项计划助力中小企业创新发展的通知》(财办建〔2021〕23号)要求有关省份聚焦若干战略性新兴产业、知识产权密集型产业等特色优势产业、高校院所,依托相关产业集聚的城市或产业园区,优先选择知识产权运营服务体系建设重点城市、中小企业知识产权战略推进工程试点城市、国家知识产权服务业集聚发展区及相关中小企业集聚的园区,充分利用现有资金渠道,统筹发挥知识产权运营体系现有的平台、机构、基金、重点城市等作用,开展以下工作:拓宽专利技术供给渠道,推进专利技术供需对接,完善配套政策和服务措施。国家知识产权局、财政部对有关省份开展专利转化专项计划给予政策支持。

四、未来发展:实施知识产权运营体系建设工程

未来知识产权运营的关键在于,实施知识产权运营体系建设工程,系统融入以科技创新为核心的国家创新体系,成为国家创新体系的关键要素之一。我们应当将政府的手和市场的手互动起来,将科技创新制度与知识产权制度衔接起来,以知识产权制度为基石铺就创新高速路,将知识产权运营服务平台作为这一创新高速路的路面、载体,将集成的知识产权运营项目作为创新高速路上高速行驶的汽车,将知识产权运营服务机构作为制造创新高速路上高速行驶的汽车的工厂,将专利导航产业发展工作机制产生的专利导航成果作为创新高速路上高速行驶的汽车的

导航仪和路标,将资本作为创新高速路的加油站,将知识产权代理咨询等服务作为创新高速路的服务区,同时对创新高速路中的数据进行大数据分析,促进知识产权运营政策精准发力。由上述要素共同构成的知识产权运营体系形成对创新的有效激励,促进我国创新驱动发展战略的深入实施。知识产权运营要聚集各类要素,整合各类资源,形成运行顺畅的工作体系和运转高效的运营公共服务平台,逐步形成"平台+机构+资本+产业"四位一体的知识产权运营服务体系。知识产权运营平台是基础,知识产权运营机构是主体,知识产权运营基金是引导,知识产权运营政策是重要支撑。

一是,全面强化全国知识产权运营公共服务平台建设。扎实推进全国知识产权运营公共服务平台建设,完善平台运行管理机制和交易运营规则,做好基础信息资源开放和基本服务产品开发,打造知识产权运营服务体系的核心枢纽和基础支撑。推动平台与平台、平台与机构等融合发展,以全国平台为核心,以各类区域性、功能性、产业性知识产权运营平台(中心)为分支,以知识产权运营机构为节点,搭建业务流、信息流互联互通,全国"一张网"的平台体系。坚持政府主导建设、市场化方式运作的基本思路,不断加强知识产权运营公共服务平台建设,强化信息服务功能、价值评估功能、决策支持功能、运营服务功能、人才培养功能、诚信评价功能和金融服务功能,为专利运营市场主体提供全方位的交易信息供给、产权制度供给和运营服务供给[1]。指导规范知识产权交易,完善知识产权质押登记和转让许可备案管理制度,加强数据采集分析和披露利用。加强知识产权转移转化状况统计调查。加强知识产权运营活动的监管,强化知识产权运营相关信用信息共享和联合惩戒,规范知识产权交易市场。拓宽专利技术供给渠道,推进专利技术供需对接,促进专利技术转化实施。建立健全财政资助科研项目形成知识产权的声明制度,做好相关知识产权数据采集、信息标注和跟踪监测,为其质量评价、绩效分析、科学管理提供支撑。

二是,积极引导知识产权运营机构建设。一方面,国务院《"十四五"国家知识产权保护和运用规划》要求,"优化知识产权运营服务体系。推动在重点产业领域

---

[1] 李昶.中国专利运营体系构建[M].北京:知识产权出版社,2018:240-242.

和产业集聚区建设知识产权运营中心。培育发展综合性知识产权运营服务平台,创新服务模式,促进知识产权转化。"知识产权运营中心是知识产权运营的重要载体,需要与知识产权运营的内容深度融合。健全知识产权运营中心的管理机制,优化全国知识产权运营中心建设布局,加强互联互通和资源共享,避免重复投入、重复建设。明晰区域和产业知识产权运营中心定位,突出区域知识产权运营中心的公共属性、发挥辐射作用,提高产业知识产权运营中心的专业能力,突出产业知识产权运营中心的行业特色。另一方面,国务院《"十四五"国家知识产权保护和运用规划》要求,"支持高校和科研院所加强市场化知识产权运营机构建设,提升知识产权转化能力。"深入实施专利转化专项计划,依托高等院校、科研院所的知识产权和技术转移中心、产业知识产权运营中心等载体,集中发布专利技术供给信息。以中小企业集聚区域为重点,组织高等院校、科研院所深入中小企业开展专利技术转化实施对接活动。发挥知识产权相关协会作用,创新组展方式,打造若干有影响力的、有特色的展会品牌,促进知识产权资源和服务资源对接。加强知识产权领域内联盟类组织的治理工作。建立完善专利开放许可制度和运行机制,提升专利许可声明、定价、对接等服务能力,鼓励高等院校、科研院所参与开放专利许可活动,降低许可交易的风险和成本,提高许可效率,提升开放许可制度运行效能。

　　三是,全面强化国家知识产权运营基金。建议借鉴法、日、韩等国做法,在各地试点设立重点产业知识产权运营基金的基础上,积极争取财政部的支持,依托全国平台的信息优势和专业能力,在国家层面探索设立知识产权运营基金,带动和促进地方试点基金和社会资本基金蓬勃发展,形成模式互鉴、项目共享、资本互补的基金体系,推动重点产业关键技术专利导航与布局,开展产业高价值专利培育与运营,以知识产权高效运营助推产业提质增效。以国家大基金为牵引,调动引导各类地方和社会基金,发挥资源整合和一致对外的优势,打造与国际巨头抗衡的国家力量,强化维护保障国家产业安全的主权控制力,有效保障我国产业的"大船"行稳致远。充分发挥知识产权运营基金引导作用,支持重点产业转型升级。同时,鼓励知识产权金融产品和金融服务创新。加强政银合作,支持银行业金融机构在知识产权金融方面研发新产品、探索新业务。有序发挥知识产权证券化融资功能。优化知识产权保险产品,完善知识产权保险服务,扩大知识产权保险覆盖范围。引导风险投资更多投向拥有高价值知识产权的企业。建立健全政府引导的知识产权质押融资风险分担和补偿方式,充分发挥质押融资风险补偿基金的作用,优化补偿机制和质物处置流程,完善知识产权质押融资政策。

四是,构建以知识产权强国建设为引导的知识产权运营公共政策体系。一方面,加强政策横向协同,推动知识产权政策与科技、贸易、人才等政策融合联动,加强高等学校和科研院所的知识产权管理,建立财政资助项目形成的知识产权信息披露制度;另一方面,深化地方纵向试点,以创新资源集聚度高、辐射带动作用强、知识产权支撑创新驱动发展需求迫切的重点城市(区域)为载体,开展综合性试点,加强政策集成、资源集聚和开放共享,打造区域性、节点性知识产权运营高地,培育知识产权引领型城市(区域)创新发展的增长极。同时,强化知识产权转移转化激励政策,指导国有企事业单位深化职务发明专利的使用权、处置权、收益权改革,完善处置流程和分配收益机制,加强对发明创造者的利益激励和产权激励。做好赋予科研人员职务科技成果所有权或者长期使用权的试点工作,完善知识产权相关配套管理和服务。制定并推广知识产权评估相关规范指引,健全知识产权评估体系。加强知识产权运营专业化人才队伍建设,加大专利运营等复合型人才培养力度。

第二节 知识产权运营体系建设的基本原理

在知识产权制度与现代化产业体系所具备的内在耦合关系的基础上,发展新质生产力突出强调各种类型的技术在生产力系统中的融合运用和对生产力系统的全方位渗透,这对知识产权运营体系建设提出了新的更高要求。新质生产力的发展,需要将各种类型的新技术以相互融合的方式全方位、全链路渗透于生产力的整个系统中,实现生产力系统的整体质态跃升❶。在上述基本定位的基础上,知识产权运营体系建设的战略思路是,专利导航促进产业发展、以产业化为导向的专利转化运用促进产业链发展、以主体和客体新型耦合关系为核心的专利协同运用促进

---

❶ 许恒兵.新质生产力:科学内涵、战略考量与理论贡献[J].南京社会科学,2024(3).

产业集群发展,进而支撑现代化产业体系建设。

一、专利导航机制:产业视角下促进新质生产力发展的基本思路

就促进现代化产业体系下的某个产业特别是某个知识产权密集型产业的发展,我国已经形成了专利导航产业发展机制。我国专利导航产业发展机制的探索起源于2013年4月2日国家知识产权局关于实施专利导航试点工程的政策部署。《国家知识产权战略纲要》实施十年评估得出"专利导航积极引导高技术产业和新兴产业创新发展,有力支撑了产业转型升级"的基本结论。在此基础上,《知识产权强国建设纲要(2021—2035年)》对专利导航的应用提出明确要求[1]。就其原理而言,专利导航产业发展机制就是为了充分发挥专利制度所具有的创新发展的决策工具功能而形成。

就促进现代化产业体系下的某个产业特别是某个知识产权密集型产业的发展这一方面,建议进一步深入研究人工智能辅助创新背景下的专利导航产业发展机制优化方案。人类在进入到21世纪的三个关键时间点,相继出现了三个互相联系又略有区别的新时代,即网络社会时代、大数据时代、人工智能时代,三者共同构成了新的社会时代。[2]人工智能技术发展影响着人类社会的方方面面,将改变甚至颠覆人类现存的生产工作和交往方式,由此出现一个以新的技术结构支撑新的社会结构的人类新时代[3]。目前,人们已经逐步将人工智能应用于辅助发明创造的过程中。在促进新质生产力发展的导向下,特别是在开放式创新的环境下,我们需要分析人工智能辅助创新的过程中专利导航产业发展机制的内在影响,评估人工智能的应用对上述机制的优化方向。

尤其是,战略性新兴产业和未来产业是新一轮科技革命和产业变革的主要方

---

[1] 详细讨论参见马一德.全球治理大局下的知识产权强国建设[J].知识产权,2021(10)期;张鹏.中国式现代化建设新征程中的知识产权强国建设道路探析[J].知识产权,2022(11);张鹏.知识产权强国建设思想形成、理论构成与实践证成研究[J].知识产权,2021(10).

[2] 何哲.通向人工智能时代:兼论美国人工智能战略方向及对中国人工智能战略的借鉴[J].电子政务,2016(12).

[3] 吴汉东.人工智能时代的制度安排与法律规制[J].法律科学,2017(5).

向,是加快"造新链"的关键所在,建议聚焦类脑智能、量子信息、深海空天开发等前沿领域,组织实施一批未来产业技术攻关、创新联合体和场景示范工程。❶这就需要我们深入研究分析专利导航产业发展机制在未来产业发展中的定位,特别是研究如何运用专利导航产业发展机制对未来产业发展的支撑性技术创新提供有效支持。

二、专利转化机制:产业链视角下促进新质生产力发展的基本思路

产业链视角下促进新质生产力发展的基本思路在于,通过多种知识产权运营模式的探索,促进科技成果转化,降低科技成果应用的交易成本、维护科技成果应用的交易安全,提高科技成果应用的交易可预期性,将知识产权作为产业上下游利益分配和利益分享的关键机制。对于产业链上下游而言,通过知识产权的所有权、使用权、收益权和处分权的合理分配和有效分享,能够促进产业上下游的利益分享,并实现产业上下游的利益分配的创新激励导向。毋庸置疑,就人类迄今为止的探索来看,对于高度不确定性,尤其是不可知的问题,最好的解决方法是交给市场,这也是新质生产力所对应的新型生产关系的核心。❷以产业链为视角,需要充分发挥市场的作用,强化以知识产权为核心的产业上下游利益分配和利益分享。

产业链视角下促进新质生产力发展的举措在于,深入实施专利转化运用专项行动方案,由高等院所集中发布专利技术供给信息并结合专利开放许可制度降低交易成本。发挥知识产权相关协会作用,创新组展方式,打造若干有影响力的、有特色的展会品牌,促进知识产权资源和服务资源对接。建立完善专利开放许可制度和运行机制,提升专利许可声明、定价、对接等服务能力,鼓励高等院校、科研院所参与开放专利许可活动,降低许可交易的风险和成本,提高许可效率,提升开放许可制度运行效能。

---

❶ 尹西明,陈劲.加快发展新质生产力:创新引领高质量发展的中国路径[M].郑州:河南科学技术出版社,2024:127-128.

❷ 林毅夫,等.新质生产力:中国创新发展的着力点与内在逻辑[M].北京:中信出版集团,2024:X.

三、专利协同机制：产业集群视角下促进新质生产力发展的基本思路

产业集群视角下促进新质生产力发展的基本思路在于，将专利池、专利联盟等专利运用方式加以提升，形成专利协同运用机制，促进产业集群的规模效应、集聚效应和协同效应充分发挥。产业集群是指具有鲜明的协同创新特征，以新技术开发和新产品研制为牵引，以创新资源网络化协同为核心，以"四链"深度融合和创新生态优化为关键，能有效发挥产业规模效应、资源集聚效应、创新协同效应，有力促进新质生产力规模化发展。传统的协同运用机制包括专利池和专利联盟，其已经难以适应开放式创新的新形势要求，有必要升级为专利协同运用机制。

专利池（Patent Pool）的本质属性是专利的集合。[1]通过将有关的系列专利集合起来的方式，发挥专利的聚合效应，促进专利的复合性价值充分发挥，进而实现系列专利集合的综合实力。

专利池示意图

专利联盟是多个企业之间通过集中管理专利的方式构建相关专利技术的纽带，进而实现彼此之间分享专利技术的创新型企业集合，强化成员企业在产业竞争格局的综合竞争力。国家知识产权局颁布的《产业知识产权联盟建设指南》中对"专利联盟"的定义是，"以知识产权为纽带、以专利协同运用为基础的产业发展联

---

[1] 美国专利商标局将专利池定义为"两个或两个以上的专利所有人之间将其一个或多个专利许可给一方或第三方的协议"。日本《标准化和专利池安排指南》中的定义为，"专利池是一种组织，多个专利权人授权该组织向用户发放其专利许可，并且用户从该组织获得必需的各种许可。"欧盟对专利池没有进行过专门的定义，但有个类似的概念，即"技术池"，是指两个或多个成员通过一种安排将一些技术打包集合起来，向"池"中成员或者第三方进行技术许可。

盟,是由产业内两个以上利益高度关联的市场主体,为维护产业整体利益、为产业创新提供专业化知识产权服务而自愿结盟形成的联合体,是基于知识产权资源整合与战略运用的新兴产业协同发展组织。"

```
┌──────┬──────┬──────┬──────┬──────┐
│ 专利1 │ 专利2 │ 专利3 │ 专利4 │ 专利n │
└──────┴──────┴──────┴──────┴──────┘
              │
          ┌───────┐
          │专利联盟│
          └───────┘
```

专利联盟示意图

专利协同机制应当是为了打造产业创新生态而形成的专利集合、创新型企业集合之间的高度耦合。专利协同运用机制是更加强化集中管理专利模式,将专利池、专利联盟的组织形式内在耦合,从而实现在机制内知识产权共享共用、利益分享的组织形式。

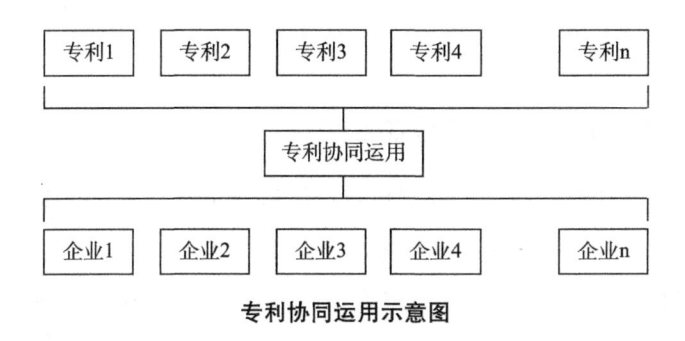

```
┌──────┬──────┬──────┬──────┬──────┐
│ 专利1 │ 专利2 │ 专利3 │ 专利4 │ 专利n │
└──────┴──────┴──────┴──────┴──────┘
              │
        ┌──────────┐
        │专利协同运用│
        └──────────┘
              │
┌──────┬──────┬──────┬──────┬──────┐
│ 企业1 │ 企业2 │ 企业3 │ 企业4 │ 企业n │
└──────┴──────┴──────┴──────┴──────┘
```

专利协同运用示意图

促进新质生产力发展,成为知识产权运营体系建设的新导向。知识产权运营体系建设的基本定位和战略思路是,"一个切入点、两个作用力、三个着力点"。亦即,以要素禀赋结构为切入点,通过有效市场和有为政府的共同作用,运用专利导航机制促进单个产业特别是单个知识产权密集型产业发展,促进专利转化机制推动产业链上下游的共同发展,强化专利协同机制将专利池、专利联盟的组织形式内在耦合,加强产业比较竞争优势,以知识产权运营促进新质生产力发展。

第三节　知识产权运营体系建设的操作实务

随着全球一体化的加快推进,跨境交易发展迅速,跨境知识产权交易成为跨境交易的主流形式和关键内容。以我国为例,2023年我国进出口总值达到41.76万亿元人民币,同比增长0.2%,连续7年保持全球货物贸易第一大国的地位。根据世界贸易组织的数据,2023年我国出口的国际市场份额保持在14%左右的较高水平。同时,随着科学技术的快速发展,特别是随着开放式创新成为创新主流样态,跨境知识产权交易成了促进技术创新和产业升级的重要方式。跨境知识产权贸易可以有效组合利用全球的先进技术提高创新效率、降低研发成本,在全球范围内发挥着越来越重要的作用。有学者通过对1970—2019年知识产权使用费数据进行分析得出,国际技术贸易进口中心的转移次序为德国→日本→美国→荷兰→爱尔兰;国际技术贸易出口中心一直是美国,未发生转移,但其占比在持续下降,国际技术贸易网络具有明显的"小世界"和"核心-边缘"结构特征;美国优势地位明显,具有最强的国际技术贸易获利能力;中国的网络地位近期快速提升,但国际技术贸易出口能力的提高是未来的重要方向[1]。在这样的背景下,讨论跨境知识产权交易非常必要。

一、跨境知识产权交易的基本含义

随着知识经济的深入推进,知识产权已经成为企业发展的战略性资源和核心竞争力,知识产权已经日益成为跨境交易的主要内容,在跨境交易中发挥着关键作用。从内涵角度而言,本书所述的"跨境知识产权交易",即以著作权(特别是软件著作权)、专利权、技术秘密等为代表的技术类知识产权作为关键客体,以技术许可、技术转让、技术入股等作为核心内容的交易类型。如前所述,本书所述的"跨境知识产权交易"以著作权(特别是软件著作权)、专利权、技术秘密等为代表的技术类知识产权作为关键客体。因此,在本书语境下,"跨境知识产权交易"和"跨境知识产权交易"具有同等含义。

---

[1] 冯志刚,张志强,刘昊.国际技术贸易格局演化规律研究:基于知识产权使用费数据分析视角[J].情报学报,2022(1):38-49.

从外延角度而言,本书所述的"跨境知识产权交易",并不排斥除了知识产权之外的其他交易内容。这就是说,在知识产权作为主要交易标的的前提下,可以将其他资产亦作为交易标的。例如:知识产权日益成为以合资为例的跨境交易的主要考虑内容。由于无形资产的价值日益提升,甚至在一定程度上超过成为有形资产。所以,"大多数投资者认同技术与创新不仅已经改变商业的运行,而且代替了其赖以生存的基础"[1]。从而,"外资法上的资本构成,一般除包括现金、设备、机器、土地、厂房、交通运输工具等有形资产外,还包括专利权、商标权、技术资料、专有技术、劳务等无形资产"[2]。对于合资项目而言,由于知识产权所具有的经济价值和巨大利益,对知识产权有关条款特别予以关注。因此亦属于本书所述的"跨境知识产权交易"的外延范畴。

二、跨境知识产权交易的发展趋势

跨境知识产权交易具有促进技术创新、提高生产效率和产业竞争力、推动经济发展的重要意义。跨境知识产权交易使得各国能够引进先进的技术和专业知识,推动本国技术创新和产业升级。跨境知识产权交易通过引进先进的技术和设备,企业可以降低生产成本,提高生产效率从而提高竞争力;同时,跨境知识产权交易可以为接收国带来新的投资和技术,促进经济增长。正是在这样的背景下,为了提高我国企业国际技术贸易出口能力,积极引导我国企业开展知识产权跨境交易,促进知识产权产品和服务"走出去",《知识产权强国建设纲要(2021—2035年)》将"知识产权使用费年进出口总额达到3500亿元"作为发展目标,《"十四五"国家知识产权保护和运用规划》将"知识产权使用费进出口额(亿元)"作为预期指标,预期到2025年达到3500亿元。其中,知识产权使用费年进出口总额是指本国居民和境外居民之间以许可方式授权使用知识产权而支付的进出口费用总额,包括特许和商标使用费、研发成果使用费、复制或者分销计算机软件许可费、复制或者分销视

---

[1] From BERMAN B. Ideas to Assets: Investing Wisely in Intellectual Property, Edited by Bruce Berman[M]. New York: John Wiley & Son, Inc., 2002: xxv. 转引自张乃根. 国际投资相关知识产权及其争议解决[J]. 法治研究, 2020(1): 91-97.

[2] 姚海镇. 国际投资法[M]. 湖北:武汉大学出版社, 2011: 105.

听以及相关产品许可费和其他知识财产权使用费。[1]从知识产权使用费数据可以看出跨境知识产权交易的走向，设定相应的预期性指标亦体现出促进跨境知识产权交易的总体导向。

由于跨境知识产权交易具有促进技术创新、提高生产效率和产业竞争力、推动经济发展的重要意义，跨境知识产权交易存在增长迅速、形式多样化、知识产权敏感性高等发展趋势。随着全球化的推进，跨境知识产权交易市场规模不断扩大，交易金额和交易数量逐年增加。与之相伴随的是跨境知识产权交易的领域越来越广泛，涉及信息技术、生物技术、能源技术、环保技术等多个领域。除了传统的技术许可、技术咨询等方式，跨境知识产权交易还出现了联合研发、技术投资等新模式，技术转移渠道更加多样化。由于跨境知识产权交易的交易目标和交易标的的特点，交易设计对知识产权内容高度敏感，交易各方对现有知识产权和未来新产生的知识产权的所有权、使用权、收益权、处分权存在较强的诉求，需要根据交易目标设计好权能（上述现有知识产权和未来新产生的知识产权的所有权、使用权、收益权、处分权）分配方案，以促进交易目标的实现和交易安全的保障。

三、跨境知识产权交易的要点综述

知识产权具有客体非物质性，从而其在跨境交易中成为重要难点。知识产权具有客体非物质性，作为其保护客体的"知识产品"不像有形财产那样边界明确，从而在跨境交易中成为重要难点。一方面，由于知识产权客体具有非物质性，其价值缺乏统一的客观评价机制。由于知识产权通常没有同种类物可以比较，不像我们可以从市场中购买的有形财产那样可以有相对一致的种类物价格，其价值难以完全客观地加以评价。同时，知识产权的价值随着技术研发的推进、相关产品的迭代、市场情况的变化而动态变化，难以给出稳定的价值评价，就知识产权的利益分享需要设计相应的机制；另一方面，由于知识产权客体具有非物质性，其法律风险相对于有形资产而言更高。以技术秘密为例，技术秘密一旦泄露（包含非法泄露），就很难通过法律手段"恢复原状"。其他知识产权类型同样如此，其在研发活动

---

[1] 国务院知识产权战略实施工作部际联席会议办公室.《知识产权强国建设纲要（2021—2035年）》辅导读本[M].北京：知识产权出版社，2022：240-241.

开展、中试小试进行、产品生产销售等过程中,面临着相关信息泄露、知识产权被侵权或者自身产品侵犯他人知识产权的法律风险,需要在跨境交易设计之初通过条文加以明确,以避免未来法律风险出现时各方利益不同难以达成一致,从而影响交易行为的进一步开展。

(一)交易启动前:跨境知识产权交易的框架设计

跨境知识产权交易的实务操作中,需要知识产权律师和交易律师、交易主体商务团队相互配合,首先明确包括知识产权交易在内的整体跨境交易的总体框架。

一方面,知识产权尽职调查是确定跨境交易目标与策略的前提。在跨境交易开始之初甚至开始之前,有必要开展全面的知识产权尽职调查,"摸清家底",确定我方和交易对方的知识产权实力状况,结合各自知识产权实力状况明确跨境交易的目标,探讨如何通过跨境交易实现技术合作、技术共享与技术提升,从而确定跨境知识产权交易的基本策略。通常来说,针对有利于未来技术改进者和赶超者,当下技术先进者与优势者在跨境知识产权交易总体框架方面存在不同的需求,首先需要通过尽职调查的方式,明确我方属于哪种类型以及与交易对方处于何种对比态势。针对未来技术改进者和赶超者而言,更多关注的是"前景知识产权"(FutureIP 或者 Forward IP)的归属与"背景知识产权"(Background IP)的使用空间;针对当下技术先进者与优势者,更多关注的是"当前知识产权"带来的收益权与"未来知识产权"的共同享有。

另一方面,知识产权交易需要服务于和服从于整体跨境交易的目标,同时需要考虑到知识产权交易自身的特点和需求。知识产权交易是整体跨境交易的组成部分,有的时候需要在整体跨境交易谈判中作出牺牲换取砝码;有的时候需要在整体跨境交易谈判中,予以坚持保障核心利益。这一过程中,就需要知识产权律师、交易律师、交易主体商务团队进行充分的内部沟通,根据共同确定的整体跨境交易总体目标,明确谈判过程中可以采取的最优立场、中等立场、底线立场,确定谈判策略,必要时在交易过程中"丢车保帅",避免在整体交易过程中"丢了西瓜捡芝麻"。特别需要注意的是在通常情况下,交易各方的知识产权律师、交易律师、交易主体商务团队分别进行知识产权、交易法务、交易商务等层面的谈判,务必保障我方知识产权律师、交易律师、交易主体商务团队之间的信息实时共享,确保知识产权律师、交易律师、交易主体商务团队谈判立场的协调与谈判策略的配合。

(二)交易的前期:跨境知识产权交易的关键条款

在确定跨境知识产权交易的整体框架后,需要拟定跨境知识产权交易的关键条款。这些条款包括,知识产权范围的确定与分类、知识产权权利归属、知识产权权利使用、知识产权相关的责任划分与转移、知识产权权利保证以及其他一般性条款等。从实务操作角度而言,存在着交易一方草拟条款、交易,另一方修改确认,交易双方分别撰写不同条款、交易双方共同修改确认等不同方式,总体而言,撰写相关条款具有一定的先发优势,建议尽量争取草拟相关条款的机会。下面分别对相关条款的撰写要点加以介绍。

首先,在知识产权范围的确定与分类条款、知识产权权利归属的条款中,从交易各方的整体利益角度而言,知识产权范围的确定条款关键在于"全面",确保未来交易推进过程中可能出现的知识产权全部落入范围确定条款之中,以免未来产生争议。这一过程中,需要结合前期知识产权尽职调查的情况,分析我方和交易对方的主要知识产权形式,以此为基础拟定知识产权范围确定条款。从交易目标的实现角度而言,知识产权的分类条款主要需要考虑知识产权权利归属条款、知识产权权利利用条款的衔接性,分类是为了更好地确定权利的归属与利用过程中的权利运用,根据不同分类设计相应的权利归属与权利利用规则。通常而言,根据知识产权法定类型(即根据《中华人民共和国民法典》第123条的规定,专利权、商标权、著作权、植物新品种权、集成电路布图设计专有权等)不是适宜的选择。因为在整体跨境交易过程中,通常不会按照法律规定的知识产权类型形成,可以考虑上述的背景知识产权、前景知识产权的分类,或者共有知识产权、专有知识产权以及委托知识产权、职务科技成果等分类方式。

其次,在知识产权权利利用的条款、知识产权相关的责任划分与转移的条款、知识产权权利保证的条款中,需要考虑的是知识产权相关权能的分离以及与之配合的利益分享、责任承担等问题。知识产权权利利用条款通常致力于促进知识产权利用效益最大化,实现对知识产权利用效益的合理分享,其中主要涉及知识产权权利利用的决定权(或者说决策机制)、获利权(或者说利益分享机制),通常会涉及该知识产权或者说该创新成果的出资方与创造方之间的利益平衡问题。知识产权责任划分与转移条款,主要涉及行使知识产权产生的产品一旦侵犯他人知识产权的责任划分问题,以及责任的转移问题,包括哪方应当就行使知识产权的产品进行尽职调查以确定是否存在知识产权侵权风险等。知识产权权利保证条款主要需要考虑,交易各方对其所投入的知识产权有效性进行保证,如果其投入的知识产权并非有效知识产权,将如何承担法律责任、如何分配法律风险等。由于知识产权具有权利的推定有效性,这一条款尤为重要。

最后,其他一般性条款主要涉及争议解决方式以及适用法律等。争议解决方式和适用法律等问题,通常是整体跨境交易一并加以考虑的条款。同时,我们建议,需要考虑知识产权交易在其中的特殊之处。知识产权交易争议解决面临着司法裁判、商事仲裁、和解调解这三大国际商事争议解决主要方式的选择问题。就司法裁判而言,2019年7月2日海牙国际私法会议第二十二次外交大会签署确认的《承认与执行外国民商事判决公约》谈判文本(亦即会议最后文件)将知识产权作为别除事项。这一点曾经是草案讨论过程中的焦点问题。条约草案区分与侵权无关的知识产权有效性裁决与认定侵权,是否成立以及如何承担侵权法律责任的知识产权侵权裁决,将前者纳入到承认和执行的适用范围。如果如此,将产生外国法院相关裁决对被请求国知识产权保护产生实体性影响的结果,与《伯尔尼公约》和《巴黎公约》确立的知识产权地域性原则相冲突。[1]我们理解,外交大会签署确认的《承认与执行外国民商事判决公约》文本明确将知识产权作为别除事项,删除了将知识产权有效性裁决纳入承认和执行的适用范围的规定,也是主要考虑到这一因素。因此,国际知识产权争议解决的司法裁判途径仍有较大局限性。同时,调解途径、仲裁途径在国际知识产权争议解决方面具有独特优势。商事仲裁途径获得了非常广泛的适用,已成为国际商事争议解决的主渠道,这与1958年6月10日《承认和执行外国仲裁裁决公约》、1985年联合国国际贸易法委员会《国际商事仲裁示范法》具有非常重要的关系。"仲裁真正无可争议的优势在于仲裁裁决根据《纽约公约》在

---

[1] 王迁.《承认和执行外国判决公约》(草案)中知识产权条款研究[J]. 中国法学,2018(1):118-142.

几乎全球范围内的可执行性"。❶同时,"除了仲裁之外,调解作为更加柔性的纠纷解决方式,以高效率、低成本等优势在国际上越来越受到当事人的重视"。❷2018年6月,联合国贸易法委员会通过《关于调解所产生的国际和解协议公约》,对国际和解协议的执行力、执行的主管机关对和解协议当事人寻求的审查权、拒绝执行的限制等作出了规定,旨在解决调解产生的国际和解协议的跨境执行。该公约的签署,将大大促进经过调解形成的国际和解协议的执行,让缔约国公权力为和解协议提供"保险柜"❸。同时,适用法律将关系到是否具有证据开示程序等程序性差异和职务发明权利归属等是实体性区别,也需要慎重加以分析。

(三)交易进行时:跨境知识产权交易的谈判策略

上述跨境知识产权交易的基本框架与关键条款最终需要通过交易谈判的方式加以落实。因此,跨境知识产权交易谈判非常重要,通过交易谈判明确交易各方的关切,根据交易各方的利益诉求,形成共同认可的交易文本。因此,这一过程也决定了交易的成败。针对跨境知识产权交易的谈判策略,本书主要强调两个方面。

一方面,注重谈判策略,通过"做减法"的方式求同存异同时坚持核心利益。通常而言,谈判中的重要方面在于,注重利益而不是立场,并且在达成协议之前为共同利益寻求方案。❹因此,通常在条款讨论之前就关键问题点进行讨论,根据关键问题点的讨论形成对条款的指引意见,并根据指引意见形成条款,然后再对条款本身的表述进行讨论。在这个过程中,一方面,需要注重言之有据,深入全面了解相关法律制度以及司法判例,同时有进有退,确保核心利益的实现。为了准备这一谈判过程,前期对相关法律制度以及司法判例的研究非常重要,除了知识产权制度之外特别需要注意与知识产权相关的制度。例如:技术合同有关制度、技术进出口管制有关制度等;另一方面,注重英文表述,通过双语同步推进保障准确表述。跨境

---

❶ 万鄂湘.《纽约公约》在中国的司法实践[J].法律适用,2009(3).

❷ 中国国际贸易促进会副会长卢鹏起在"联合国《纽约公约》六十年和《和解协议公约》国际学术研讨会"上的发言,参见张莉.《纽约公约》六十年为国际贸易和投资保驾护航[J].中国对外贸易,2018(11):56-57.

❸ 有关《新加坡调解公约》的八个问题[N].法制日报,2019-04-09.

❹ 费希尔,尤里,巴顿.寸土必争[M].王燕,罗昕译.北京:外语教学与研究出版社,2005:7-9.

知识产权交易相关法律文本通常需要英文撰写,以便于交易各方进行讨论。在这一过程中,建议中英文双语版本同步推进,以确保相应表述的一致性,实现准确表述。

(四)交易达成后:跨境知识产权交易的风险管控

上述跨境知识产权交易的基本框架与关键条款通过交易判断加以落实后即进入交易的推进阶段,在交易的推进阶段尤其需要管控跨境知识产权交易的风险。跨境知识产权交易推进的首要任务是技术的交付与交付物的验收。如前所述,知识产权具有客体非物质性,并且知识产权缺乏同类物进行比较,由此使得在技术的交付过程中面临着单纯变更软件著作权、专利权的权利人不足以达到交易目的的情况,通常需要对软件源代码、具体技术方案进行交付方案的设计,并且在交付过程中,伴随着培训等以便于弥补交易双方的信息不对称。特别是在交付物的验收条款设计过程中,需要充分考虑到知识产权交付的特点,根据验收的可能结果设定相应的流程机制。

跨境知识产权交易推进的内容还包括跨境知识产权交易的落地,特别是在落地过程中的争议解决机制。一个大的跨境知识产权交易项目,在推进过程中,通常会发生交易设计谈判时没有预料到的情况,需要秉持交易目标有针对性地加以解决,特别是存在不同观点时根据交易目标加以解决。在很多情形下,需要进一步开展后续谈判,签署补充协议。

第五章　国有企业知识产权布局体系建设实务

《知识产权强国建设纲要(2021—2035年)》要求,以质量和价值为标准,发挥专利、商标、版权等多种类型知识产权组合效应,大力培育具有国际影响力的知名商标品牌,培育一批知识产权竞争力强的世界一流企业。《"十四五"国家知识产权保护和运用规划》部署,健全高质量创造支持政策,加强人工智能、量子信息、集成电路、基础软件、生命健康、脑科学、生物育种、空天科技、深地深海探测等领域自主知识产权创造和储备。加强国家科技计划项目的知识产权管理,在立项和组织实施各环节强化重点项目科技成果的知识产权布局和质量管理。优化专利资助奖励等激励政策和考核评价机制,突出高质量发展导向。完善无形资产评估制度,形成激励与监管相协调的管理机制。由此可见,需要加强国有企业知识产权规划布局工作机制建设,实现立体化、系统化、国际化,处理好知识产权数量与质量的关系,完善以企业为主体、市场为导向的高质量创造机制,加快培育高质量、高价值、高效益的知识产权组合。❶在国有企业研发活动中,充分运用中外专利信息和科技情报信息开展专利导航,全面了解所属技术领域的现有技术状况和竞争对手研发动态,深入分析所属技术领域的技术发展路线图、技术空白点,加强对研发成果申请专利的挖掘和布局。

第一节　国有企业知识产权布局体系概述

通过有效的技术创新成果挖掘,避免创新成果出现知识产权保护的漏洞,形成对技术创新成果进行保护的全面、充分、系统、有效的知识产权组合,将知识产权的保护范围延伸到所有具有创新高度的技术点,并将其知识产权类型科学化建构、权利保护范围最大化设计,站在总体布局的高度形成具有战略意义的严密的知识产权网络,这就是知识产权布局。国有企业作为原创技术策源地和现代产业链的链

---

❶ 张鹏.知识产权强国建设思想形成、理论构成与实践证成研究[J].知识产权,2021(10).

长,尤其需要通过国有企业的知识产权布局促进凝聚产业合力,形成产业竞争力,为国有企业知识产权运营体系提供基础素材,为知识产权合规体系提供竞争工具。

一、国有企业知识产权布局总体思路

国有企业知识产权布局的总体思路在于,锚定提升现代化产业体系的整体竞争力,立足科技创新的现实需要和未来发展的前瞻性布局两大方面,加强技术体系支撑机制、布局路径设计机制、布局质量把控机制等"三大机制"建设,为打造原创技术策源地和现代产业链的链长提供有力支撑。

第一,国有企业知识产权布局的总体思路的立足点在于,在现代化产业体系中提升其所在产业的整体竞争力。习近平总书记指出,"国有企业是中国特色社会主义的重要物质基础和政治基础,是党执政兴国的重要支柱和依靠力量"。站在这一定位的基础上,国有企业在发挥科技创新主体作用上需要打头阵,围绕产业链部署创新链,加强各类创新资源统筹,以原创技术策源地建设为依托,牵头构建以企业为主体、市场为导向、产学研深度融合的科技创新体系,主动与高校、科研院所和民营企业建立多种形式合作关系,健全科学合理的利益分配机制,发挥市场对技术研发方向、路线选择、各类创新要素配置的导向作用,促进创新链条有机衔接、创新效率大幅提高[1]。由此,国有企业与其他类型的企业相比,不仅需要以现实营利和未来营利为导向强化知识产权布局,还需要发挥知识产权竞争工具的作用,凝聚产业竞争合力,在现代化产业体系中提升其所在产业的整体竞争力。

第二,国有企业知识产权布局的总体思路的关键点在于,立足科技创新的现实需要和未来发展的前瞻性布局。一方面,国有企业立足科技创新的现实需要,在现有的研发路线基础上依据专利布局策略进行全面的专利布局,保护自身创新;另一方面,国有企业还需要展望未来发展,从技术体系的角度对未来研发路线进行预测,并根据未来研发路线的方向部署科研项目,将知识产权布局策略嵌入到科研项目管理的全过程,在未来研发关键方向的"揭榜挂帅"过程中强化全过程专利布局,在未来研发合作的"开放创新"过程中强化全主体专利布局;在未来研发推进的"双

---

[1] 张玉卓.推动国有企业在建设现代化产业体系、构建新发展格局中发挥更大作用[N].人民日报,2023-09-20(9).

向反馈"过程中强化动态化专利布局。

第三,国有企业知识产权布局的总体思路的着力点在于,围绕"三链"形成"三局",打造技术体系支撑机制、布局路径设计机制、布局质量把控机制等"三大机制"建设。为了真正实现产业链、创新链、政策链的良性互动,需要增加专利布局、专利格局、专利结局三个环节。也就是说,根据市场需求部署产业链时,需要进一步分析该产业链上的专利布局情况。具体而言,充分运用专利制度所具有的"公开创新实现创新发展的决策工具"的功能,充分检索查询专利布局情况,包括在该产业链上有多少专利、有多少核心技术点,分布在哪些区域,由哪些权利人享有,等等,进一步分析所存在的布局空间。接着,从知识产权全生命周期的角度而言,根据专利布局情况部署产业链、投入政策链,形成专利格局。专利格局是"有牙齿"的专利组合。根据专利格局配置相关资源实现专利的价值,形成良好的专利结局。

首先,加强技术体系支撑机制建设,促进形成"专利布局",实现从"技术体系"到"知识产权技术体系"的转变。发挥专利信息导航的作用,对国有企业根据世界知识产权组织的统计,最新技术信息的90%~95%可以在各国专利文献中查找获得,如果充分利用各国专利文献,可以降低60%的时间成本和40%的经济成本。可见,充分运用这些专利信息,将对创新发展的决策产生重要导航作用,可以极大地提高研发效率,降低研发成本,这对跨越创新的珠穆朗玛峰而言非常重要。曾担任过欧洲专利局首席经济学家的多米尼克·格莱克和布鲁诺·范·波特斯伯格在其合著的《欧洲专利制度经济学——创新与竞争的知识产权政策》中指出,"事实上,分析竞争对手申请的专利,在工业企业的专利部门是一项非常重要的活动。……企业可以相应地定位其研究努力方向,特别是避免进入到复制其竞争对手已申请专利的发明的研究中。研究复制的减少是专利制度期待的一个重要结果,这个结果来自于公开,……这个效应对于社会来说是积极的"❶,也体现了这一制度功能。这就要求我们,充分发挥专利创新发展的决策工具的功能,实施专利导航,实现从"技术体系"到"知识产权技术体系"的转变。

---

❶ 格莱克,波特斯伯格.欧洲专利制度经济学:创新与竞争的知识产权政策[M].张南,译.北京:知识产权出版社,2016:68.

其次,加强布局路径设计机制,促进形成"专利格局",实现从"知识产权技术体系"到"知识产权竞争体系"的转变。如前所述,专利格局是"有牙齿"的专利组合。国有企业全面开展开放式创新,加强与高等院校、科研院所的合作,选择高等院校、科研院所加入发明创新网络,然后向发明创新网络的科研人员发出"发明请求",列出具有挑战性的技术需求和可能的研究路径,接着由发明创新网络的科研人员提供发明建议以供审核。针对审核通过的发明建议,由国有企业与提出该发明建议的高等院校、科研院所合作研发,形成具有竞争力的专利格局。

最后,加强布局质量把控机制建设,促进形成"专利结局",实现从"知识产权竞争体系"到"高质量知识产权体系"的转变。以专利质量为导向,建立专利布局的质量把控机制,形成专利布局的质量评价模型,构建专利布局的质量管理工作体系。

二、国有企业知识产权布局需要处理的几个关系

加强国有企业知识产权布局,需要充分发挥知识产权组合的综合效应,以提升现代化产业体系的整体竞争力为导向,处理好几个关系。

第一,处理好科技创新与产业发展的关系。知识产权制度基本理论建构在产权激励理论和利益平衡理论的基础之上,传统知识产权制度是以私有制为基础建构起来的,通过制度安排将知识信息这一公共产品通过产权化的方式"私有化",并且通过这一产权设计激励创新,同时实现权利人与使用者、传播者、社会公众之间的利益平衡。通过这种方式,进一步激励创新。也正是基于这样的理论理解,我国的国家知识产权战略的早期推动力量是原国家科学技术委员会(现科学技术部),由此导致在"研发投入—成果产生—专利申请—市场运用"的链条中,知识产权主要在前端发挥作用,以推动科技发展为己任❶。然而,仅仅从科技创新角度探讨知识产权战略实施是有弊端的,产生的知识产权与产业发展的断层与脱钩问题显而易见。国有企业的专利布局,不能基于研发投入、成果产生之后的顺延逻辑,应当以产业发展为导向提前开展。

第二,处理好产业上下游知识产权布局的关系。各个产业部门之间基于一定

---

❶ 易继明.中美关系背景下的国家知识产权战略[J].知识产权,2020(9).

的技术经济关联并依据特定的逻辑关系形成链条式关联关系形态,这就是我们常说的"产业链"。产业链从供需链内部的需求链与技术链的对接开始,然后引入企业链作为载体以实现价值链,其中,价值链的利益分配是产业空间布局的关键,也是实现产业集群的重点。构建以知识产权为纽带的协同布局与利益分配机制,并以此作为产业链上下游协同发展的纽带,可以有效耦合需求链与技术链,并通过价值链的安排促进企业链的协同发展。

第三,处理好市场手段和规划手段的关系。长期以来,我国知识产权制度建设、知识产权战略实施以政府自顶向下的政策设计与强有力的政策引导为主要驱动力。这也是我国作为知识产权规则导入型国家的重要经验,不断加强政府的公共服务供给,政府积极构建知识产权法律制度、完善知识产权文化环境、提升企业知识产权能力,不断提高知识产权保护制度政策的公共供给水平以及知识产权保护基础设施的健全程度,促进知识产权综合实力快速提升。我国知识产权综合实力的提升从自上而下的拉动,逐步转入企业自下而上的诉求,已经呈现上下协同、共同拉动的态势。国有企业在专利布局方面既需要遵循市场手段,充分发挥市场对创新资源的配置作用,亦需要站在现代化产业体系的高度前瞻规划、提前布局。

三、国有企业知识产权布局基本策略

第一,地毯式策略。地毯式专利布局是指在专利布局的每一过程中都会有密集的专利存在,整个会形成一张密集的专利网,使得竞争对手没有进入该领域的空隙,对于阻绝竞争对手的进入起到了非常强力的效应,倘若竞争对手要强行进入该领域,那么可以通过专利诉讼的方式将竞争对手逐出。但是地毯式专利布局也有不可忽视的缺点,首先,这种专利布局策略的成本比较高,因为要进行密集的专利布局,必然会耗费大量的人力物力财力;其次,对于密集的专利布局而言,没有了专利布局的重点,容易演变为专利泛滥,进而无法达到预期效果。

第二,围墙式策略。专利围墙是指对于阻绝竞争对手是用的一系列的专利来阻止其研发,这一系列专利组合起来就如同围墙一般的坚实而密集,同时还可以使得竞争对手不能以任何方式来进行回避,这样的专利布局相对地毯式而言成本没

有那么高,而且相对而言有专利布局的重点,同时还可以有效地阻止竞争对手的进入。

第三,包绕式策略。包绕式专利布局是从主动进攻竞争对手的角度考虑的,指的是对于竞争对手的重要的专利布局,可以用本企业的很多个小型专利对其进行包围缠绕,使得竞争对手对于重要的专利不能如期进行布局,这种策略其实就是一种干扰策略,最终目的就是阻止竞争对手顺利地进行专利布局。

第四,插孔式策略。插孔式策略顾名思义就是根据自己所需以及专利布局剩下的空缺之处进行布局,该策略可以避免专利布局的雷同,也可以避免专利诉讼等不必要的麻烦,同时还能开拓新的领域,形成自己专利布局的新优势。

第五,丛林式策略。丛林式专利布局可以分为两种情况,一种是从主动进攻竞争对手的角度考虑的,是指竞争对手在拥有基础专利的基础上,对其基础专利进行包围式的专利布局,防止竞争对手向四周拓展进行专利布局,另一种是从保护自我的角度考虑的,是指当自己拥有基础专利时,在此基础上进行四周的专利布局,防止竞争对手进行专利布局,现在的趋势一般是后者,在保护自己的基础上进行的专利布局。

第二节　人工智能创新知识产权布局策略

人工智能创新是提升国家竞争力的重要方面,利用知识产权制度激励人工智能创新创造、促进人工智能产业发展非常关键。人工智能的迅猛发展不仅仅是一个科学技术领域的新现象,它正在迅速改变人类社会的经济形态、社会交往模式和政治-法律结构[1]。作为一项引领未来的战略性技术,世界主要国家都将人工智能创新作为提升国家竞争力的重要方面。美国早在2011年就出台了《国家机器人计划》,并于2017年出台了《国家机器人计划2.0》和《人工智能未来法案》,2019年出台了《国家人工智能研发战略规划2019年更新版》《人工智能倡议行政命令》等多项战略决策,从战略层面部署人工智能产业的创新创造。日本在2015年出台了《新机器人战略》,2017年出台了《人工智能技术战略》,2019年出台了《针对所有个

---

[1] 郑戈.人工智能与法律的未来[J].探索与争鸣,2017(10).

体的人工智能战略:公众、产业及政府》,强化人工智能领域创新,并强调及时发现解决人工智能领域创新中的知识产权问题。欧盟2018年发布人工智能战略,制定欧盟人工智能行动计划,并于2020年发布《面向卓越和信任的欧洲人工智能发展之道》和《知识产权与人工智能》报告[1]。我国也作出了人工智能创新方面的战略部署,《国民经济和社会发展第十四个五年规划和2035年远景目标纲要》提出,聚焦……人工智能关键算法、传感器等关键领域,加快推进基础理论、基础算法、装备材料等研发突破与迭代应用。培育壮大人工智能、大数据、区块链、云计算、网络安全等新兴数字产业。同时,我国也高度注重利用知识产权制度激励人工智能创新创造、促进人工智能产业发展。国务院《新一代人工智能发展规划》明确要求"建立人工智能技术标准和知识产权体系",专门部署"加强人工智能领域的知识产权保护,健全人工智能领域技术创新、专利保护与标准化互动支撑机制,促进人工支撑创新成果知识产权化。建立人工智能公共专利池,促进人工智能新技术利用与扩散"。《促进新一代人工智能产业发展三年行动计划(2018—2020年)》专门强调,"支持建设专利协同运营平台和知识产权服务平台"。从处于人工智能产业这一典型的知识产权密集型产业的企业层面而言,迫切需要加强人工智能创新的知识产权布局与保护,尽早实现特定人工智能应用场景的"跑马圈地",维护自身在人工智能产业的核心竞争力。

一、人工智能创新的知识产权综合布局

人工智能创新难以运用某一类型的知识产权进行保护,需要在现行法律制度框架下开展知识产权保护。由于现行法律体系对于人工智能的法律人格规制有缺位,造成实践应用缺乏法律价值指引,人工智能的法律地位和具体规制亟待明晰[2]。虽然如此,作为企业角度来说,我们不能等待人工智能法律制度的完善,而是需要在现行法框架下开展人工智能创新的知识产权保护。

---

[1] 王迁,陈树森,陈绍玲,等.人工智能知识产权保护问题研究[C]//崔亚东,等.世界人工智能法治蓝皮书(2020):第五部分 人工智能法治发展专题报告.上海:上海人民出版社,2020:193-204.

[2] 袁曾.人工智能有限法律人格审视[J].东方法学,2017(5).

人工智能创新的实现方案在著作权保护方面均存在一定空间,亦存在不足之处。就人工智能创新的实现方案而言,由于思想表达二分法下仅仅保护作品的表达,使得软件著作权对人工智能基础算法的保护非常有限。这也是20世纪后叶以来"软件专利"应运而生的重要原因。通常而言,包括人工智能基础算法在内的算法实现形成软件的过程,包括需求分析与架构设计、详细设计与编写代码、代码测试与软件发布三个环节。

第一是需求分析与架构设计环节,相关系统分析员向用户初步了解需求,然后用相关的工具软件列出要开发的系统的大功能模块,每个大功能模块有哪些小功能模块,对于有些需求比较明确相关的界面,在这一步里面可以初步定义好少量的界面;系统分析员深入了解和分析需求,根据自己的经验和需求用WORD或相关的工具再作出一份文档系统的功能需求文档。这次的文档会清楚列出系统大致的大功能模块,大功能模块有哪些小功能模块,并且还列出相关的界面和界面功能。开发者需要对软件系统进行架构设计,对软件系统的设计进行考虑,包括系统的基本处理流程、系统的组织结构、模块划分、功能分配、接口设计、运行设计、数据结构设计和出错处理设计等,为软件的详细设计提供基础。

第二是详细设计与编写代码环节。在架构设计的基础上,开发者需要进行软件系统的详细设计。在详细设计中,描述实现具体模块所涉及的主要算法、数据结构、类的层次结构及调用关系,需要说明软件系统各个层次中的每一个程序(每个模块或子程序)的设计考虑,以便进行编码和测试。应当保证软件的需求完全分配给整个软件。详细设计应当足够详细,能够根据详细设计报告进行编码。在软件编码阶段,开发者根据《软件系统详细设计报告》中对数据结构、算法分析和模块实现等方面的设计要求,开始具体的编写程序工作,分别实现各模块的功能,从而实现对目标系统的功能、性能、接口、界面等方面的要求。

第三是代码测试与软件发布环节。测试同样是项目研发中一个相当重要的步骤,对于一个大型软件,3个月到1年的外部测试都是正常的,因为永远都会有不可预料的问题存在。完成测试后,完成验收并完成最后的一些帮助文档,整体项目才算告一段落。

就这三个环节形成的智力活动的成果而言,第一个阶段形成的是软件架构,第二个阶段形成的是软件代码,第三个阶段形成的是测试报告。显然,软件著作权仅仅能够保护软件代码的表达,无法保护软件代码所体现出的"软件架构"。同时,随着软件产业的不断发展,尤其是自动编程工具和辅助编程工具的日益成熟,软件架构的创造性劳动价值更加凸显。

人工智能创新的实现方案在专利权保护方面存在一定空间,算法创新的专利权保护还需要制度规则的进一步完善。2019年12月31日,国家知识产权局发布《关于修改〈专利审查指南〉的公告(第343号公告)》,对"包括算法特征或者商业规则和方法特征的发明专利申请"的审查基准进一步调整,虽然并非专门针对人工智能技术,但是基于人工智能技术的核心在于算法,从而对人工智能技术相关专利申请的审查有较高的指导意义。此次修改内容已经于2020年2月1日开始实施。此次修改在现行《专利审查指南》第二部分第九章第1—5节之后增加了完整的第6节,专门针对"包含算法特征或商业规则和方法特征的发明专利申请审查"作出相关规定。对于人工智能技术这类包含算法特征或商业规则和方法特征的发明专利申请,需要从三个方面进行审查,同时这三个方面具有逻辑联系:首先,审查涉案专利申请是否属于专利法意义上的保护客体;其次,审查权利要求是否以说明书为依据,清楚、简要地限定要求专利保护的范围;最后,审查权利要求是否具有新颖性和创造性。由于我国对于人工智能技术这类包含算法特征或商业规则和方法特征的发明专利申请需要从三个方面进行审查,既要满足类似"拟制现有技术排除测试法"的要求,也要满足类似"技术属性测试法"的要求,由此导致我国人工智能技术专利申请的授权确权存在相当的难度。人工智能技术的核心在于基础层的基础算法,然而传统的专利法律制度认为算法属于智力活动的规则和方法,从而人工智能技术理应被排除在专利法的保护范围之外[1]。

此外,技术秘密保护以及反不正当竞争法的行为规制,对人工智能基础算法的

---

[1] 张洋.论人工智能发明可专利性的法律标准[J].法商研究,2020(6).

保护亦有空间。

二、人工智能技术的专利布局

人工智能技术分为基础层、感知层、认知层、应用层四个层次,需要实现立体式的专利布局。人工智能技术通常包括基础层、感知层、认知层、应用层四个层次,基础层是实现大计算驱动和大数据保障的基础算法,感知层主要体现为语音技术、图像技术、视频技术、AR/VR增强现实基础等感知性技术,认知层主要体现为人工智能涉及的自然语言处理、知识图谱、用户画像等以机器学习为核心的认知性技术,应用层主要是无人驾驶、智能制造等应用场景。根据《2021人工智能发展白皮书》的统计,2020年,中国人工智能核心产业规模达到3251亿元,同比增长16.7%;人工智能领域融资金额为896.2亿元,融资数量有467笔,人工智能领域单笔融资额达到1.9亿元,同比增长56.3%。截至2020年底,中国人工智能相关企业数量达到6425家;其中,22.3%的企业分布在人工智能产业链的基础层,18.6%的企业分布在人工智能产业链的感知层、认知层,59.1%的企业分布在人工智能产业链的应用层。与之相应,我国国家工业信息安全发展研究中心、工业和信息化部电子知识产权中心发布的《2020人工智能中国专利技术分析报告》表明,截至2020年10月,中国人工智能专利申请量累计已达69.4万余件,同比增长56.3%,中国人工智能技术专利申请总量首次超过美国,成为全球申请数量最多的国家。中国人工智能专利技术分支统计显示,云计算作为人工智能的基础支撑技术,专利占比最多,达到18.38%;计算机视觉作为人工智能领域的应用技术,紧随其后,占比为17.72%。深度学习、自动驾驶及智能机器人各占比为14.52%、12.36%和9.55%。其后按照占比数值排序分别是占比7.58%的交通大数据、占比5.72%的智能推荐、占比5.65%的自然语言处理、占比5.35%的智能语音、占比3.16%的知识图谱技术。

建构"基础算法专利—感知技术专利—认知技术专利—应用场景专利"共同构成的人工智能技术专利布局。如前所述,人工智能技术通常包括基础层、感知层、认知层、应用层四个层次,基础层是实现大计算驱动和大数据保障的基础算法,感知层主要体现为语音技术、图像技术、视频技术、AR/VR增强现实基础等感知性技术,认知层主要体现为人工智能涉及的自然语言处理、知识图谱、用户画像等以机器学习为核心的认知性技术,应用层主要是无人驾驶、智能制造等应用场景。其中,基础算法构成的基础层是整个人工智能技术的基础和核心,然而传统的专利法律制度认为算法属于智力活动的规则和方法,从而人工智能技术理应被排除在专利法的保护范围之外❶。算法的专利保护,无非是在现有专利授权确权标准之下,根据促进人工智能发展的需求,划分出具有可专利性、可以授予专利权的"技术方案"和不具有可专利性、不能授予专利权的"智力活动的规则"❷。因此,需要通过撰写加工等方式,促进基础算法专利与应用场景或者感知技术、认知技术的结合,形成对基础算法的专利布局。特别需要注意的是,在寻求基础算法的专利保护过程中,需要与应用场景相结合时,必须认真分析基础算法除了当前应用场景之外的其他可能应用场景,对"场景替换式"的侵权行为进行有效规制。感知层主要体现为语音技术、图像技术、视频技术、AR/VR增强现实基础等感知性技术,可以采用人机交互和数据处理的方式加以描述,从数据流流向的角度总结处理流程形成方法权利要求,从模块架构出发形成装置权利要求。认知层主要体现为人工智能涉及的自然语言处理、知识图谱、用户画像等以机器学习为核心的认知性技术,可以采用工作流的方式从工作流流向的角度总结处理流程形成方法权利要求,从模块架构出发形成与方法权利要求对应的装置权利要求。应用层主要是无人驾驶、智能制造等应用场景,类似于上述药品专利的用途权利要求,将特定基础算法、特定感知层和认知层的工作流、数据流处理方案与应用场景进行结合,对特定应用场景下的使用进行保护(如下图所示)。

---

❶ 张洋.论人工智能发明可专利性的法律标准[J].法商研究,2020(6).
❷ 孔祥俊.人工智能知识产权保护的若干问题[J].上海法学研究(集刊):上海市法学会互联网司法研究小组论文集,2019,13.

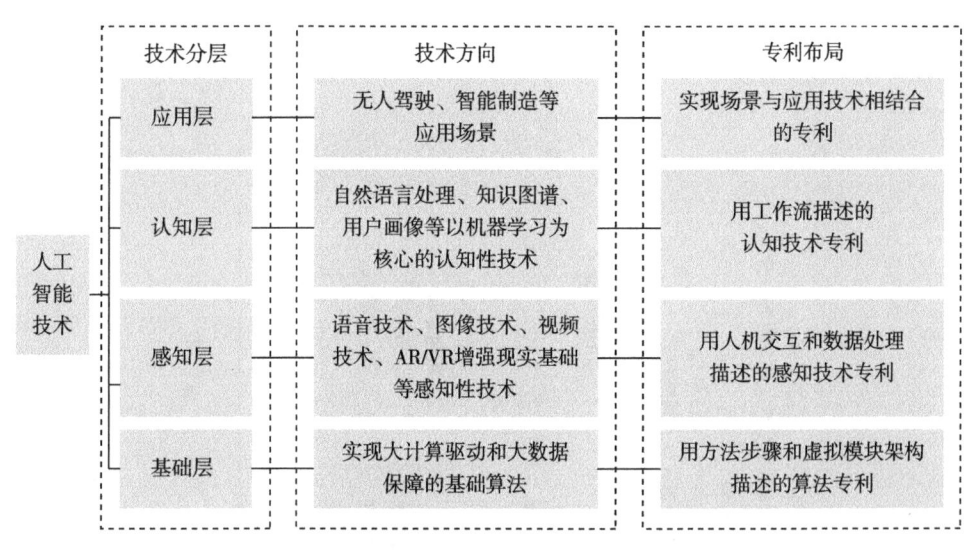

技术分层	技术方向	专利布局
应用层	无人驾驶、智能制造等应用场景	实现场景与应用技术相结合的专利
认知层	自然语言处理、知识图谱、用户画像等以机器学习为核心的认知性技术	用工作流描述的认知技术专利
感知层	语音技术、图像技术、视频技术、AR/VR增强现实基础等感知性技术	用人机交互和数据处理描述的感知技术专利
基础层	实现大计算驱动和大数据保障的基础算法	用方法步骤和虚拟模块架构描述的算法专利

人工智能技术立体专利布局模式

第三节　医疗药品创新知识产权布局策略

药品创新链通常包括确立靶标、建立生物学模型、研发先导化合物、优化先导化合物、临床前及临床研究、新药申请与批准、药品转用等环节，与之相适应，医药企业可以通过药品化合物专利、药品组合物专利、药品制备方法专利、变换型专利、用途专利等的组合运用，形成对创新药物的全面专利布局。对瑞德西韦专利布局情况进行分析，探讨武汉病毒所专利申请涉及的实验数据问题，分析中美第一阶段经贸协议后补充实验数据的规则走向。针对抗击疫情药物的使用，分析比较专利强制许可制度和同情用药制度，建议运用同情用药制度"用药"较之运用强制许可制度"造药"更具有法律实践意义。

一、药品创新链分析

由于专利制度是激励创新的基本保障，因此需要根据创新链的需要进行制度安排方面的有效回应。[1]为了深入分析药品专利的类型与含义，需要立足药品创新链的情况，适应性地分析其专利布局链，如下图所示。

---

[1] "知识经济发展的动力在于科技创新活动，知识产权法的价值目标应以创新为主导。"参见吴汉东. 中国知识产权理论体系研究[M]. 北京：商务印书馆，2018：158-159.

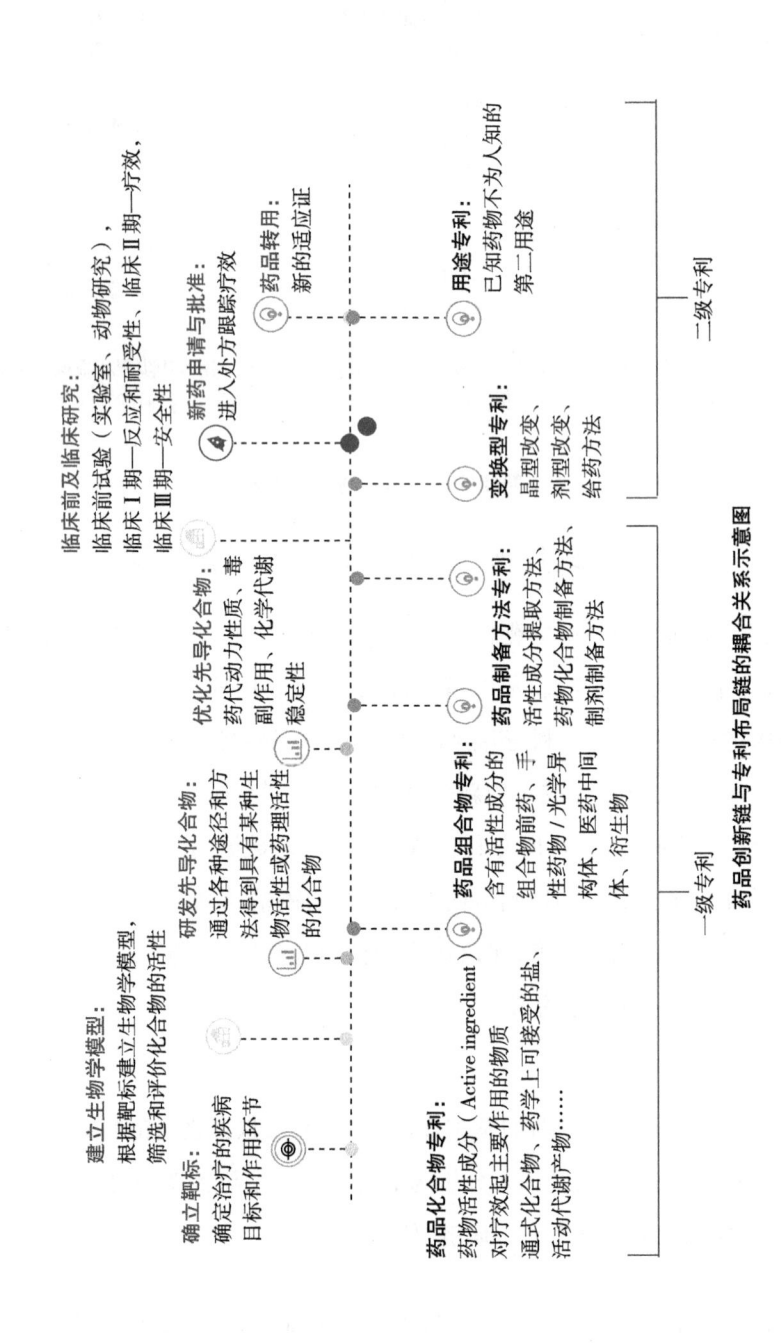

药品创新链与专利布局链的耦合关系示意图

确立靶标：
确定治疗的疾病目标和作用环节

建立生物学模型：
根据靶标建立生物学模型，筛选和评价化合物的活性

研发先导化合物：
通过各种途径和方法得到具有某种生物活性或药理活性的化合物

优化先导化合物：
药代动力性质、毒副作用、化学代谢稳定性

临床前及临床研究：
临床前试验（实验室、动物研究），临床Ⅰ期一反应和耐受性、临床Ⅱ期一疗效、临床Ⅲ期一安全性

新药申请与批准：
进入处方药眼踪疗效

药品转用：
新的适应证

药品化合物专利：
药物活性成分（Active ingredient）
对疗效起主要作用的物质通式化合物，药学上可接受的盐、活动代谢产物……

药品组合物专利：
含有活性成分的组合物、前药、手性药物/光学异构体、医药中间体、衍生物

药品制备方法专利：
活性成分提取方法、药物化合物制备方法、制剂制备方法

变换型专利：
晶型改变、剂型改变、给药方法

用途专利：
已知药物不为人知的第二用途

一级专利 ─── 二级专利

如上图上半部分所示,药品研发过程(或者称为药品创新链)通常包括确立靶标、建立生物学模型、研发先导化合物、优化先导化合物、临床前及临床研究、新药申请与批准、药品转用等环节。其中,确立靶标、建立模型、研发先导化合物、优化先导化合物这四个步骤,通常被认为是药品的研究阶段;临床前及临床研究、新药申请与批准、药品转用这三个步骤,通常被认为是药品的开发阶段;药品的研究阶段和开发阶段统称为"药品的研发过程"或者"药品创新链"。

在药品创新链中,"确立靶标"是创制新药的出发点,用以确定所需要治疗的疾病目标和作用的环节。在确定靶标之后,通过建立生物学模型的活性筛选和评价化合物的活性,通常来说需要建立药代动力学模型。在确立靶标、建立模型之后,研发先导化合物。所谓"先导化合物",是指通过各种途径和手段得到的具有某种生物活性和化学结构的化合物,这对于药品研究而言非常重要。先导化合物主要有如下几个来源:对天然活性物质的挖掘、现有药物不良作用的改进以及药物合成中间体的筛选等。由于先导化合物可能具有作用强度或特异性不高、药代动力性质不适宜、毒副作用较强或是化学或代谢上不稳定等缺陷,一般不能直接成为药物。因此,在研发先导化合物之后根据药代动力性质、毒副作用、化学代谢稳定性等对该先导化合物进一步优化。

在药品创新链中,在进行药品研究后进行临床前及临床研究、新药申请与批准、药品转用这三个药品开发步骤。临床前研究主要是,对药品进行实验室或者动物研究,确定药物活性和安全性。*Cell Research* 杂志在线发表来自中国科学院武汉病毒研究所、生物安全大科学研究中心肖庚富,胡志红及军事医学科学院毒物药物研究所钟武共同通讯的论文,论文中表示,在体外试验中,发现瑞德西韦(Remdesivi)和氯喹(chloroquine)能有效抑制新型冠状病毒。[1]这种体外细胞测试就是临床前研究的内容。临床研究主要分为Ⅰ、Ⅱ、Ⅲ期:Ⅰ期试验选择20~80名健康人,研

---

[1] WANG Manli, CAO Ruiyuan, ZHANG Leike, et al. Remdesivir and chloroquine effectively inhibit the recently emerged novel coronavirus(2019-nCoV)in vitro[EB/OL].[2020-02-12]. https://www.nature.com/articles/s41422-020-0282-0.

究人体对新药的反应和耐受性,探索安全有效的剂量,提出合理的给药方案和注意事项,为Ⅱ期临床试验的给药方案提供依据,并对药物在体内的吸收、分布、代谢、排泄等药物动力学进行研究;Ⅱ期试验选择100~300患者参与,主要考察药物的有效性,及药物剂量和药效之间的量效关系,同时再观察药物的安全性;Ⅲ期试验需要1000~3000患者参与,评价药效、毒副作用等,获得更多的药物安全性和疗效方面的资料,对药物的益处和风险进行评估。

二、药品专利布局链分析

与上述药品创新链相适应,药品专利布局链通常为,在确立靶标、建立生物学模型之后,为了确定先导化合物通常需要对相关领域的专利进行检索,形成先导化合物需要形成先导化合物专利。先导化合物专利对通式化合物、药学上可接受的盐、活性代谢产物进行专利保护。先导化合物专利基本上是一款药品最为基础的专利。同时,因为先导化合物专利化学结构相同的药物,可因结晶条件不同而得到不同晶体,药物多晶型现象也是影响药品质量与临床药效的重要因素之一。需要强调的是,药物科学是一门试验学科,化学结构相同的药物,可因结晶条件不同而得到不同晶体,药物多晶型现象也是影响药品质量与临床药效的重要因素之一。例如,目前畅销的抗血栓药硫酸氢氯吡格雷,其左旋异构体在50mg/kg的给药剂量时会产生明显的神经毒性,但是右旋异构体无神经毒性,因此上市的是右旋异构体。因此,在优化先导化合物的过程中,形成组合物专利,通常是就两种或两种以上元素或化合物按一定比例组成具有一定性质和用途的混合物的技术方案申请形成的专利。例如,辉瑞公司针对降血脂药阿托伐他汀于1986年5月30日申请美国专利US4681893,保护含有阿托伐他汀的通式化合物及其药学上可接受的内酯水解盐,之后申请的后续专利US5273995保护阿托伐他汀及其钙盐(即阿托伐他汀钙)。这就是在上述化合物专利基础上配合组合物专利进一步加强专利布局。在此之后,进一步形成药品制备方法专利,包括组合物的提取分离方法、提纯方法、制备方法等。由于化合物专利、组合物专利、药品制备方法专利形成于药品研究阶段,创新程度较高,通常被认为是药品一级专利或者药品一类专利。

在临床前及临床研究、新药申请与批准阶段,通常会产生药品的变换型专利,例如晶型等。在药品转用阶段产生用途专利,如化学物质的新的医药用途、药物的新的适应证等。通常而言,变换型专利、用途专利被称为药品二级专利或者药品二类专利。虽然二级专利是依托于一级专利基础上的再创新,但是这并不意味着二级专利创新程度一定会比较低。以辉瑞公司最开始研制用于治疗冠心病的药物西地那非(sildenafil)为例,在1991年实验发现对冠心病的治疗效用不能达到研究预期,但是在临床试验中陆续发现了其用于治疗勃起功能障碍(CN94192386X)、肺动脉高压(EP1097711)的新用途,相继于1998年、2005年经FDA批准并应用于临床至今。以CN94192386X号中国发明专利为例,其权利要求1为,"5-[2-乙氧基-5(4-甲基-1-哌嗪基磺酰基)苯基]-1-甲基-3-正丙基-1,6-二氢-7H-吡唑并[4,3-d]嘧啶-7-酮或其药学上可接受的盐或含有它们中任何一种的药物组合物在制造药物中的用途,该药物用于治疗或预防包括人在内的雄性动物勃起机能障碍。"这样的权利要求就属于《专利审查指南》第二部分第十章第4.5节规定的"用途权利要求",亦即将基于发现产品新的性能,并利用此性能而作出的发明。

三、药品创新链与专利布局链之间的衔接

如前所述,药品创新链通常包括确立靶标、建立生物学模型、研发先导化合物、优化先导化合物、临床前及临床研究、新药申请与批准、药品转用等环节;医药类企业可以通过药品的化合物专利、组合物专利、制备方法专利、变换型专利、用途专利等,形成对创新药物的全面专利布局。同时,药品专利布局链与药品创新链之间需要通过一定制度加以衔接,以实现二者之间的相互协调。

一是Bolar例外。我国《专利法》第三次修改引入相应制度,亦即第六十九条第五项规定的"为提供行政审批所需要的信息,制造、使用、进口专利药品或者专利医疗器械的,以及专门为其制造、进口专利药品或者专利医疗器械的"不构成侵犯专利权。由此,仿制药企业可以在药品专利到期之前开展相关的制造、使用、进口专利药品行为,以便于获得行政审批所需要的信息,第一时间获得行政审批。二是专利链接制度。"药品专利链接制度的本质,就是将药品监管部门的行政执法与司法

机关的司法裁判的相互链接。"[1]药品专利链接制度为药品专利权人提供了在药品上市前解决专利纠纷的途径，是社会纠纷解决机制得以实现的手段之一。

下面以瑞德西韦专利布局为例加以分析。探讨瑞德西韦专利布局的前提是理解"手性化合物"的概念。手性化合物是指一个化合物和它的镜像对映体的混合物，它们的分子量、分子结构都完全相同，但左右排列相反。就像双手一样，两只手不能完全重合，但却是左右对称的。[2]美国吉利德科学公司（Gilead Sciences, Inc.,）的瑞德西韦化合物恰恰是这种手性化合物，其基本结构如下图所示。

瑞德西韦化合物（S 型）、瑞德西韦化合物对映体（R 型）、
瑞德西韦化合物对映体（RS 型）示意图

---

[1] 李红团. 构建合乎国情的药品专利链接制度[J]. 中国新药杂志, 2018(27): 1953-1963.
[2] 刘化冰, 肖高铿, 纪媛媛. 手性化合物瑞德西韦研发企业的专利布局战略[J]. 中国发明与专利, 2020(3).

美国吉利德科学公司针对瑞德西韦化合物的专利布局如下图所示。美国吉列德科学公司在2009年2月10日提出"用于治疗黄病毒科病毒感染的方法和化合物"的化合物专利申请,在2011年提出"用于治疗副黏病毒科病毒感染的方法和化合物"的化合物专利申请,其在我国已经获得授权。在2016年9月16日提出"治疗沙粒病毒科和冠状病毒科病毒感染的方法"的专利申请经过分案,目前还在审查过程中。2018年4月27日,美国吉列德科学公司提出发明名称为"(S)-2-(((S)-((((2R,3S,4R,5R)-5-(4-氨基吡咯并[2,1-f][1,2,4]三嗪-7-基)-5-氰基-3,4-二羟基四氢呋喃-2-基)甲氧基)(苯氧基)磷酰基)氨基)丙酸-2-乙基丁基酯的结晶形式"的发明专利申请。2018年7月10日,美国吉列德科学公司提出关于"冻干注射剂"的发明专利申请。上述专利和专利申请的种属关系如下图所示。由下图可以看出,美国吉列德科学公司的专利布局涵盖药物化合物专利、药物组合物专利、药品制备方法专利等一级专利,以及变换型专利和用途专利等二级专利,具有比较完整的专利布局。

尤其是,2016年6月19日提出的CN108348526号发明专利申请,涉及"治疗沙粒病毒科和冠状病毒科感染的方法"。该专利申请的权利要求39的保护主题是,"用于治疗有需要的人的冠状病毒科感染的方法",其涉及瑞德西韦用于治疗冠状病毒感染的用途发明。

瑞德西韦专利布局示意图

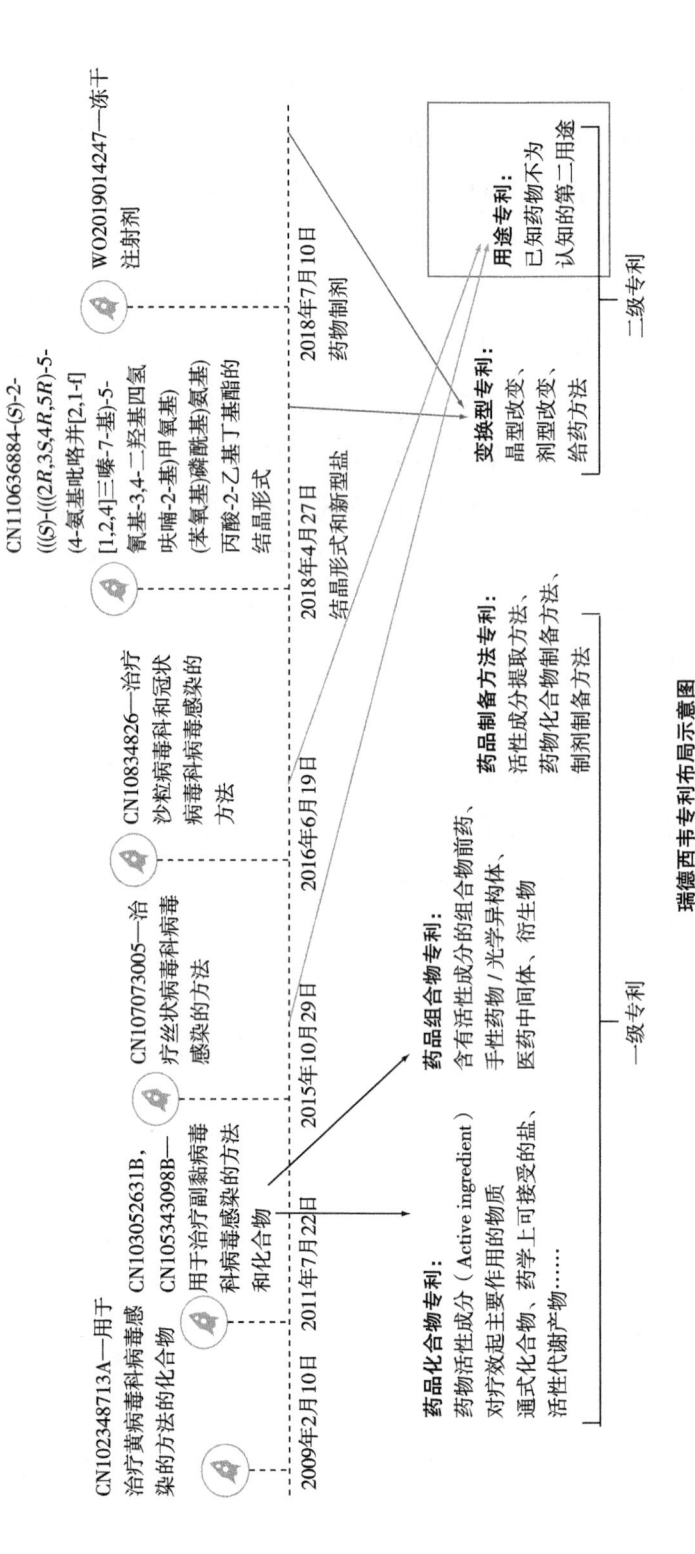

参考文献

一、中文著作

[1] 国务院知识产权战略实施工作部际联席会议办公室.《知识产权强国建设纲要（2021—2035年）》辅导读本[M].北京:知识产权出版社,2022.

[2] 国家知识产权局.《"十四五"国家知识产权保护和运用规划》辅导读本[M].北京:知识产权出版社,2021.

[3]《国家知识产权战略纲要》实施十年评估工作组.《国家知识产权战略纲要》实施十年评估报告[M].北京:知识产权出版社,2019.

[4] 国家知识产权局规划发展司."十三五"国家知识产权规划研究[M].北京:知识产权出版社,2017.

[5] 国家专利导航试点工程研究组.专利导航典型案例汇编[M].北京:知识产权出版社,2020.

[6] 国家知识产权运营公共服务平台.知识产权运营实务[M].北京:知识产权出版社,2020.

[7] 国务院研究室编写组.2020政策热点面对面[M].北京:中国言实出版社,2020.

[8] 国务院发展研究中心,世界银行.创新中国:培育中国经济增长新动能[M].北京:中国发展出版社,2020.

[9] 国务院发展研究中心创新发展研究部.局中的创新政策转型[M].北京:中国发展出版社,2021.

[10] 国研中心课题组.波澜壮阔40年:我国改革开放40年回顾、总结与展望[M].北京:中国发展出版社,2019.

[11]《推进国家治理体系和治理能力现代化》编写组.推进国家治理体系和治理能力现代化:学习习近平在省部级主要领导干部学习贯彻十八届三中全会精神 全面深化改革专利研讨班开班式上的重要讲话[M].北京:国家行政学院

出版社,2014.

[12]《中国知识产权运营年度报告(2020年)》编写组.中国知识产权运营年度报告(2020年)[M].北京:知识产权出版社,2021.

[13]张宇燕.2022年世界经济形势分析与预测[M].北京:社会科学文献出版社,2021.

[14]最高人民法院知识产权法庭.最高人民法院知识产权法庭典型案例评析[M].北京:人民法院出版社,2002.

[15]卜昕,邓婷,张兰兰,等.美国大学技术转移简介[M].西安:西安电子科技大学出版社,2014.

[16]常修泽,等.创新立国战略[M].北京:学习出版社,2013.

[17]陈磊.知识产权金融[M].北京:法律出版社,2021.

[18]陈劲.新时代的中国创新[M].北京:中国大百科全书出版社,2021.

[19]陈劲,郑刚.创新管理(精要版)[M].北京:北京大学出版社,2021.

[20]陈劲,赵炎,邵云飞,等.创新思维[M].北京:清华大学出版社,2021年10月版。

[21]陈文敬,李钢,李健.振兴之路:中国对外开放30年[M].北京:中国经济出版社,2008.

[22]陈文敬,赵玉敏.贸易强国战略[M].北京:学习出版社,2012.

[23]陈元志,谭文柱.创新驱动发展战略的理论与实践[M].北京:人民出版社,2014.

[24]崔国振.通信领域专利运营研究:以大数据为视角[M].北京:知识产权出版社,2018.

[25]崔汪卫.商业秘密立法反思与制度建构[M].北京:社会文献出版社,2021.

[26]崔艳新.创新驱动与贸易强国[M].北京:知识产权出版社,2018.

[27]崔哲,裴桐淅,张源埈,等.知识产权金融[M].金善花,译.北京:知识产权出版社,2017.

[28]邓文.知识产权资产价值转化研究[M].北京:知识产权出版社,2019.

[29]董炳和.地理标志知识产权制度研究:构建以利益分享为基础的权利体系[M].北京:中国政法大学出版社,2005.

[30]董涛."一带一路"与知识产权区域制度一体化问题研究[M].北京:知识产权出版社,2022.

[31]冯晓青.企业知识产权战略[M].北京:知识产权出版社,2015.

[32]傅强.科技北京建设的法制保障研究[M].北京:知识产权出版社,2014.

[33]戈峻,刘维.创新与规制的边界:科技创新的政策法律调控之道[M].北京:法律出版社,2018.

[34]耿博.专利运营热点问题解析[M].北京:知识产权出版社,2019.

[35]贺化.中国知识产权行政管理理论与实践[M].北京:知识产权出版社,2018.

[36]贺化.以知识产权为核心的资源配置导向目录:理论,方法与应用[M].北京:商务印书馆,2019.

[37]贺化.中国知识产权区域布局理论与政策机制[M].北京:知识产权出版社,2015.

[38]贺化.专利导航产业和区域经济发展实务[M].北京:知识产权出版社,2013.

[39]胡佐超,余平.企业专利管理[M].北京:北京理工大学出版社,2008.

[40]胡佐超.专利基础[M].北京:专利文献出版社,1994.

[41]黄玉烨,李青文.中国知识产权法院建设研究[M].北京:知识产权出版社,2022.

[42]季节.知识产权思维40讲[M].北京:知识产权出版社,2022.

[43]姜明安.行政法与行政诉讼法[M].北京:北京大学出版社,1999.

[44]孔军民.中国知识产权交易机制研究[M].北京:科学出版社,2017.

[45]孔祥俊.商标法原理与判例[M].北京:法律出版社,2021.

[46]兰小欢.置身事内:中国政府与经济发展[M].上海:上海人民出版社,2021.

[47]李昶.中国专利运营体系构建[M].北京:知识产权出版社,2018.

[48]李述一,李小兵.文化的冲突与抉择[M].北京:人民出版社,1987.

[49]刘春霖.知识产权资本化研究[M].北京:法律出版社,2010.

[50]刘春田.知识产权法教程[M].北京:中国人民大学出版社,1995.

[51]刘春田.知识产权法[M].6版.北京:中国人民大学出版社,2022.

[52]刘海波,吕旭宁,张亚峰.专利运营论[M].北京:知识产权出版社,2017.

[53]林秀芹.促进技术创新的法律机制研究[M].北京:高等教育出版社,2010.

[54]林毅夫,等.中国经济的逻辑与展望[M].北京:北京大学出版社,2021.

[55]林毅夫.新结构经济学:反思经济发展与政策的理论框架[M].北京:北京大学出版社,2012.

[56]林毅夫.中国的奇迹:发展战略与经济改革[M].增订版.上海:格致出版社,2012.

[57]路风.新火[M].北京:中国人民大学出版社,2020.

[58]路风.走向自主创新:寻找中国力量的源泉[M].北京:中国人民大学出版社,2019.

[59]路风.光变:一个企业及其工业史[M].北京:当代中国出版社,2016.

[60]毛金生,陈燕,李胜军,等.专利运营实务[M].北京:知识产权出版社,2013.

[61]权衡."百年未有之大变局"与中国战略新抉择[M].上海:格致出版社,2020.

[62]漆苏.支撑强国建设的知识产权公共服务体系研究[M].上海:同济大学出版社,2019.

[63]秦宏济.专利制度概论[M].北京:商务印书馆,1946.

[64]单晓光,姜南,漆苏.知识产权强国之路:知识产权密集型产业研究[M].上海:上海人民出版社,2016.

[65]申长雨.迈向知识产权强国之路:第1辑　知识产权强国建设基本问题研究[M].北京:知识产权出版社,2016.

[66]盛来运,郑鑫,等.增长之源:中国中长期经济增长动力研究[M].北京:商务印书馆,2021.

[67]宋河发.面向创新驱动发展与知识产权强国建设的知识产权政策研究[M].北京:知识产权出版社,2018.

[68]王名扬.美国行政法[M].北京:中国法制出版社,2005.

[69]王笑冰.经济发展方式转变视角下的地理标志保护[M].北京:中国社会科学出版社,2019.

[70]文一.科学革命的密码:枪炮,战争与西方崛起之谜[M].上海:东方出版中心有限公司,2022.

[71]吴汉东.知识产权法[M].北京:法律出版社,2021.

[72]吴汉东.知识产权总论[M].3版.北京:中国人民大学出版社,2013.

[73]吴敬琏,俞可平,福格尔,等.中国未来30年[M].北京:中央编译出版社,2012.

[74]肖冬梅.知识产权强国建设与知识产权人才培养[M].湘潭:湘潭大学出版社,2017.

[75]谢伏瞻.经济蓝皮书:2022年中国经济形势分析与预测[M].北京:社会科学文献出版社,2021.

[76]学习贯彻习近平新时代中国特色社会主义经济思想 做好"十四五"规划编制和发展改革工作系列丛书编写组.深入实施创新驱动发展战略[M].北京:中国计划出版社,2020.

[77]易继明.技术理性社会发展与自由:科技法学导论[M].北京:北京大学出版社,2005.

[78]俞文华.知识产权强国评价体系研究[M].北京:知识产权出版社,2016.

[79]张鹏.知识产权基本法基本问题研究:知识产权法典化的序章[M].北京:知识产权出版社,2019.

[80]张鹏.最高人民法院知识产权法庭发展观察与案例评述[M].北京:法律出版社,2020.

[81]张正钊,胡锦光.行政法与行政诉讼法[M].4版.北京:中国人民大学出版社,2009.

[82]《自然科学大事年表》编写组.自然科学大事年表[M].上海:上海人民出版社,1975.

[83]钟山.中国外贸强国发展战略研究:国际金融危机之后的新视角[M].北京:中国商务出版社,2012.

[84]钟山.中国外贸发展战略研究:国际金融危机之后的新视角[M].北京:中国商务出版社,2010.

[85]周延鹏.知识产权:全球营销获利圣经[M].北京:知识产权出版社,2015.

[86]周延鹏.智富密码:知识产权运赢及货币化[M].北京:知识产权出版社,2015.

[87]诸敏刚.中国专利运营年度报告(2017)[M].北京:知识产权出版社,2018.

二、中文译著

[88]WIPO专利法常设委员会秘书处.国际专利制度报告[M].国家知识产权局条法司,组织翻译.北京:知识产权出版社,2011.

[89]马克思.机器、自然力和科学的应用[M].自然科学史研究所,译.北京:人民出版社,1978.

[90]泰特兹.技术市场交易:拍卖、中介与创新[M].钱京,冯晓玲,译.北京:知识产权出版社,2016.

[91]格莱克,波特斯伯格.欧洲专利制度经济学:创新与竞争的知识产权政策[M].张南,译.北京:知识产权出版社,2016.

[92]艾伦.全球经济史[M].陆赟,译.南京:译林出版社,2015.

[93]兰德斯.国富国穷[M].门洪华,安德才,董素华,等译.程克雄,译校.北京:新华出版社,2010.

[94]诺思.理解经济变迁的过程[M].钟正生,邢华,等译.北京:中国人民大学出版社,2008.

[95]布莱尔,莱布森,阿斯贝尔.21世纪企业知识产权运营[M].韩旭,方勇,曲丹,等译.北京:知识产权出版社,2020.

[96]戴维斯,诺思.制度变迁与美国经济增长[M].张志华,译.上海:上海人民出版社,2019.

[97]拉斯特.人类学的邀请:认识自我和他者[M].王媛,译.4版.北京:北京大学出版社,2021.

[98]波特.国家竞争优势[M].李明轩,邱如美,译.北京:中信出版社,2012.

[99] 莫杰思. 商业知识产权战略[M]. 刘芳, 译. 北京: 法制出版社, 2020.

[100] 阿诺斯. 全球通史: 从史前史到21世纪[M]. 吴象婴, 等译. 7版. 北京: 北京大学出版社, 2006.

[101] 恩格尔曼, 高尔曼. 剑桥美国经济史: 第3卷 20世纪[M]. 高德步, 王珏, 总译校. 蔡挺, 张林, 李雅菁, 本卷主译. 北京: 中国人民大学出版社, 2008.

[102] 熊彼特. 经济分析史: 第1卷[M]. 朱泱, 孙鸿敞, 李宏, 等译. 北京: 商务印书馆, 1996.

[103] 弗兰克尔, 热尔韦. 国际知识产权法[M]. 肖友丹, 程文婷, 译. 北京: 知识产权出版社, 2022.

[104] 培根. 新工具[M]. 许宝骙, 译. 北京: 商务印书馆, 1984.

[105] 李约瑟. 中国科学技术史: 第1卷[M]. 袁翰青, 等译. 北京: 科学出版社, 2021.

[106] 里德利. 创新的起源: 一部科学技术进步史[M]. 王大鹏, 张智慧, 译. 北京: 机械工业出版社, 2022.

[107] 德霍斯. 知识产权法哲学[M]. 周林, 译. 北京: 商务印书馆, 2017.

三、英文著作

[108] Miller A R, Davis M H. Intellectual Property: Patents, Trademarks, and Copyright[M]. 3rd ed. Law Press, 2004.

[109] KHAN B Z. The Democratization of Invention, Patents and Copyrights in American Economic Development[M]. Cambridge University Press, 2005.

[110] MAY C, SELL S K. Intellectual Property Rights: A Critical History[M]. Lynne Rienner Publishers, 2006.

[111] CHISUM D S. Chisum on patents[M]. LexisNexis Matthew Bender, 2005.

[112] CHISUM D S. Jacobs M A. Understanding Intellectual Property Law[M]. Mattew Bender & Co., 1995.

[113] CHISUMD S, et al. Cases and materials: Principles of Patent Law[M]. 3rd ed. Foundations Press, 2004.

[114] EHLERS V. Unlocking our future: Toward a new national science policy[R/OL]. A report to congress by the House Committee on Science. http://webharvest.gov/peth04/20041117182339/www.house.gov/science/science_policy_report.htm.

[115] KIEFF F S, NEWMAN P, SCHWARTZ H F, et al. Principles of Patent Law[M]. 5th ed. Thomson Reuters/Foundation Press, 2011.

[116] SMITH G V, PARR R L. Intellectual Property: Valuation, Exploitation, and Infringement Damages[M]. John Wiley & Sons Inc., 2005.

[117] GRILICHES Z. Patent Statistics as Economic Indicators: A Survey R&D And Productivity: The Econometric Evidence[M]. Chicago: University of Chicago Press, 1998.

[118] Teubner G. Global Law without a State[M]. Dartmouth Pub Co, 1996.

[119] Kawaguchi H. The Essentials of Japanese Patent Law: Cases and Materials[M]. Kluwer Law International BV, 2007.

[120] MUELLER J M. An Introduction to Patent Law[M]. CITIC Publishing House, 2003.

[121] MUELLER J M. Patent Law[M]. 4th ed. Wolters Kluwer, 2012.

[122] BRAITHWAITE J, DRAHOS P. Global Business Regulation[M]. Cambridge: Cambridge University Press, 2000.

[123] SIMON J L. Theory of Population and Economic Growth[M]. New York: Basil Blackwell, 1986.

[124] SUNG L M. Patent Infringement Remedies[M]. BNA Books, 2004.

[125] MUSSON A E. Science, Technology and Economic Growth in the Eighth Century[M]. London: Methuen, 1972.

[126] NATIONAL ECONOMIC COUNCIL, COUNCIL OF ECONOMIC ADVISERS, OFFICE OF SCIENCE AND TECHNOLOGY POLICY. A Strategy for American Innovation: Securing Our Economic Growth and Prosperity[R/OL]. (2011-02)[2022-11-16]. https://www.whitehouse.gov/innovation/strategy.

[127] NATIONAL ECONOMIC COUNCIL, OFFICE OF SCIENCE AND TECHNOLOGY POLICY. A Strategy for American Innovation [R/OL]. (2015-10) [2022-11-16]. https://www.whitehouse.gov/innovation/strategy.

[128] NEEDHAM J. The Grand Titration: Science and Society in East and West [M]. London: George Allen & Unwin, 1969.

[129] GOLDSTEIN P. Copyright, Patent, Trademark and related State Doctrines [M]. 5th ed. NY: Foundation Press, 2002.

[130] TAYLOR P W. The Moral Judgement: Readings in Contemporary Meta-Ethics Englewood Cliffs [M]. NJ: Prentice-Hall, 1963.

[131] DRAHOS P. A Philosophy of Intellectual Property [M]. Dartmouth Publishing Company, 1996.

[132] EPSTEIN R A. Torts [M]. Beijing: CITIC Publishing House, 2003.

[133] PALAN R, ABBOTT J, DEANS P. State Strategies in the Global Political Economy [M]. London: Pinter, 1996.

[134] MERGES R P, MENELL P S, LEMLY M A. Intellectual Property in the New Technological Age [M]. 5th ed. California: Aspen Publishers, 2010.

[135] MERGES R P, GINSBURG J C. Foundations of Intellectual Property [M]. NY: Foundation Press, 2004.

[136] Merges R P, Duffy J F. Patent Law and Policy: Cases and Materials [M]. 7th ed. North Carolina: Carolina Academic Press, 2017.

[137] U. S. Patent and Trademark Office releases 2018-2022 Strategic Plan [R/OL]. [2022-10-26]. https://www.uspto.gov/about-us/news-updates/us-patent-and-trademark-office-releases-2018-2022-strategic-plan.

四、中文论文

[138] 曹新明,杨绪东. 我国加入《海牙协定》对外观设计保护的影响[J]. 知识产权,2022(3).

[139]陈昌盛,许伟,兰宗敏."十四五"时期我国发展内外部环境研究[J].管理世界,2020(10).

[140]陈劲,阳镇,尹西明.双循环新发展格局下的中国科技创新战略[J].当代经济科学,2021,43(1).

[141]陈雄辉,萧艳敏,崔慧洁,等.我国实施创新驱动和人才强国"双战略"的历史演变[J].科技创新发展战略研究,2020(4).

[142]储著武.国务院科学规划委员会研究[J].当代中国史研究,2021(3).

[143]崔守东."十四五"时期商标工作的展望与思考[J].知识产权,2022(4).

[144]崔守东.新中国七十年商标工作回顾与展望[J].知识产权,2019(10).

[145]冯晓青.新时代中国特色知识产权法理思考[J].知识产权,2020(4).

[146]冯晓青.中国70年知识产权制度回顾及理论思考[J].社会科学战线,2019(6).

[147]冯晓青.我国企业知识产权运营战略及其实施问题研究[J].河北法学,2014(10).

[148]冯晓青.企业知识产权运营及其法律规制研究[J].南京社会科学,2013(6).

[149]冯晓青.企业知识产权运营管理研究[J].当代经济管理,2012(10).

[150]管育鹰.我国地理标志保护中的疑难问题探讨[J].知识产权,2022(4).

[151]郭禾.我国地理标志保护制度发展的应然进路[J].知识产权,2022(9).

[152]韩秀成.沧桑巨变:知识产权与改革开放四十年[J].知识产权,2018(9).

[153]韩秀成.四十载从无到有筑牢事业根基 新时代从大到强走进复兴梦想[J].知识产权,2020(1).

[154]何耀琴.北京市知识产权运营模式分析[J].北京市经济管理干部学院学报,2013(3).

[155]贺化.坚持和发展中国特色专利保护制度[J].紫光阁,2016(5).

[156]贺化.新一轮经济增长周期下的知识产权:中国知识产权制度的最新发展[J].知识产权,2011(8).

[157]贺化.充分利用专利制度加快转变经济发展方式[J].中国党政干部论坛,

2011(5).

[158]贺化.我国要成为知识产权强国[J].求是,2014(5).

[159]贺化.知识产权战略是驱动创新发展的重要支撑[J].高科技与产业化,2014(1).

[160]郃中林.守护创新发展 保障公平竞争　确保国家层面知识产权案件上诉审理机制行稳致远[J].中国审判,2022(8).

[161]李黎明,刘海波.知识产权运营关键要素分析:基于案例分析视角[J].科技进步与对策,2014(10).

[162]李明德.中国外观设计保护制度的改革[J].知识产权,2022(3).

[163]李琦.我国地理标志法律制度的现状与完善研究[J].中国发明与专利,2021(10).

[164]李雨峰.枪口下的法律:近代中国版权法的产生[J].北大法律评论,2004,1辑.

[165]林毅夫.李约瑟之谜,韦伯疑问和中国的奇迹:自宋以来的长期经济发展[J].北京大学学报(哲学社会科学版),2007(4).

[166]刘春田.中国著作权法三十年(1990—2020)[J].知识产权,2021(3).

[167]刘淑华,韩秀成,谢小勇.专利运营基本问题探析[J].知识产权,2017(1).

[168]刘永超.大力推动知识产权产业化 加快建设知识产权强国[J].科技促进发展,2016(3).

[169]陆介平,林蓉,王宇航.知识产权价值实现的商业形态[J].工业技术创新,2015(2).

[170]马一德.以创新为动力谋求知识产权产业化发展[J].人民论坛,2015(17).

[171]马一德.中国知识产权治理四十年[J].法学评论,2019(6).

[172]马忠法.邓小平"科学技术是第一生产力"思想的实现途径及时代价值[J].邓小平研究,2020(5).

[173]马忠法.再论我国商业秘密保护的立法模式[J].电子知识产权,2019(2).

[174]梅建军."李约瑟之问"不是伪命题[J].社会科学报,2020-12-03(5).

[175]曲三强.被动立法的百年轮迴:谈中国知识产权保护的发展历程[J].中外法学,1999(2).

[176]任霞.全球知识产权股权基金运营模式浅析[J].中国发明与专利,2016(10).

[177]申长雨.走好中国特色知识产权发展之路[J].求是,2021(3).

[178]申长雨.新时代知识产权强国建设的宏伟蓝图[N].人民日报,2021-09-23(10).

[179]申长雨.努力开创知识产权保护工作新局面[J].旗帜,2021(2).

[180]申长雨.以高质量党建引领和推动知识产权事业高质量发展[J].机关党建研究,2020(9).

[181]申长雨.加快由专利大国向专利强国转变[J].中国发明与专利,2020(1).

[182]申长雨.面向新时代的知识产权强国建设[J].时事报告(党组中心组学习),2019(38).

[183]申长雨.提高知识产权治理能力和治理水平[N].学习时报,2019-11-04(04).

[184]申长雨.深入学习贯彻党的十九大精神 推动新时代知识产权工作再上新台阶[J].人民论坛,2018(9).

[185]申长雨.以习近平新时代中国特色社会主义思想为指导 加快知识产权强国建设[J].时事报告(党组中心组学习),2018(3).

[186]申长雨.知识产权是支撑经济发展新常态的重要因素[J].全球化,2015(3).

[187]宋歌.绿色技术产业化与专利制度创新问题初探[J].电子知识产权,2016(2).

[188]王莲峰.制定我国地理标志保护法的构想[J].法学,2005(5).

[189]王莲峰.我国地理标志立法模式的选择[J].法律适用,2003(3).

[190]王亚华,等.知识产权强国建设的现实国情研究[J].知识产权,2015(12).

[191]吴汉东.中国知识产权法律体系论纲:以《知识产权强国建设纲要(2021—2035年)》为研究文本[J].知识产权,2022(6).

[192]吴汉东.新时代知识产权强国建设的政策纲领和行动指南[N].科技日报,

2021-09-30(1).

[193]吴汉东.试论"民法典时代"的中国知识产权基本法[J].知识产权,2021(4).

[194]吴汉东.中国知识产权法律变迁的基本面向[J].中国社会科学,2018(8).

[195]吴汉东.新时代中国知识产权制度建设的思想纲领和行动指南:试论习近平关于知识产权的重要论述[J].法律科学,2019(4).

[196]吴汉东.试论知识产权制度建设的法治观和发展观[J].知识产权,2019(6).

[197]吴汉东.知识产权理论的体系化与中国化问题研究[J].法制与社会发展,2014(6).

[198]吴汉东.经济新常态下知识产权的创新,驱动与发展[J].法学,2016(7).

[199]吴汉东.经济结构改革与创新驱动发展中的知识产权[N].新华日报,2016-06-03.

[200]徐嫣,宋世明.协同治理理论在中国的具体适用研究[J].天津社会科学,2016(2).

[201]姚秀兰.制度构建与社会变迁:近代中国专利立法论[J].法学论坛,2006(4).

[202]易继明.《国家知识产权战略纲要》颁布实施十周年[J].西北大学学报(哲学社会科学版),2018(5).

[203]易继明,初萌.后TRIPS时代知识产权国际保护的新发展及我国的应对[J].知识产权,2020(2).

[204]易继明.中美关系背景下的国家知识产权战略[J].知识产权,2020(9).

[205]易继明.知识产权强国建设的基本思路和主要任务[J].知识产权,2021(10).

[206]易继明.建设知识产权强国是新时代的呼唤[N].光明日报,2021-09-24(3).

[207]张文显.法治与国家治理现代化[J].中国法学,2014(4).

[208]张宇燕."十四五"期间我国的外部环境及其影响[N].中国社会科学报,2020-11-11.

[209]张志成.强化知识产权全链条保护构建大保护工作格局[J].专利代理,2021(3).

[210]张志成.强化知识产权保护 护航高质量发展[J].旗帜,2020(10).

[211]张志成.知识产权强国建设初探[J].科技与法律,2015(8).

[212]邹小芃,王肖文,李鹏.国外专利权证券化案例解析[J].知识产权,2009(1).

五、英文论文

[213] Adam A. Curing Cablevision: Prescribing a Functional Solution to a Technical Astigmatism[J]. Buffalo Intellectual Property Law Journal, 2014, 10.

[214] HEATH C, PETIT L. Patent Enforcement Worldwide: A survey of 15 Countries: Writings in Honor of Dieter Stauder[M]//Studies in Industrial Property and Copyright Law, vol. 23. Oregon: Hart Publishing, 2005.

[215] SCHWARTZ D L. Analyzing the Role of Non-Practicing Entities in the Patent System[J]. Cornell Law Review 2014, 99(2): 425-456.

[216] LEMLEY M A. A Rational System of Design Patent Remedies[J]. Stanford Technology Law Review, 2013(2).

[217] Arrow K. Economic Welfare and the Allocation of Resources for Inventions[M]// NELSONR R. The Rate and Direction on Inventive Activity: Economics and Social Factors. NJ: Princeton University Press, 1962.

[218] DIAL A, NEAL B. Proving Patent Damages is Getting Harder[J]. North Carolina Journal of Law & Technology, 2011(6).

[219] MACEDO C R, JAIN R, SEBBA M. US Supreme Court: no induced patent infringement without direct infringement[J]. Journal of Intellectual Property Law & Practice, 2014.

[220] Hilti C. Future European Community Patent System and Its Effects on Non-EEC-Member-States[J]. AIPLA Q. J., 1990, 18: 289.

[221] CALABRESI C, MELAMED A D. Property Ruls, Liability Rules, and Inalienability: One View of the Cathedral[J]. Harvard Law Review, 1972, 85.

[222] CORGILL D S. Competitive Injury and Non-Exclusive Patent Licensees[J]. University of Pittsburgh Law Review, 2010.

[223] KARSHTEDT D. Damages for Indirect Patent Infringement[J]. Washington University Law Review, 2014(4).

[224] BENSE E E. Apportionment of Lost Profits in Contemporary Patent Damages Cases[J]. Virginia Journal of Law & Technology, 2005, 10:8.

[225] TOROUS E. Patent Law: Unknotting Uniloc[J]. Berkeley Technology Law Journal, Annual Review, 2012.

[226] HARTNETT E A. Questioning Certiorari: Some Reflections Seventy-five Years after the Judges' Bill[J]. Columbia Law Review, 2000, 100:1650.

[227] RICH G S. The Relation Between Patent Practices and the Anti-Monopoly Laws[J]. J. Pat. Off. Soc'y, 1942, 24.

[228] LIN J Y. Rural Reforms and Agricultural Growth in China[J]. American Economic Review, 1992, 82(1).

[229] LEMLEY M A. Property, Intellectual Property, and Free Riding[J]. Tex. L. Rev. 2005, 83:1031.

[230] SVENSSON R. Commercialization of Patents and External Financing During the R&D Phase[J]. Research Policy, 2007(7).

[231] Landes W, Posner R. Economic Analysis of Copyright Law[J]. J. Legal Stud, 1989, 18:325.